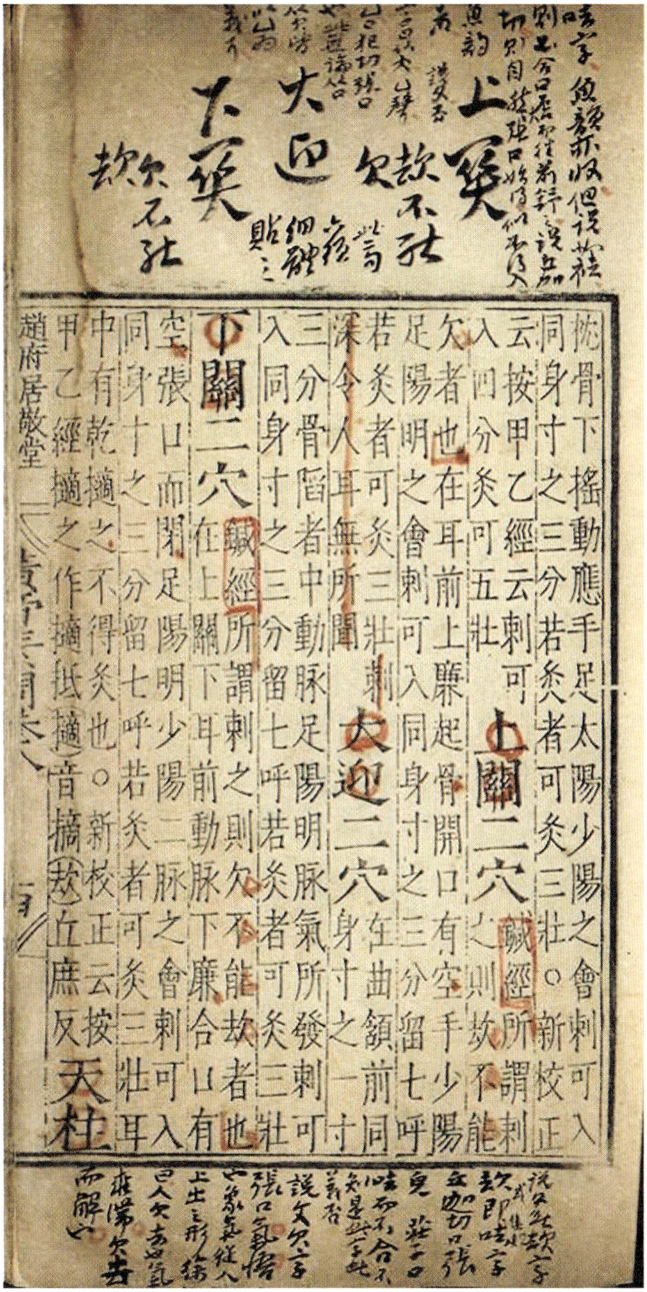
枕骨下搖動應手足太陽少陽之會刺可入
同身寸之三分若灸者可灸三壯○新校正
云按甲乙經云刺可
入四分灸可五壯
上關二穴鍼經所謂刺之則欠不能欠者也在耳前上廉起骨開口有空手少陽
足陽明之會刺可入同身寸之三分留七呼
若灸者可灸三壯刺
深令人耳無所聞
大迎二穴在曲頷前同身寸之一寸
三分骨陷者中動脈足陽明脈氣所發刺可
入同身寸之三分留七呼若灸者可灸三壯
下關二穴鍼經所謂刺之則欠不能故者也
在上關下耳前動脈下廉合口有
空張口而閉足陽明少陽二脈之會刺可入
同身寸之三分留七呼若灸者可灸三壯耳
中有乾擿之不得灸也○新校正云按
甲乙經擿之作擿抵擿音摘抵丘庶反
天柱
趙府居敬堂

傅山批注黃帝內經素問（中國國家圖書館藏）

血出而榮氣泄脫故不欲出血泄氣但寫其衛氣而已鍼補則又宜謹閉穴俞然其衛氣亦不欲泄之。新校正云按楊上善云經隧者手太陰之別從手太陰走手陽明乃是手太陰向手陽明之道欲道藏府陰陽故補寫皆從正經別走之絡寫其陰經別走之路不得傷其正經也帝曰刺微奈何覆前白氣微泄者岐伯曰按摩勿釋出鍼視之曰我將深之適人必革精氣自伏邪氣散亂無所休息氣泄腠理眞氣乃相得謂按摩其病處也革皆也將深之適人必革者謂其深而淺刺之也如是脇從則人懷懼色故精氣潛伏也以其調適於皮精氣潛伏邪無所據故亂散而無

天會

太乙天符

戊子戊午 太徵上臨少陰
戊寅戊申 太徵上臨少陽
丙辰丙戌 太羽上臨太陽
丁巳丁亥 少角上臨厥陰
乙卯乙酉 少商上臨陽明
己丑己未 少宮上臨太陰
太乙天符

新校正云詳土運之歲上見太陰巳丑巳未也火運之歲上見少陽戊寅戊申也上見少陰戊子戊午也金運之歲上見陽明乙卯乙酉也木運之歲上見厥陰丁巳丁亥也水運之歲上見太陽丙辰丙戌也内巳丑巳未戊午乙酉又爲太乙天符按六元正紀大論云太過而同天化者三不及而同天化者亦三戊子戊午太徵上臨少陰戊寅戊申太徵上臨少陽丙辰丙戌太羽上臨太陽如是者三丁巳丁亥少角上臨厥陰乙卯乙酉少商上臨陽明巳丑巳未少宮上臨太陰如是者三臨者太過不及皆曰天符也故天元冊曰天符天符歲會何如岐伯曰太乙天符之會也是謂三合一者天會二者歲會三者運會也天元紀大論曰三合爲治此

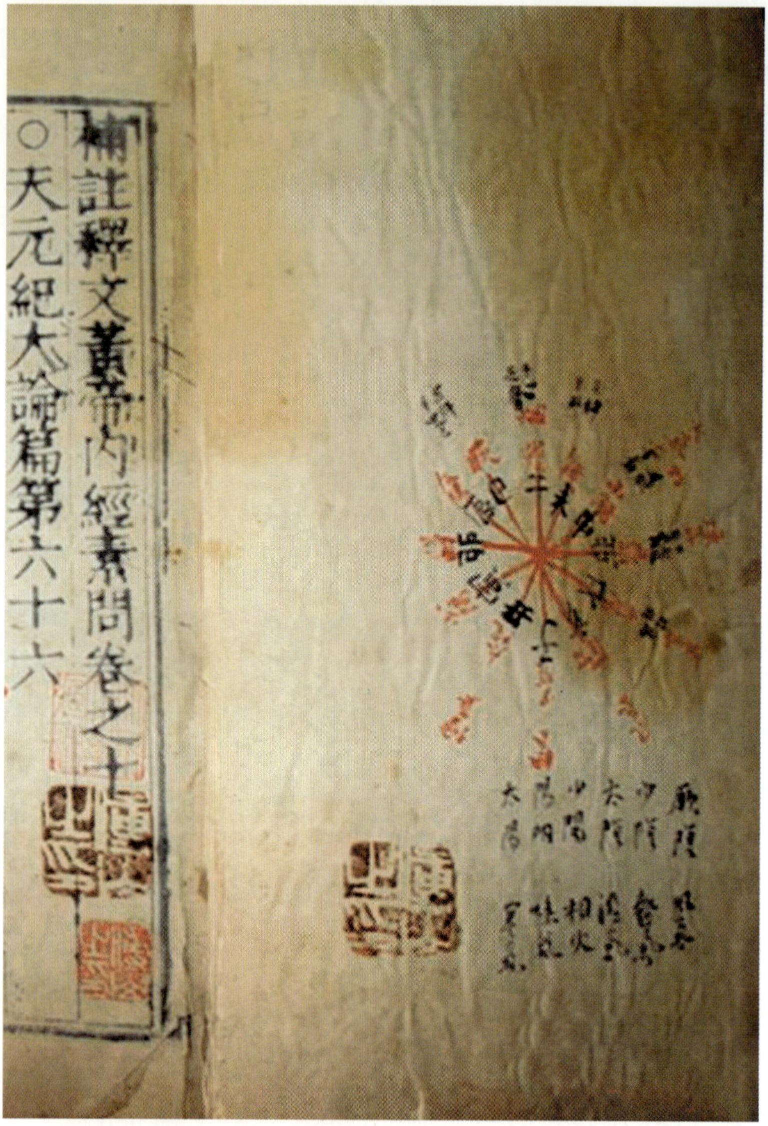
補註釋文黃帝內經素問卷之十
○天元紀大論篇第六十六

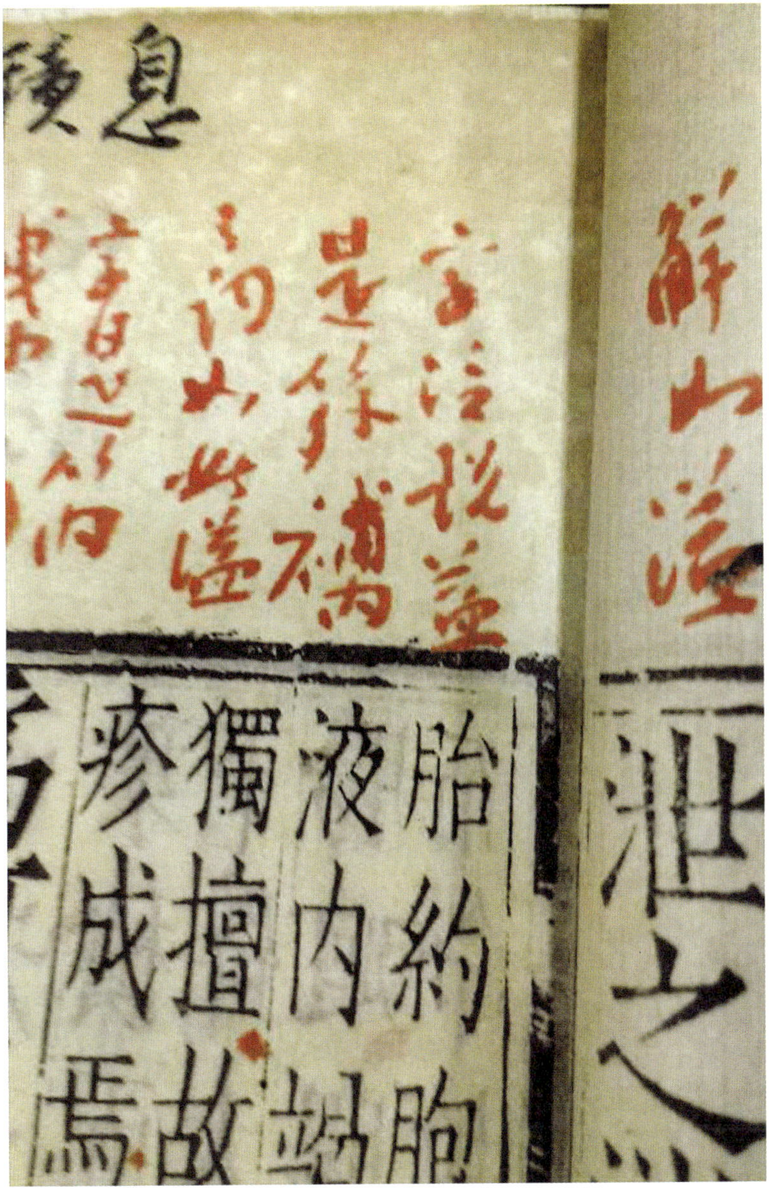

傅山批注黄帝内經素問（北京大學圖書館藏）

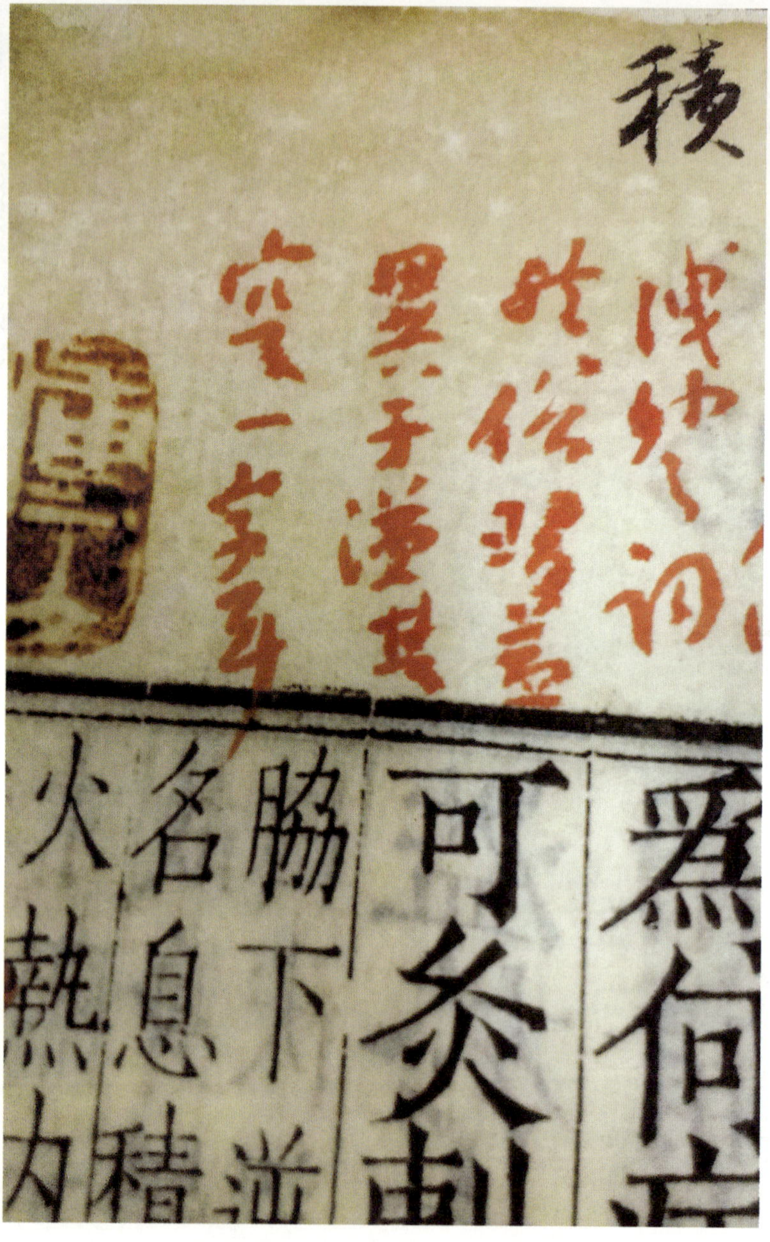
爲何
可灸刺
脇下逆
名息積
火熱內

青主先生手著

女科全集

太邑友文堂藏板

傅青主女科刻本（清道光七年太邑友文堂刊刻）

婦科一門最屬難治不難於用方難於辨症也五帶症辨之極明立方極善倘用之上一

女科上卷

陽曲傅青主徵君手著　太平魯清藩亦价校字

白帶下一

夫帶下俱是濕症而以帶名者因其帶脉不能約束而病此患故以名之然帶脉通於任督任督病而帶脉始病帶脉者所以約束胞胎之系也帶脉無力則難以提繫必然胎胞不固故曰帶弱則胎易墜帶傷則胎不牢其信然與然而帶脉之傷非

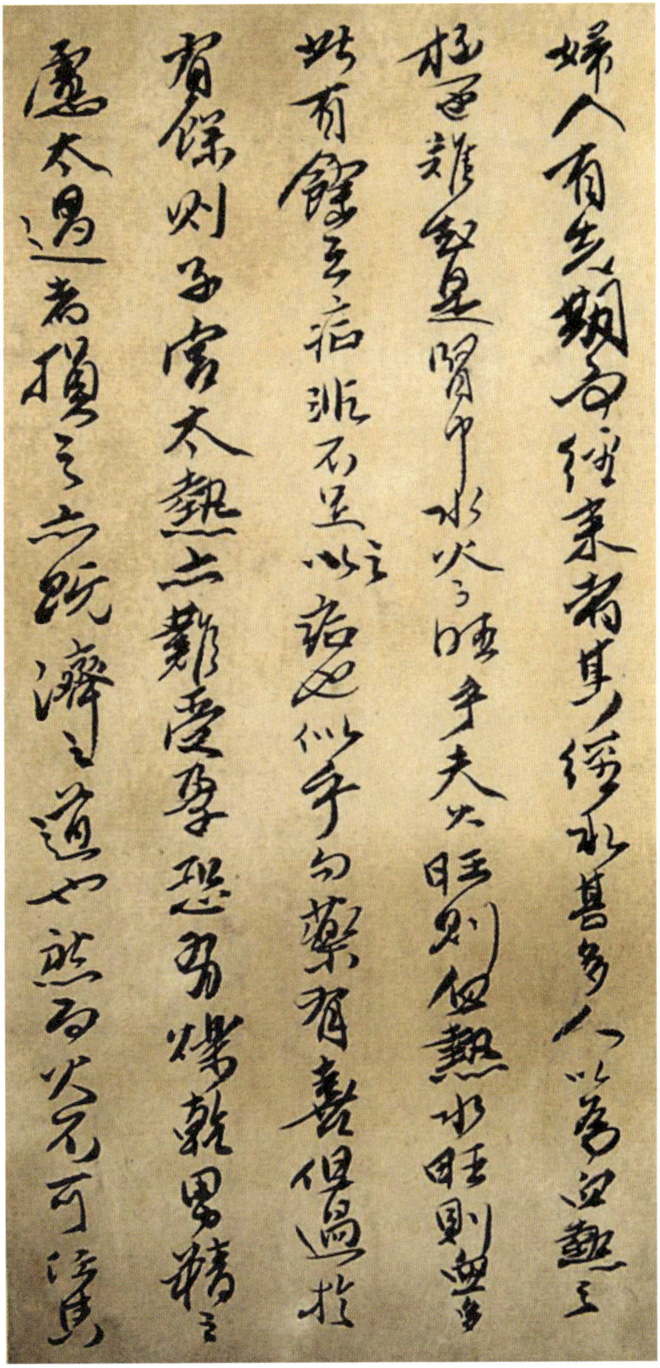

婦人有先期而經來者其人經水甚多人以為血熱之極也誰知是腎中水火之旺乎夫火旺則血熱水旺則血多此有餘之病非不足之症也似乎不藥有喜但過於有餘則子宮太熱亦難受孕恐有爍乾男精之慮太過者損之亦既濟之道也然而火不可任其

傅山家抄醫學抄本手稿

（山西博物院藏）

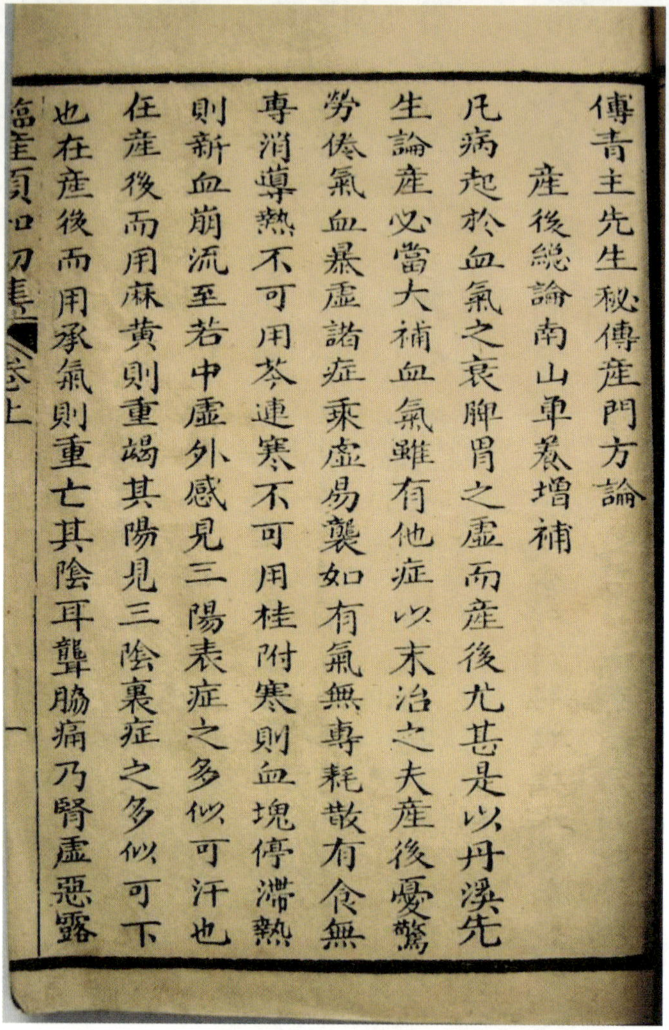
傅青主先生秘傳産門方論

産後總論南山单蓑增補

凡病起於血氣之衰脾胃之虛而産後尤甚是以丹溪先生論産必當大補血氣雖有他症以末治之夫産後憂驚勞倦氣血暴虛諸症乘虛易襲如有氣無專耗散有食無專消導熱不可用芩連寒不可用桂附寒則血塊停滯熱則新血崩流至若中虛外感見三陽表症之多似可汗也在産後而用麻黄則重竭其陽見三陰裏症之多似可下也在産後而用承氣則重亡其陰耳聾脇痛乃腎虛惡露

臨産須知初集 卷上 一

傅山臨産須知全集刻本（清道光五年湖南龍陽縣彭永和刻字店刻印）

第十八册　目錄

卷一百九十四　補註釋文黃帝内經素問批注（國圖本）（上）〔一〕

黃帝内經素問卷一卷二之冊（甲），〔二〕封面墨筆批：「孤府，見二卷靈蘭秘典論。仲宦，見二卷移精變氣論。」

校正黃帝内經素問序

「蒼周之興，秦和述六氣之論。」硃筆眉批：「蒼周。」

黃帝内經素問序

「其中簡脫文斷，義不相接者，搜求經論所有，遷移以補其處。」墨筆旁批：「實不宜爾。」

〔一〕此篇據中國國家圖書館藏批點手稿整理。批點底本爲明趙府居敬堂本。該本中尚有蕭延平付箋約百廿九條，亦同時著錄，以「付箋曰」三字作爲提示。由趙懷舟、錢超塵、姜燕、聶鵬釋文整理。傅山全書初版本未收。

〔二〕「卷一卷二之冊」，傅山批注的這部明趙府居敬堂本黃帝内經（含素問、靈樞兩書）分裝爲十冊（以天干爲記）。每冊之前多有傅山批注文字。所謂冊前傅批，由於後期裝訂失誤，誤己爲乙、移庚補己，故使眞正的乙部（卷三卷四之冊）冊前傅批遺落不存，實屬遺憾。

補註釋文黄帝内經素問總目

卷之三

「脈要精微論」下硃筆批：「心疝。」
「平人氣象論」下硃筆批：「疝瘕。」
「玉機眞藏論」下硃筆批：「不必以於傳。」

卷之五

「熱論」下硃筆批：「傷寒大法。」

卷之六

「舉痛論」下墨筆批：「寒氣客。」

卷之七

「大奇論」下硃筆批：「疝。」
「脈解篇」下硃筆批：「㿗疝。」

卷之八

「氣穴論」下硃筆批：「穴。」
「氣府論」下硃筆批：「穴。」
「骨空論」下硃筆批：「穴。」
「水熱穴論」下硃筆批：「穴。」

卷之九

「四時刺逆從論」下硃筆批：「狐疝。五藏風疝。」

卷之十

「天元紀大論」下硃筆批：「陰陽大論。」又墨筆批：「運氣。」
「五運行大論」下硃筆批：「陰陽大論。」
「六微旨大論」下硃筆批：「陰陽大論。」
「氣交變大論」下硃筆批：「陰陽大論。」
「五常政大論」下硃筆批：「陰陽大論。」

卷之十一

「六元正紀大論」下硃筆批：「陰陽大論。」

「至眞要大論篇」下硃筆批：「陰陽大論。」

補註釋文黄帝内經素問卷之一

上古天眞論篇第一

「黄帝曰：余聞上古有眞人者，提挈天地，把握陰陽。」墨筆眉批：「把握。」

四氣調神大論篇第二

「冬三月。此謂閉藏。」注：「草木凋，蟄蟲去，地戶閉塞，陽氣伏藏。」硃筆眉批：「閉。」

「早卧晚起，必待日光。」注：「避於寒也。」「使志若伏若匿。」注：「今詳匿字當作匿。」付箋曰：「『若匿』，據明武陵顧氏影宋嘉祐本作『若匿』，下無『今詳匿字當作匿』七小字注。北承校字。辛酉十月十八。」

「此冬氣之應，養藏之道也。」注：「立冬之節，初五日水始冰，次五日地始凍。」「次季冬小寒之節，初五日雁北鄉。」付箋曰：「自『鴈北鄉』下，脱『次五日鵲始巢，後五日野雞始雊。次大寒氣，初五日雞始乳』二十三字。辛酉十月十八日，蕭北承據明武陵顧氏影宋嘉祐本校。」

生氣通天論篇第三

「目盲不可以視，耳閉不可以聽，潰潰乎若壞都，汩汩乎不可止。」注：「既且傷腎，又竭膀胱」「潰潰乎若壞，汩汩乎煩悶而不可止也。」付箋曰：「注『若壞』下，顧氏影宋本有『都』字，據經文此注似脫『都』字。北承校。」

「開闔不得，寒氣從之，乃生大僂。」注：「開謂皮腠發洩，闔謂玄府閉封，然開闔失宜，爲寒所襲，内深筋器，結固虚寒，則筋絡拘緛，形容僂俯矣。」付箋曰：「注『内深筋器』，顧本作『筋絡』，據下注應作『絡』。」

「故陽氣者，一日而主外。」注：「晝則陽氣在外，周身行二十五度，靈樞經曰：日開則氣上行于頭，衞氣行于陽二十五度也。」付箋曰：「注『日開』，顧本作『目開』。北承校。」

「因而强力，腎氣乃傷，高骨乃壞。」墨筆眉批：「高骨。」

「陰之所生，本在五味，陰之五宫，傷在五味。」注：「所謂陰者，五神藏也。宫者，五神之舍也。」硃筆將注中「舍」字描顯。

「味過於苦，脾氣不濡，胃氣乃厚。」硃筆眉批：「只是苦好。」

金匱眞言論篇第四

「故春善病鼽衄。」付箋曰：「『衂』顧本作『衄』，下同。」

「合夜至雞鳴，天之陰，陰中之陰也；雞鳴至平旦，天之陰，陰中之陽也。」注：「雞鳴陽氣未出，故也天之陰。」墨筆眉批：「曰。」

「是以知病之在骨也。」注：「骨主幽暗，骨體内藏，以類相同，故病居骨也。」付箋曰：「注『骨主幽暗』，顧本『骨』作『腎』。」

陰陽應象大論篇第五

「壯火食氣，氣食少火。壯火散氣，少火生氣。」墨筆眉批：「壯火食氣，少火生氣。」

「年六十，陰痿，氣大衰，九竅不利，下虛上實，涕泣俱出矣。」墨筆眉批：「下虛上實，涕泣俱出。」

「審清濁，而知部分。」注：「謂察色之青赤黄白黑也。部分，謂藏府之位，可占候。」付箋曰：「注『占候』下，顧本有『處』字。北承校。」

「觀權衡規矩，而知病所主。」注：「權謂秤權，衡謂星衡。」「春應中矩，言陽氣柔軟。」云云。硃筆改「矩」爲「規」。

陰陽離合論篇第六

「岐伯曰：聖人南面而立，前曰廣明，後曰大衝，大衝之地，名曰少陰，少陰之上，名曰太陽，太陽根起於至陰，結於命門，名曰陰中之陽。中身而上，名曰廣明，廣明之下，名曰太陰，太陰之前，名曰陽明。」墨筆眉批：「廣明。大衝。少陰。太陽。太陽。陽明。」

「厥陰之表，名曰少陽。」硃筆眉批：「少陽。」

「太陰根起於隱白，名曰陰中之陰。太陰之後，名曰少陰，少陰根起於涌泉，名曰陰中之少陰。少陰之前，名曰厥陰。」硃筆眉批：「太陰。少陰。厥陰。」

「陰陽衝衝，積傳爲一周，氣裏形表而爲相成也。」付箋曰：「『衝衝』，顧本作『衝衝』，（注曰）據新校正（見下）應作『衝衝』。北承校。」注：「衝衝，言氣之往來。積，謂積脈之動也。」

「故言氣裏形表而爲相成也。新校正云：按別本『䨓䨓』作『衛衛』。」硃筆眉批：「䨓。」

陰陽別論篇第七

「岐伯對曰：經應四時，十二從應十二月，十二月應十二脈。」付箋曰：「『經應四時』，顧本作『四經應四時』，此似脫一『四』字。北承字。」

補註釋文黃帝内經素問卷之二

靈蘭秘典論篇第八

篇題下墨筆批：「『靈蘭』二字不知何義？篇末乃云『靈蘭之室』。」

「黃帝問曰：願聞十二藏之相使，貴賤何如？」墨筆眉批：「藏之貴賤。」

「心者君主之官也，神明出焉。肺者相傅之官，治節出焉」云云。墨筆眉批：「十二官。」

「膀胱者，州都之官，津液藏焉，氣化則能出矣。」注：「位當孤府，故謂都官。」墨筆眉批：「孤府。」

「消者瞿瞿，孰知其要。閔閔之當，孰者爲良。」墨筆眉批：「氣交變中有『肖者』四句。」

六節藏象論篇第九

「黃帝問曰：余聞天以六六之節，以成一歲，人以九九制會。」墨筆眉批：「六六。九九。」

「天爲陽，地爲陰；日爲陽，月爲陰；行有分紀，周有道理，日行一度，月行十三度而有奇焉，故大小月三百六十五日而成歲，積氣餘而盈閏矣。」注：「日行遲，故晝夜行天之一度」，「積餘盈閏者，盡以月之大小，不盡天度故也。」付箋曰：「注『盡以月之大小』，『盡』字顧本作『蓋』。北承校。」

「故形藏四，神藏五，合爲九藏，以應之也。」墨筆眉批：「形藏。神藏。」

「帝曰：非常而變奈何？歧伯曰：變至則病，所勝則微，所不勝則甚，因而重感於邪則死矣。故非其時則微，當其時則甚也。」注：「言蒼天而氣，尚不越於五行」云云。付箋曰：「注『蒼天而氣』，『而』字顧本作『布』。」

「歧伯曰：心者，生之本，神之變也。」墨筆眉批：「生本。」

「肺者，氣之本，魄之處也。」墨筆眉批：「氣本。」

「腎者，主蟄封藏之本，精之處也。」墨筆眉批：「封藏之本。」

「肝者，罷極之本，魂之居也。」墨筆眉批：「罷極之本。」

「脾胃大腸小腸三焦膀胱者，倉廪之本，營之居也。」墨筆眉批：「倉廪之本。」

五藏别論篇第十一

「歧伯對曰：腦髓骨脈膽女子胞，此六者地氣之所生也，皆藏於陰而象於地，故藏而不寫，名曰奇恆之府。」墨筆眉批：「奇恆之府。」

移精變氣論篇第十三

「黃帝問曰：余聞古之治病，惟其移精變氣，可祝由而已。」墨筆眉批：「祝由，今人掉書袋亦誤。」

「歧伯對曰：往古人居禽獸之間，動作以避寒，陰居以避暑，内無眷慕之累，外無伸宦之形。」注：「新校正云：按全元起本『伸』作『史』。」墨筆眉批：「伸宦。卽作『史』，不知是『臾』是『史』？『宦』字不解，『宦』字除卻『仕宦』之『宦』再無別用。」

「上古使僦貸季，理色脈而通神明。」墨筆眉批：「僦貸季。」

「中古之治病，至而治之，湯液十日，以去八風五痺之病。」注：「八風，謂八方之風。五痹，謂皮肉筋骨脈之痹也。靈樞經曰：風從東方來，名曰嬰兒風，其傷人也，外在於筋紐，内舍於肝。風從東南來，名曰弱風，其傷人也，外在於肌，内舍於胃。風從南方來，名曰大弱風，其傷人也，外在於脈，内舍於心。風從西南來，名曰謀風，其傷人也，外在於肉，内舍於脾。風從西方來，名曰剛風，其傷人也，外在於皮，内舍於肺。風從西北來，名曰折風，其傷人也，外在於手太陽之脈，内舍於小腸。風從北方來，名曰大剛風，其傷人也，外在於骨，内舍於腎。風從東北來，名曰凶風，其傷人也，外在於腋脇，内舍於大腸。又痹論曰：以春甲乙傷於風者爲筋痹，以夏丙丁傷於風者爲脈痹，以秋庚辛傷於風者爲皮脾，〔一〕以冬壬癸傷於邪者爲骨痹，以至陰遇此者爲肉痹。是所謂八風五痹之病也。」墨筆眉批：「嬰兒風。弱風。大弱風。謀風。剛風。折風。大剛風。凶風。五痹。」

〔一〕「脾」，「痹」字之訛。

「新校正云：按此註引痹論，今經中痹論不如此。」「季夏伐己傷於邪者爲脾風。」墨筆改注中「伐」爲「戊」。

「暮世之治病也則不然，治不本四時，不知日月，不審逆從。」注：「四時之氣各有所在，不本其處而卽妄攻，是反古也。」「月滿而補，血氣盈溢，絡有流血，命曰重實。」付箋曰：「注『絡有流血』，『流』顧本作『留』。」

湯液醪醴論篇第十四

「帝曰：今之世不必已，何也？」注：「言不必如中古之世用也？」付箋曰：「注『用也』，顧本作『何也』。」

「帝曰：其有不從毫毛生，而五藏陽以竭也。津液充郭，其魄獨居，孤精於内，氣耗於外，形不可與衣相保，此四極急而動中，是氣拒於内，而形施於外，治之奈何？」注：「不從毫毛，言生於内也」，「凡此之類，皆四支脈數急而内鼓動於脈中也。」付箋曰：「注『脈中』，顧本作『肺中』。」

玉版論要篇第十五

「脈孤爲消氣，虚泄爲奪血。」注：「夫脈有表有裏，有裏無表，皆曰孤亡之氣也。若有表有裏而氣不足者，皆曰虚衰之氣也。」墨筆改注中第三「有」爲「無」。〔二〕

〔二〕「第三」，據明顧從德翻刻宋本素問，當改第二「有」爲「無」。

診要經終論篇第十六

「夏刺絡俞，見血而止，盡氣閉環，痛病必下。」注：「新校正云：按四時刺逆從論云：夏氣在孫絡。此絡之俞卽係絡之俞也。」付箋曰：「注『係絡』，顧本作『孫絡』。」

「刺避五藏者，知逆從也。所謂從者，鬲與脾腎之處，不知者反之。」注：「腎者於脊，脾藏居中，鬲連於脇際，知者爲順，不知者反傷其藏。」付箋曰：「注『腎者』，顧本作『腎著』。」

「刺胷腹者，必以布憿著之。」硃筆眉批：「以布憿著之。」

「帝曰：願聞十二經脈之終奈何？」墨筆眉批：「十二經脈之終。」

「少陽終者，耳聾百節皆縱，目睘絕系，絕系一日半死，其死也色先青白，乃死矣。」墨筆眉批：「睘。」

黃帝内經素問卷三卷四之冊（乙），[二]封面墨筆批：「六元正紀。至眞要大論。有故無隕，六元正紀。南政北政，至眞要大論。凡運氣上、下用寒□者□□，中用藥食寒涼者，唯壬午、壬子『中酸涼』，戊子、戊午『中甘寒』。餘再無宜寒涼者。」

[二]「乙」，書前題簽實作篆書「己」字，爲尊重國圖本現存裝訂次序，今更作「乙」。案：此下封面傅山批文當在黃帝内經素問之「己部」冊前，概由後期裝訂疏忽，誤將「己部」本書卷十一封面之傅山冊前批注誤置於此。

補註釋文黃帝内經素問卷之三

脈要精微論篇第十七

「切脈動靜而視精明，察五色，觀五藏有餘不足，六府强弱，形之盛衰，以此參伍，決死生之分。」墨筆眉批：「參伍。」

「渾渾革至如湧泉，病進而色弊，緜緜其去如弦絕，死。」墨筆眉批：「文理當是進句、死句作兩截讀。若作一句讀，以『而』字爲又加之辭。」

「夫精明五色者，氣之華也。」墨筆眉批：「氣華。」

「五色精微象見矣，其壽不久也。」墨筆旁批：「不補一『敗』字，則與下文不合。」

「中盛藏滿氣勝。傷恐者，聲如從室中言，是中氣之濕也。」墨筆眉批：「『中盛者藏滿氣盛』六字另讀，〔二〕注解連讀非是。恐則氣下，下之『濕』字有卑意。」

「岐伯曰：反四時者，有餘爲精，不足爲消。應大過，不足爲精；應不足，有餘爲消。陰陽不相應，病名曰關格。」墨筆旁批：「此四句卻費解，而注悠悠有餘。」墨筆眉批：「『關格』，此『精』字之別。」

「帝曰：脈其四時動奈何？知病之所在奈何？知病之所變奈何？知病乍在内奈何？知病乍在外奈何？」。墨筆眉批：「五奈何。」

〔二〕「者」字係衍文。後一「盛」字，係「勝」之訛。

「以春應中規，夏應中矩，秋應中衡，冬應中權。」硃筆眉批：「規。矩。衡。權。」

「故曰：知內者按而紀之。」注：「知內者謂知脈氣也，故按而爲之綱紀。」「知外者，終而始之。」注：「知外者謂知色象，故以五色終而復始。」「此六者持脈之大法。」墨筆旁批：「云持脈法，而注硬添出『色』，似左。」

「心脈搏堅而長，當病舌卷不能言。」注：「搏，謂搏擊於手也。」墨筆眉批：「搏擊。」

「其耎而散者，當病灌汗。」墨筆眉批：「灌汗。」墨筆旁批：「灌洗汗藏之脈不得耎散。」

「肝脈搏堅而長，色不青，當病墜若搏，因血在脇下，令人喘逆。」注：「諸脈見本經之氣而色不應者，皆非病從內生，是外病來勝也。」硃筆眉批：「色不應，皆非病從內生。」

「帝曰：診得心脈而急，此爲何病？病形何如？岐伯曰：病名心疝，少腹當有形也。」注：「心爲牡藏，其氣應陽，今脈反寒，故爲疝也。」硃筆眉批：「心疝。疝。」

「癉成爲消中。」注：「新校正云：詳王注以『善食而瘦』爲消中，按本經『多食數溲』爲之消中。善食而瘦，乃是食跡之證。當云善食而溲數。」墨筆改注中「跡」爲「㑊」。墨筆眉批：「癉成爲消中。」

「厥成爲巔疾。」墨筆眉批：「巔疾。」

「肝與腎脈並至，其色蒼赤，當病毀傷不見血，已見血，濕若中水也。」墨筆眉批：「毀傷不見血。」

「數動一代者，病在陽之脈也，洩及便膿血。」墨筆眉批：「代脈見無關死生耶？」

「推而內之，外而不內，身有熱也。」注：「脈遠臂筋，推之令近，遠而不近，是陽氣有餘，故身有熱也。」「推而上之，上而不下，腰足清也。」注：「推筋按之，尋之而上，脈上涌盛，是陽氣有餘，故腰足冷也。新校正云：按甲乙經『上而不下』作『下而不上』。」墨筆眉批：「注中兩个『陽氣有餘』是一意。但『下而不上』四字卻須解。」

「推而下之，下而不上，頭項痛也。」注：「推筋按之，尋之而下，脈沉下掣，是陽氣有餘，故頭項痛也。」墨筆旁批：「此句與上句反。」

平人氣象論篇第十八

「呼吸定息脈五動，閏以太息，命曰平人。」墨筆眉批：「『閏以太息』一句無注，何疎也？」

「人一呼脈四動以上曰死，脈絕不至曰死，乍疎乍數曰死。」注：「呼吸脈各四動。」「然脈絕不至，天眞之氣已無，乍數乍疎，胃穀之精亦𣩵，此皆死之候。」墨筆眉批：「𣩵。」

「毛甚曰今病。」墨筆眉批：「今病。」

「寸口脈沉而弱，曰寒熱及疝瘕少腹痛。」注：「沉爲寒，弱爲熱，故曰寒熱也。又沉爲陰盛，弱爲陽餘，餘盛相薄，正當寒熱，不當爲疝瘕而少腹痛，應古之錯簡爾。新校正云：按甲乙經無此十五字，況下文已有『寸口脈沉而喘曰寒熱，脈急者曰疝瘕，少腹痛。』此文衍，當去。」墨筆眉批：「疝瘕。去此十五字是。」

「脈急者，曰疝瘕，少腹痛。」墨筆眉批：「疝瘕。」

「尺脈緩濇，謂之解㑊。」注：「尺爲陰部，腹腎主之。緩爲熱中，濇爲無血，熱而無血故解㑊而不可名止。然寒不寒，熱不熱，弱不弱，壯不壯，儜不可名，謂之解㑊也。」墨筆眉批：「解㑊。儜。」

「尺濇脈滑，謂之多汗。」「尺」旁補一「膚」字。

「目裹微腫如臥蠶起之狀，曰水。」墨筆眉批：「臥蠶。」
「婦人手少陰脈動甚者，任子也。」注：「手少陰脈，謂掌後陷者中，當小指動而應手者也。」
墨筆眉批：「手少陰脈任子之脈。掌後陷者中，當小指動而應手。」
「太陽脈至，洪大以長；少陽脈至，乍數乍疎，乍短乍長；陽明脈至，浮大而短。」墨筆眉
批：「七難云：冬至後，得甲子少陽王，復得甲子陽明王，復得甲子太陽王，復得甲子太陰王，復
得甲子少陰王，復得甲子厥陰王。〔一〕」
「病肺脈來，不止不下，如循雞羽，曰肺病。」付箋曰：「『不止』，顧本作『不上』。」
「病脾脈來，實而盈數，如雞舉足，曰脾病。」注：「胃少故脈實急矣。舉足，謂如雞走之舉足
也。」墨筆眉批：「病脾脈如雞舉足最難解。」正文墨筆旁批：「此與實盈如何喻？」注文墨筆旁
批：「畢竟何似？」
「冬以胃氣爲本。」注：「胃少，則不安亦堅也。」付箋曰：「注『則不安亦堅』，顧本『安』
作『按』。」

玉機眞藏論篇第十九

「黄帝問曰：春脈如弦，何如而弦？」「故其氣來，耎弱輕虛而滑，端直以長，故曰弦。」注：
「言端直而長，狀如弦也。新校正云：按越人云：春脈弦者，東方木也，萬物始生，未有枝葉，故
其脈來濡弱而長。四時經『輕』作『寛』。」硃筆眉批：「四時經。」

〔一〕「甲子」，此下原衍「厥子」二字，據文意刪。

「反此者病。帝曰：何如而反？岐伯曰：其氣來盛去亦盛，此謂太過，病在外。其氣來不盛去反盛，〔二〕此謂不及，病在中。」硃筆眉批：「□□來不盛去反盛。」墨筆眉批：「來不盛去反盛者，是升少力、降則多力，與下文『氣泄』有應。」

「帝曰：夏脈太過與不及，其病皆何如？岐伯曰：太過則令人身熱而膚痛，爲浸淫；其不及則令人煩心，上見欬唾，下爲氣泄。」墨筆眉批：「夏不及。氣泄。」

「冬脈如營，何如而營？」硃筆眉批：「營。」

「岐伯曰：其氣來如彈石者，此謂太過，病在外。」硃筆眉批：「彈石。」

「岐伯曰：太過則令人解㑊。」墨筆眉批：「解㑊。」

「其不及則令人心懸如病饑，䏚中清，〔三〕脊中痛，少腹滿，小便變。」硃筆眉批：「䏚中清。」

「岐伯曰：脾脈者土也，孤藏以灌四傍者也。」硃筆眉批：「脾曰孤藏，膀胱曰孤府。」又墨筆眉批：「逆調論又曰：腎，孤藏也。」

「帝曰：然則脾善惡，可得見之乎？岐伯曰：善者不可得見，惡者可見。」硃筆眉批：「不可見只是平之如常。」

「吾得脈之大要，天下至數，五色脈變，揆度奇恒，道在於一。」「至數之要，迫近以微，著之玉版，藏之藏府，每旦讀之，名曰玉機。」硃筆眉批：「奇恒。玉機。」

「是故風者百病之長也。」墨筆眉批：「風者百病之長。」

〔二〕前一「盛」字，原誤作「勝」，後改爲「盛」。下「盛」字亦誤作「勝」，據此改。

〔三〕「䏚」，顧本作「䏚」，是。

「弗治，病入舍於肺，名曰肺痺，發欬上氣。」硃筆眉批：「上氣。」

「弗治，脾傳之腎，病名曰疝瘕。」硃筆眉批：「疝瘕。」

「然其卒發者，不必以於傳。」墨筆眉批：「『不必以於傳』五字，若以後代文法論之，則笑其不通矣。」付箋曰：「『不必以于傳』顧本『以』作『治』。」

「大骨枯槀，肋條大肉陷下，胷中氣滿，喘息不便，其氣動形，期六月死，眞藏脈見，乃予之期日。」注：「皮膚乾著，骨間肉陷，謂大骨枯槀，大肉陷下也。」「肺司治節，氣息由之，其氣動形，爲無氣相接，故聳舉肩背，以遠求報氣矣。」墨筆眉批：「大骨。大肉。遠求報氣。」

「身熱脫肉破䐃，眞藏見，十月之内死。」注：「陰氣微弱，陽氣内燔，故身熱也。䐃者肉之標，脾主肉，故肉如脫盡，䐃如破敗也。見斯證者，期後三百日内死。䐃，謂肘膝後肉如塊者。此脾之藏也。」墨筆眉批：「肘膝後肉如塊。」

「其脈絕不來，若人一息五六至，其形肉不脫，眞藏雖不見，猶死也。」注：「是則急虛卒至之脈。新校正云：按人一息脈五六至，何得爲死？必『息』字誤，『息』當作『呼』乃是。」「息」旁墨筆書一「呼」字。

「眞肝脈至，中外急，如循刀刃責責然，如按琴瑟弦」云云。墨筆眉批：「眞藏脈。」

「藏氣者，不能自致於手太陰，必因於胃氣，乃至於手太陰也。」注：「平人之常，稟氣於胃，二氣者平人之常氣。」墨筆改注中「二」爲「胃」。

「病熱脈靜，泄而脈大，脫血而脈實，病在中脈實堅，病在外脈不實堅者，皆難治。」墨筆眉批：「病熱脈靜，若失血之人，發熱而脈靜，卻又是陰猶未脫，反爲吉證。若傷寒陽證，發熱而脈反細小似靜，則如此說。」

三部九候論篇第二十

「一者天，二者地，三者人，因而三之，三三者九，以應九野。」注：「爾雅曰：邑外爲郊，郊外爲甸，甸外爲牧，牧外爲林，林外爲坰，坰爲爲野，言其遠也。新校正云：詳王引爾雅爲證，與今爾雅或不同，已具前六節藏象論注中。」墨筆眉批：「王引尔雅與今尔雅不同。」

「上部天，兩額之動脈。」注：「在額兩傍，動應於手，足少陽脈氣所行也。」「上部地，兩頰之動脈。」注：「在鼻孔下兩傍，近於巨髎之分，動應於手，足陽明脈氣之所行。」「上部人，耳前之動脈。」墨筆眉批：「上部三。」注中「足少陽」旁墨筆書一「膽」字；注中「足陽明」旁墨筆書一「胃」字。

「中部天，手太陰也；中部地，手陽明也；中部人，手少陰也。」注：「謂心脈也。在掌後鋭骨之端，神門之分，動應於手也。」墨筆眉批：「中部三。掌後鋭骨之端。」

「下部天，足厥陰也。」注：「謂肝脈也。在毛際外，羊失下一寸半陷中，〔二〕五里之分，臥而取之，動應於手也。女子取太衝，在足大指本節後二寸陷中是。」墨筆眉批：「獨此一部男女不同其處，何也？」又硃筆眉批：「羊矢。」

「下部地，足少陰也；下部人，足太陰也。」注：「謂脾脈也。在魚腹上越筋間，直五里下，箕門之分，寬鞏足單衣，沉取乃得之，而動應於手也。」硃筆眉批：「下三部。」又墨筆眉批：「魚腹六卷刺腰痛篇注『腨踵者，言脈在腨外側，下當足跟。腨形勢如臥魚之腹。』」又墨筆眉批：「『寬

〔二〕「失」，顧本作「矢」，是。

鞏足單衣』不解。」

「故神藏五，形藏四，合爲九藏。」墨筆眉批：「九藏。」

「五藏已敗，其色必夭，夭必死矣。」注：「夭，謂死色，異常之候也。色者神之旗，藏者神之舍。」墨筆眉批：「『神之旗』三字。」

「形氣相得者生。參伍不調者病。三部九候皆相失者死。上下左右之脈相應如參舂者病甚。」墨筆眉批：「參伍。參舂。」

「帝曰：何以知病之所在？此伯曰：察九候獨小者病，獨大者病，獨疾者病，獨遲者病，獨熱者病，獨寒者病，獨陷下者病。」付箋曰：「『此』顧本作『歧』，屬下作『歧伯曰』。」墨筆眉批：「七診。」

「以左手足上，上去踝五寸按之，庶右手足當踝而彈之。」墨筆眉批：「『彈』字不注。」前文注：「手足皆取之，然手踝之上，手太陰脈。足踝之上，足太陰脈。足踝太陰脈主肉，應於下部。手太陰脈主氣，應於中部。是以下文云脫肉身不去者死，中部乍疎乍數者死。新校正按：甲乙經及全元起注本並云：以左手足當云踝五寸而按之，右手當踝而彈之。全元起注云：内踝之上，陰交二出，通於膀胱，係於腎，腎爲命門，是以取之，以明吉凶。今文少一之字，而多一庶字及遷字。王注以手足皆取爲解，殊爲穿鑿。當從全元起注舊本及甲乙經爲正。」墨筆眉批：「本文無『遷』字。」付箋曰：「注『少一之字』，顧本作『少一而字』。『及遷字』，顧本『遷』作『足』。」

「其脈代而鉤者，病在絡脈。」墨筆眉批：「代。鉤。」

「眞藏脈見者，勝死。」墨筆眉批：「五眞藏脈。」

「足太陽氣絕者，其足不可屈伸，死必戴眼。」「足太陽」旁墨筆書「膀胱」二字。前文注：「新校正云：按診要經終論載三陽三陰脈終之證。」墨筆眉批：「診要經終論見第二卷。」

「形肉已脫，九候雖調猶死。」墨筆眉批：「形脫候調死。」

補註釋文黃帝内經素問卷之四

經脈別論篇第二十一

「是以夜行，則喘出於腎。」注：「腎主於交，氣合幽冥，故夜行則喘息内從腎出也。」墨筆眉批：「喘。」付箋曰：「注『腎主於交』，顧本『交』作『夜』。」

「府精神明，留於四藏，氣歸於權衡。」注：「膻中之布氣者。」「命曰氣海也。」墨筆眉批：「膻中爲氣海。」

「飲入於胃，遊溢精氣，上輸於脾。」注：「水飲流下，至於中焦，水化精微，上爲雲霧，雲霧散變，乃注於脾。靈樞經曰：『上焦如霧，中焦如樞』，此之謂也。」付箋曰：「注『中焦如樞』，顧本作『漚』，靈樞亦作『漚』。」

「表裏當俱寫，取之下俞。」注：「陽獨至，謂陽氣盛至也。」「故表裏俱寫，取足六俞也。下俞，足俞也。新校正云：詳『六』當爲『穴』字之誤也。」墨筆眉批：「注『六俞』當作『穴俞』。」

「大陰藏搏者，用心省眞。」墨筆眉批：「搏。」

「一陰至，厥陰之治也，眞虛痟心，厥氣留薄，發爲白汗，調食和藥，治在下俞。」硃筆眉批：「痟。」

藏氣法時論篇第二十二

「病在肝，愈於夏。」注：「子制其鬼也。餘愈同。」墨筆眉批：「子制其鬼。」

「用辛補之，酸寫之。」墨筆眉批：「辛補酸寫。」

「心欲耎，急食鹹以耎之，用鹹補之，甘寫之。」墨筆眉批：「鹹補甘寫，用鹹補心法，異。」

「氣逆則頭痛、耳聾不聰，頰腫。取血者。」墨筆眉批：「者。」

「心病者，胷中痛，脇支滿，脇下痛，膺背肩甲間痛，兩臂内痛。」注：「心少陰脈，支別者，循胷出脇。」「抵掌後銳骨之端。又小腸太陽之脈，自臂臑上繞肩甲，交肩上，故病如是。臑，人朱反。」墨筆眉批：「掌後銳骨之耑。臑。」

「取其經少陰太陽，舌下血者。」墨筆眉批：「者。」

「髀腨胻足皆痛。」注：「肺藏氣而主喘。」「今肺病則腎脈受邪，故尻陰股膝髀腨胻足皆痛，故下取少陰也。尻，苦高反。臑，時轉反，跟也。胻，胡郎反，脛也。」墨筆眉批：「腨。胻。」

「取其經，太陰足太陽之外厥陰内血者。」墨筆眉批：「太陰太陽外厥陰内。」

「取其經，少陰太陽血者。」墨筆眉批：「者。」

宣明五氣篇第二十三

「五氣所病：心爲噫，肺爲欬。」注：「象金堅勁，扣之有聲，邪擊於肺，故爲欬也。欬，苦蓋反。」墨筆眉批：「咳。」

「肝爲語，脾爲呑。」注：「象土包容，物歸於內，翕如皆受，故爲呑也。翕音吸。」墨筆眉批：「翕。」

「腎爲欠爲嚏。」注：「象水下流，上生云霧。」「出於鼻則生嚏。嚏音帝。」墨筆眉批：「嚏。」

「胃爲氣逆，爲噦爲恐。」注：「以爲水穀之海，腎與爲關，關閉不利，則氣逆而上行也。」「下文曰：精氣并於腎則恐也。噦，呼會反，鳥聲也。」墨筆眉批：「噦。」

「大腸小腸爲泄，下焦溢爲水。」注：「大腸爲傳道之府，小腸爲受盛之府。」「下焦爲分注之所，氣窒不寫，則溢而爲水。窒，陟栗反。」墨筆眉批：「窒。」

「搏陽則爲巔疾。」墨筆眉批：「巔是上。」

血氣形志篇第二十四

「足太陽與少爲爲表裏，少陽與厥陰爲表裏，陽明與太陰爲表裏，是爲足陰陽也。手太陽與少陰爲表裏，少陽與心主爲表裏，陽明與太陰爲表裏，是爲手之陰陽也。」「足太陽」旁墨筆書一「膀」字。「少陰」旁墨筆書一「腎」字。「少陽」旁墨筆書一「膽」字。「厥陰」旁墨筆書一「肝」字。「陽明」旁墨筆書一「胃」字。「太陰」旁墨筆書一「脾」字。「手太陽」旁墨筆書「小腸」二字。「少陰」旁墨筆書一「心」字。「少陽」旁墨筆書「三焦」二字。「心主」旁墨筆書「厥陰」二字。

「陽明」旁墨筆書「大腸」二字。「太陰」旁墨筆書一「肺」字。

「欲知背俞，先度其兩乳間，中折之，更以他草度去半已，即以兩隅相拄也。乃舉以度其背，令其一隅居上，齊脊大推，兩隅在下，當其下隅者，肺之俞也。」注：「度，謂度量也，言以草量其乳間，四分去一，使斜與凡等，折爲三隅，以上隅齊脊大推，則兩隅下當肺俞也。拄，知俞反。」付箋曰：「『大推』，顧本作『大椎』，注同。又注『使斜與凡等』，『凡』顧本作『横』。」墨筆眉批：「拄。」

「形樂志苦，病生於脈」云云。墨筆眉批：「五形志。」

「形樂志樂，病生于肉，治之以鍼石。」注：「志樂，謂悦懌忘憂也。」「石，謂石鍼，則砭石也，今亦以錍鍼代之。錍音鈹。」墨筆眉批：「錍。」

寶命全形論篇第二十五

「新校正云：按全元起本在第六卷，各刺禁。」付箋曰：「『各』，顧本作『名』。」

「余欲鍼除其疾病，爲之奈何。」注：「虚邪之中人微」，「帝矜不度，故請行其鍼。」墨筆眉批：「帝矜不度。」硃筆眉批：「矜如哀矜。」

「絃絶者，其音嘶敗。」注：「陰囊津液而脈絃絶者，診當言音嘶嗄。」「肝氣傷則金本缺，金本缺則肺氣不全，肺主音聲，故言音嘶嗄。嗄，所嫁反。」墨筆眉批：「肝氣傷則金本缺。嗄。」

「木敷者，其葉發。」墨筆眉批：「肺葉發。」

「人有此三者，是謂壞府。」注：「府謂胷也，以肺處胷中故也。壞，謂損壞其府而取病也。抱

朴子云：「仲景開胷以納赤餅」云云。墨筆眉批：「開胷納赤餅。」〔一〕

「毒藥無治，短鍼無取，此皆絕皮傷肉，血氣爭黑。」注：「病內遺於肺中，故毒藥無治。」「木陳者，其葉落。」墨筆眉批：「陳。落。」

「百姓聞之，以爲殘賊，爲之奈何？」墨筆旁批：「此謂上文『絕皮傷肉』。」

「知萬物者，謂之天子。」墨筆眉批：「知萬物者，謂之天子。」

「能存八動之變，五勝更立；能達虛實之數者，獨出獨入，呿吟至微，秋毫在目。」墨筆眉批：「呿。」又墨筆眉批：「此段自『人生于天』至『在目』，〔二〕是因帝問『以爲殘賊』之益，而絕不似。」

「故鍼有懸布天下者五，黔首共餘食，莫知之也。」墨筆眉批：「餘食。」

「新校正云：按全元起本，『餘食』作『飽食』。」「楊上善注云：黔首其服用此道。」硃筆改注中「其」爲「共」。

「四曰制砭石小大。」墨筆眉批：「砭石。」

「衆脈不見，衆凶弗聞，外內相得，無以形先。」注：「衆脈，謂七診之脈。」「無以形先，言不以己形之衰盛寒溫，料病人之形氣使同於己也。」墨筆眉批：「形卽病人之形也，何云己形？」

「人有虛實，五虛勿近，五實勿遠，至其當發，間不容瞚。」墨筆眉批：「瞚。」

「見其烏烏，見其稷稷，從見其飛，不知其誰。」墨筆眉批：「烏烏。稷稷。」

〔一〕「赤」，手稿誤作「南」，據本條王冰注改。
〔二〕「人生于天」，正文原作「夫人生於地，懸命於天。」

「深淺在志，遠近若一，如臨深淵，手如握虎，神無營於衆物。」墨筆眉批：「握虎。」

八正神明論篇第二十六

「帝曰：願卒聞之。岐伯曰：凡刺之法，必候日月星辰，四時八正之氣，氣定乃刺之。」注：「候日月者，謂候日之寒溫，月之空滿也。星辰者，謂先知二十八宿之分，應水漏刻者也。」墨筆眉批畫圖如左：

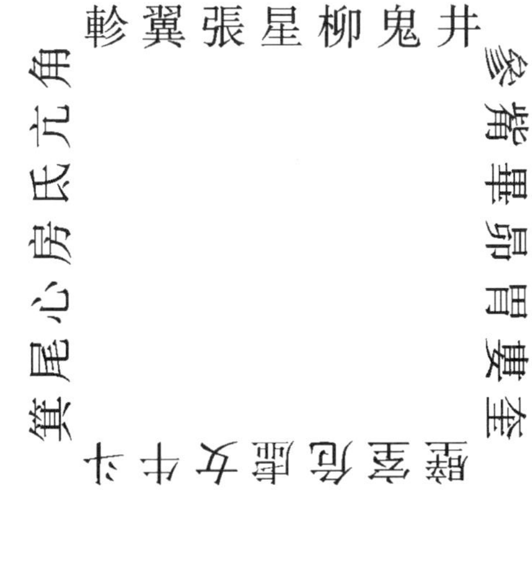

「是故天溫日明，則人血淖液而衛氣浮，故血易寫，氣易行；天寒日陰，則人血凝泣而衛氣沉。」注：「泣，謂如水中居雪也。淖，奴教反，多也。」墨筆眉批：「淖。」

「八正者，所以候八風之虛邪以時至者也。」注：「八正，謂八節之正氣也。」「以時至，謂天應太一移居，以八節之前後，風朝中宫而至者也。新校正云：詳太一移居風朝中宫義，具天元玉册。」墨筆眉批：「太乙移居，風朝中宫。」

「視之無形，嘗之無味，故謂冥冥，若神髣髴。」注：「言形氣榮衛不形於外。」「謂如神運髣髴焉。若，如也。髣，音倣。髴，音弗。」墨筆眉批：「髣髴。」

「故曰守其門戶焉，莫知其情而見其形也。」付箋曰：「『其形』，顧本作『邪形』。」

「帝曰：余聞補寫，未得其意。歧伯曰：寫必用方。方者，以氣方盛也。」「補必用員，員者行也，行者移也。」墨筆眉批：「方圓。」

「帝曰：何謂神？歧伯曰：請言神，神乎神，耳不聞，目明心開而志先，慧然獨悟，口弗能言，俱視獨見，適若昏，昭然獨明，若風吹雲，故曰神。」注：「耳不聞，言神用之微密也。目明心開而志先者，言心之通如昏昧開卷，目之見如氣翳闢明，神雖内融，志已先往矣。」付箋曰：「注『氣翳』，『氣』字顧本作『氛』。」

離合眞邪論篇第二十七

「新校正云：按全元起本在第一卷，名經合，第二卷重出，名眞邪。」付箋曰：「注『眞邪』下，顧本有『論』字。」

「天地温和，則經水安靜；天寒地凍，則經水凝泣；天暑地熱，則經水沸溢；卒風暴起，則經水波涌而隴起。」硃筆眉批：「波涌隴起。」

「經之動脈，其至也亦時隴起。」墨筆眉批：「隴起。」

「其行於脈中循循然。」注：「循循然，順動貌。」「循循，一爲『輴輴』。輴，敕倫反。」墨筆眉批：「輴。」

「吸則内鍼，無令氣忤；靜以久留，無令邪布。吸則轉鍼，以得氣爲故；候呼引鍼，呼盡乃去。大氣皆出，故命曰寫。」墨筆眉批：「此大氣是邪大氣。」

「帝曰：不足者補之奈何？岐伯曰：必先捫而循之，切而散之，推而按之，彈而怒之，抓而下之，通而取之，外引其門，以閉其神。」注：「捫循，謂手摸。」「捫音門。抓，側交反。」墨筆眉批：「捫。抓。」

「候吸引鍼，氣不得出，各在其處，推闔其門，令神氣存，大氣留止，故命曰補。」墨筆眉批：「補。」又墨筆眉批：「此大氣是正大氣。」

「故曰方其來也，必按而止之，止而取之，無逢其衝而寫之。」注：「衝，謂應水刻數之平氣也。」墨筆眉批：「『衝』字是正氣來時。」

「不可挂以髮者，待邪之至時而發鍼寫矣。」墨筆眉批：「挂髮。」

「此邪新客，溶溶未有定處也。」墨筆眉批：「溶溶。」

「刺出其血，其病立已。帝曰：善。然眞邪以合，波隴不起，候之奈何？岐伯曰：審捫循三部九候之盛虛而調之。」墨筆眉批：「波隴。捫。」

通評虛實論篇第二十八

「帝曰：腸澼便血何如？岐伯曰：身熱則死，寒則生。」墨筆眉批：「此熱是大熱，非溫也。」

「帝曰：癲疾何如？岐伯曰：脈搏大滑，久自已；脈小堅急，死不治。」墨筆眉批：「癲。」

「帝曰：消癉虚實何如？岐伯曰：脈實大，病久可治；脈懸小堅，病久不可治。」注：「久病血氣衰，脈不當實大，故不可治。新校正云：詳經言實大病久可治，注意以爲不可治，按甲乙經、太素、全元起本並云可治。」「癉，徒丹反，勞病也。」墨筆眉批：「消癉。注與本文反。癉。」

「凡治消癉仆擊，偏枯痿厥，氣滿發逆，肥貴人，則高梁之疾也。」墨筆眉批：「消癉。」

「隔則閉絶，上下不通，則暴憂之病也。」付箋曰：「『隔則』，顧本作『隔塞』。」

「暴厥而聾，偏塞閉不通，内氣暴薄也。不從内外中風之病，故瘦留著也。蹠跛，寒風濕之病也。」注：「消，謂内消。癉，謂伏熱。」「風濕寒勝則衛氣結聚，衛氣結聚則肉痛，故足跛而不可履也。蹠，之石反。」墨筆眉批：「蹠。」

陽明脈解篇第三十

篇名上墨筆眉批：「陽明脈解。」

「岐伯曰：陽明厥則喘而惋，惋則惡人。」注：「惋熱内郁，故惡人煩。新校正云：按脈解云：欲獨閉戶牖而處何也？陰陽相搏，陽盡陰盛，故獨閉戶牖而處。惋，烏貫反。」硃筆眉批：「惋。」

黄帝内經素問卷五卷六之册（丙），封面墨筆批：「烏鰂、藘茹，腹中論。百會，刺熱。非心積之伏梁，見腹中論篇。肺布葉舉，舉痛論。熱病即傷寒，見熱論篇。兩感，見熱論。食㑊，見氣厥論。解㑊，刺瘧論。腰痛五經皆有之，獨無足太陰一經，見刺腰痛論。而乃有足太陰之散脈及經二條。厥有寒熱，見厥論。仲景論尸厥，見注中，與扁鵲傳中論同。」

補註釋文黃帝内經素問卷之五

熱論篇第三十一

「其脈連於風府。」墨筆眉批：「風府。」

「其兩感於寒而病者，必不免於死。」墨筆眉批：「兩感。」

「岐伯曰：傷寒一日巨陽受之。」「巨陽」旁墨筆書「膀胱」二字。墨筆眉批：「巨陽。」

「故頭項痛腰脊强。」注：「上文云其脈連於風府，略言也。細而言之者，足太陽脈，從巔入絡腦，還出别下項，循肩髆内俠脊抵腰中，故頭項痛，腰脊强。新校正云：按甲乙經及太素作頭項腰脊皆强。」付箋曰：「注『皆强』，顧本『强』作『痛』，太素亦作『痛』。」

「二日陽明受之。」「陽明」旁墨筆書「大腸、胃」三字。墨筆眉批：「陽明。」

「三日少陽受之，少陽主膽。」上「少陽」旁墨筆書一「膽」字。墨筆眉批：「少陽。」

「其脈循脇絡於耳，故胷脇痛而耳聾。三陽經絡皆受其病，而未入於藏者，故可汗而已。」注：「以病在表，故可汗也。新校正云：按全元起本『藏』作『府』，元起注云：傷寒之病始入皮膚之輳理，漸勝於諸陽而未入府，故須汗發其寒熱而散之。太素亦作府。」付箋曰：「注『輳理』顧本作『腠理』。」

「四日太陰受之」，「五日少陰受之」，「六日厥陰受之。」墨筆眉批：「太陰。少陰。厥陰。」

「帝曰：其病兩感於寒者，其脈應與其病形何如？」墨筆眉批：「兩感。」

刺熱篇第三十二

「脾熱病者，先頭重頰痛，煩心顔青，欲嘔身熱。」注：「胃之脈起於鼻交頞中。」「新校正云：按甲乙經、太素云：脾熱病，先頭重頰痛。無『顔青』二字。」付箋曰：「注『先頭重頰痛』，顧本『頰』作『顔』，太素亦作『顔』，楊上善注云：『脾府之陽明脈，循髮際至額顱，故頭重顔痛。一曰頰，足陽明亦循頰也。』甲乙經作『頰』。」

「刺足太陰陽明。」注：「太陰脾脈，陽明胃脈。新校正云：按甲乙經熱病下篇云：病先頭重頰痛，煩心身熱。」。付箋曰：「注『頭重頰痛』，顧本『頰』作『顔』，今本甲乙經作『額』。」

「腎熱病者，先腰痛胻痠，苦渴數飲身熱。」注：「膀胱之脈，從肩髆内俠脊抵腰中。又腰爲腎之府，故先腰痛也。入腎之脈，自循内踝之後上腨内，出膕内廉。」付箋曰：「注『入腎之脈』，顧本『入』作『又』。」

「其逆則項痛員員澹澹然。」注：「腎之經，循脊内俠膂上至項，結于枕骨，與膀胱之筋合。」付箋曰：「注『腎之經』，顧本『經』作『筋』。」

「熱病先胷脇痛，手足躁，刺足少陽，補足太陰。」注：「此則舉正取之例，然足少陽木病而寫足少陽之木氣，補足太陰之土氣者，恐木傳於土也。胷脅痛，血虛主之，血虛在足外踝下，如前陷者中，足少陽脈之所過也。刺可入同身寸之五分，留七呼。若灸者，可灸三壯。」注「足少陽」旁墨筆書一「膽」字。墨筆眉批：「血虛。」付箋曰：「注兩『血虛』字，顧本均作『巨虛』，按『巨虛』穴名，足陽明胃經有巨虛上廉、巨虛下廉二穴，巨虛上廉在三里下三寸，足陽明胃脈氣所發，巨虛下廉在巨虛上廉下三寸，亦足陽明胃脈氣所發，此註王氏謂足少陽膽脈之所過，檢皇甫士安甲乙經足少陽有丘墟穴，無巨虛穴。丘墟穴在足外廉踝下，如前陷者中。足少陽膽脈之所過，刺入五分，留七呼，灸者可灸三壯，與王註適合，則血虛、巨虛二者，應係丘墟之誤。辛酉十月廿二日黄陂蕭北承校。」

「病甚者，爲五十九刺。」注：「五十九刺者，謂頭上五行行五者，以越諸陽之熱逆也。大杼、膺俞、缺盆、背俞，此八者，以寫胷中之熱也。氣街、三里、巨虛上下廉，此八者，以寫胃中之熱也。雲門、髃骨、委中、髓空，此八者，以寫四支之熱也。」墨筆眉批：「五十九刺。大杼。膺俞。缺盆。背俞。氣街。三里。巨虛上下廉。雲門。髃骨。委中。髓空。」付箋曰：「按巨虛上下廉，乃巨虛上廉爲一穴，巨虛下廉爲一穴，青主先生以巨虛爲一穴，上下廉爲一穴，恐誤。檢皇甫士安甲乙經卽知。」

注：「百會在前頂後同身寸之一寸三分，頂中央旋毛中，陷容指，督脈、足太陽脈之交會，刺如上星法。後頂在百會後後同身寸之一寸五分，枕骨上，刺如顖會法。」墨筆眉批：「百會。旋毛有不在頂中央者。」付箋曰：「注『在百會後』下，重一『後』字，顧本『後』字不重。」

注：「承靈、腦空，遞相去同身寸之一寸五分，然是五者並足少陽陽維三脈之會，腦空一穴，刺可入同身寸之四分餘，並可刺入同身寸之三分。」付箋曰：「注『三脈之會』，顧本作『二脈之會』。」

注：「膺俞者，膺中俞也，正名中府，在胷中行兩傍，相去同身寸之六寸，雲門下一寸，乳上三肋間動脈應手，陷者中，仰而取之，手足太陰脈之會。」「背俞當是風門熱府，在第二椎下兩傍，各同身寸之一寸半，督脈足太陽脈之會。」墨筆眉批：「中府。背俞。」又「手足太陰脈」旁墨筆書「肺、脾」二字。

注：「氣衝在腹臍下横骨兩端，鼠鼷上同身寸之一寸，動應手，足陽明脈氣所發。」付箋曰：「注『氣衝』，顧本作『氣街』，〔一〕本書前注亦作『氣街』。」

注：「巨虚上廉，足陽明與太陽入，在三里下同身寸之三寸，足陽明脈氣所發。」付箋曰：「注『與太陽入』，顧本『入』作『合』，甲乙經亦作『合』。」

注：「雲門在巨骨下，胷中行兩傍。」墨筆眉批：「雲門。」

注：「雲門手太陰脈氣所發，舉臂取之。」「手太陰」旁墨筆書一「肺」字。

注：「驗今明堂、中誥圖經，不載髃骨穴，尋其穴以寫四支之熱，恐是肩髃穴。穴在肩端兩骨間，手陽明、矯脈之會，刺可入同身寸之六分，留六呼，若灸者可灸三壯。」硃筆改注中「矯」爲「蹻」。付箋曰：「注『矯脈』，顧本作『蹻脈』。」

「熱病始於頭首者，刺項太陽而汗出止。」注：「天柱主之。」墨筆眉批：「項太陽。天柱。」

「病熱先身重骨痛，耳聾好瞑，刺足少陰。」注：「據經無正主穴，當補寫井滎爾。新校正云：按靈樞經云熱病而身重骨痛耳聾而好瞑，取之骨，以第四鍼索骨於，不得索之土。土，脾也。」墨筆眉批：「第四針索骨，不得索之土。」付箋曰：「『索骨於』，顧本『於』下有『腎』字。」

「與厥陰脈爭見者，死期不過三日。」注：「外見太陽之赤色，内應厥陰之弦脈，然太陽受病，當傳入陽明，今又厥陰之脈來見者，是土敗而木賊之也。故死。然土氣已敗，木復狂行，木主數三，故期不過三日。」墨筆眉批：「外見太陽赤色。内見厥陰弦脈。」付箋曰：「注『木主數三』，顧本『主』作『生』。」

〔一〕「作」字下原衍一「作」字，據文意删。

「與少陰脈爭見者，死期不過三日。」注：「少陽受病當傳入於太陰，今反少陰少陰脈來見，亦土敗而木賊之也，故死不過三日，亦木之數然。」付箋曰：「注『少陰』二字，顧本不重。」

評熱病論篇第三十三

「黄帝問曰：有病温者，汗出輒復熱，而脈躁疾不爲汗衰，狂言不能食，病名爲何？岐伯對曰：病名陰陽交，交者死也。」墨筆眉批：「陰陽交。」

「今邪氣交爭於骨肉而得汗者，是邪卻而精勝也。精勝則當能食而不復熱。復熱者邪氣也，汗者精氣也，今汗出而輒復熱者，是邪勝也。不能食者，精無俾也。」墨筆眉批：「傅山曰：精無俾者，謂前汗一出而穀氣所化之精，罄竭無佐使矣，故再不能食，是承『不能食』語。」

前文注：「無俾，言無可使爲汗也。穀不化則精不生，精不化流，故無可使。」墨筆旁批：「此是説不能食，非謂汗之有無。」

「病而留者，其壽可立而傾也。」注：「如是者，若汗出疾速留著而不去，則其人壽命立致傾危也。新校正云：詳『病而留者』，按王注『病』當作『疾』。又按甲乙經作『而熱留者』。」「病」旁墨筆書一「疾」字。

「帝曰：有病身熱汗出煩滿，煩滿不爲汗解，此爲何病？岐伯曰：汗出而身熱者風也，汗出而煩滿不解者厥也，病名曰風厥。」墨筆眉批：「風厥。」

「帝曰：願卒聞之。岐伯曰：巨陽主氣，故先受邪。」「巨陽」旁墨筆書「膀胱」二字。

「帝曰：勞風爲病何如？岐伯曰：勞風法在肺下。」注：「從勞風生，故曰勞風。勞，謂腎勞也。腎脈者，從腎上貫肝鬲，入肺中。故腎勞風生，上居肺下也。」墨筆眉批：「勞風。腎勞。」

「唾出若涕，惡風而振寒。此爲勞風之病。」墨筆眉批：「傅山曰：山親見傷寒陰證臨死者，唾出若涕。」

「帝曰：治之奈何？岐伯曰：以救俛仰。」注：「救，猶止也。俛仰，謂屈伸也。言止屈伸放動作，不使勞氣滋蔓。」付箋曰：「注『放』，顧本作『於』。」

「欬出青黄涕，其狀如膿，大如彈丸，從口中若鼻中出，不出則傷肺，傷肺則死也。」注：「平調欬者，從咽而上出於口。暴卒欬者，氣衝突於蓄門而出於鼻。」「新校正云：按王氏云：卒暴欬者，氣衝突於蓄門而出於鼻。按難經云衝門，無蓄門之名，疑是賁門。楊操云：賁者，鬲也，胃氣之所出，胃出穀氣以傳於肺，肺在鬲上，故胃爲賁門。」墨筆眉批：「蓄門。衝門。賁門。」

「帝曰：有病腎風者，面胕痝然壅，害於言，可刺不？」墨筆眉批：「腎風。」

「病名曰風水，論在刺法中。」注：「刺法篇曰：今經亡。」付箋曰：「注『篇曰』，顧本作『篇名』。」

逆調論篇第三十四

「腎，孤藏也，一水不能勝二火，故不能凍慄，病名曰骨痺，是人當攣節也。」墨筆眉批：「腎孤藏，玉機眞藏篇脾爲孤藏。骨痺。」

「帝曰：人之肉苛者，雖近於衣絮，猶尚苛也，是謂何疾？」墨筆眉批：「肉苛。」

「下經曰：胃不和則臥不安。」墨筆眉批：「胃不和則臥不安。」

瘧論篇第三十五

「此令人汗空疎。」墨筆眉批：「此『空』字之義猶『孔』字。」

「衛氣一日一夜大會於風府，其明日，日下一節，故其作也晏，此先客於脊背也。」墨筆眉批：

「若無後問，此語終晦。」

「每至於風府則腠理開，腠理開則邪氣入，邪氣入則病作，以此日作稍益晏也。其出於風府，日下一節，二十五日下至骶骨，二十六日入於脊内，注於伏膂之脈。」墨筆眉批：「此云風府是穴名。其云風無常府是風之所中。」

「其間日發者，由邪氣内薄於五藏，横連募原也，其道遠，其氣深，其行遲，不能與衛氣俱行，不得皆出，故間日乃作也。」墨筆眉批：「此云。」

「帝曰：夫子言衛氣每至於風府，腠理乃發，發則邪氣入，入則病作。今衛氣日下一節，其氣之發也不當風府，其日作者奈何？」墨筆眉批：「須得此問。」

「衛氣之所在，與邪氣相合，則病作。故風無常府，衛氣之所發，必開其腠理，邪氣之所合，則其府也。」墨筆眉批：「風無常府。」

「夫寒者陰氣也，風者陽氣也，先傷於寒而後傷於風，故先寒而後熱也，病以時作，名曰寒瘧。帝曰：先熱而後寒者何也？岐伯曰：此先傷於風而後傷於寒，故先熱而後寒也，亦以時作，名曰温瘧。其但熱而不寒者，陰氣先絶，陽氣獨發，則少氣煩寃，手足熱而欲嘔，名曰癉瘧。」墨筆眉批：「寒瘧。温瘧。癉瘧。」

「此眞往而未得幷者也。」硃筆眉批：「『眞』字訛。」

刺瘧篇第三十六

「足太陽之瘧，令人腰痛頭重，寒從背起，先寒後熱，熇熇暍暍然，熱止汗出，難已，刺郄中出血。」「足太陽」旁墨筆書一「一」字。墨筆眉批：「郄。」

「足少陽之瘧，令人身體解㑊。寒不甚，熱不甚，惡見人，見人心惕惕然，熱多汗出甚，刺足少陽。」「足少陽」旁墨筆書一「二」字。墨筆眉批：「解㑊。」

「足陽明之瘧，令人先寒，灑淅灑淅，寒甚久乃熱，熱去汗出，喜見日月光火氣乃快然，刺足陽明跗上。」「足陽明」旁墨筆書一「三」字。

「足太陰之瘧，令人不樂，好太息。不嗜食，多寒熱汗出，病至則善嘔，嘔已乃衰，即取之。」「足太陰」旁墨筆書一「四」字。墨筆眉批：「太息。」

「足少陰之瘧，令人嘔吐甚，多寒熱，熱多寒少。欲閉戶牖而處，其病難已。」「足少陰」旁墨筆書一「五」字。

「足厥陰之瘧，令人腰痛少腹滿，小便不利如癃狀，非癃也，數便，意恐懼氣不足，腹中悒悒，刺足厥陰。」「足厥陰」旁墨筆書一「六」字。

「肺瘧者，令人心寒，寒甚熱，熱間善驚，如有所見者，刺手太陰陽明。」「肺瘧者」旁墨筆書一「七」字。

「心瘧者，令人煩心甚，欲得清水，反寒多，不甚熱，刺手少陰。」「心瘧者」旁墨筆書一「八」字。

「肝瘧者，令人色蒼蒼然，太息，其狀若死者，刺足厥陰見血。」「肝瘧者」旁墨筆書一「九」

字。

「脾瘧者，令人寒，腹中痛，熱則腸中鳴，鳴已汗出，刺足太陰。」「脾瘧者」旁墨筆書一「十」字。

「腎瘧者，令人灑灑然，腰脊痛宛轉，大便難，目眴眴然，手足寒，刺足太陽少陰。」「腎瘧者」旁墨筆書「十二」二字。

「胃瘧者，令人且病也，善饑而不能食，食而支滿腹大，刺足陽明太陰橫脈出血。」「胃瘧者」旁墨筆書「十二」二字。墨筆眉批：「且病。」

「凡治瘧，先發如食頃乃可以治，過之則失時也。」注：「先其發時，眞邪異居，波隴不起，故可治。」墨筆眉批：「波隴。」

「刺瘧者，必先問其病之所先發者，先刺之。先頭痛及重者，先刺頭上及兩額兩眉間出血。」墨筆眉批：「刺頭出血。」

氣厥論篇第三十七

「心移寒於肺，肺消，肺消者飲一溲二，死不治。」墨筆眉批：「此與下『移熱而爲鬲消』反，此飲一溲二，下則飲而不言溲。」

前文注：「心爲陽藏，反受諸寒，寒氣不消，乃移於肺，寒隨心火，内鑠金精，金受火邪，故中消也。然肺藏消鑠，氣無所恃，故令飲一而溲二也。金火相賊，故死不能治。」硃筆眉批：「此解不知。」

「腎移熱於脾，傳爲虚，腸澼，死不可治。」注：「脾土制水，腎反移熱以爲之，是脾土不能制水而受病，故久久傳爲虚損也。」付箋曰：「注『以爲之』，顧本作『以與之』。」

「大腸移熱於胃，善食而痩，入謂之食亦。」墨筆眉批：「食亦。」

欬論篇第三十八

「岐伯曰：肺欬之狀，欬而喘息有音，甚則唾血。心欬之狀，欬則心痛，喉中介介如梗狀，甚則咽腫喉痹。肝欬之狀，欬則兩脇下痛，甚則不可以轉，轉則兩胠下滿。脾欬之狀，欬則右胠下痛，陰陰引肩背，甚則不可以動，動則欬劇。」注：「足太陰脈，上貫鬲俠咽。」「脾氣主右，故右胠下陰人然深慢痛也。」墨筆眉批：「肺欬。心欬。肝欬。脾欬。」硃筆改注中「人」爲「陰」。

「腎欬之狀，欬則腰背相引而痛，甚則欬涎。」墨筆眉批：「腎欬。」

「脾欬不已，則胃受之，胃欬之狀，欬而嘔，嘔甚則長蟲出。肝欬不已，則膽受之，膽欬之狀，欬嘔膽汁。肺欬不已，則大腸受之，大腸欬狀，欬而遺失。心欬不已，則小腸受之，小腸欬狀，欬而失氣，氣與欬俱失。腎欬不已，則膀胱受之，膀胱欬狀，欬而遺溺。」墨筆眉批：「胃欬。膽欬。大腸欬。小腸欬。膀胱欬。」

「久欬不已，則三焦受之，三焦欬狀，欬而腹滿，不欲食飲，此皆聚於胃，關於肺，使人多涕唾，而面浮腫氣逆也。」墨筆眉批：「三焦。只是上中二焦。」

前文注：「三焦者，非謂手少陽也。」「中焦者亦至於胃口，出上焦之後。此所受氣者，泌糟粕，蒸津液。」「胃脈者，從缺盆下乳内廉，下循腹至氣街。」「盛糟粕而俱下於大腸，泌別過循下焦而滲入膀胱。尋此行化，乃與胃口懸遠，故不謂此也。」墨筆眉批：〔二〕「泌，說文：俠流也。」墨筆眉批：「泌。」

前文注：「新校正云：按甲乙經，胥脈『下循腹』作『下俠臍』。」硃筆改注中「胥」爲「胃」。墨筆眉批：「胃。」

「岐伯曰：治藏者治其俞，治府者治其合，浮腫者治其經。」注：「諸藏俞者，皆脈之所起第三穴。」「靈樞經曰：脈之所注爲俞，所行爲經，所入爲合。此之謂也。」墨筆眉批：「注爲俞，行爲經，入爲合。」

補註釋文黃帝内經素問卷之六

舉痛論篇第三十九

「黃帝問曰：余聞善言天者，必有驗於人；善言古者，必有合於今；善言人者，必有厭於己。如此，則道不惑而要數極，所謂明明也。」付箋曰：「『所謂明明也』顧本作『所謂明也』，『明』字不重。」

「岐伯再拜稽首對曰：何道之問也。」注：「請示起端也。」付箋曰：「注『起』，顧本作『問』。」

「寒氣客於衝脈，衝脈起於關元，隨腹直上，寒氣客則脈不通，脈不通則氣因之，故喘動應手

〔二〕「墨筆眉批」，從縮微膠片上觀察，該眉批似有雙重印跡，不排除原件係用硃、墨二色兩次書寫而成。

矣。」注：「直著謂行會於咽喉也。氣因之，謂衝脈不通，足少陰氣因之上滿。衝脈與少陰並行，故喘動而應手也矣。」付箋曰：「注『直著』，顧本作『直上者』三字；『謂』下，顧本有『上』字。」

「悲則心系急，肺布葉舉，而上焦不通，榮衛不散，熱氣在中，故氣消矣。」墨筆眉批：「肺布葉舉，此卽所謂肺掛者邪。」

「勞則喘且汗出，外内皆越，故氣耗矣。」付箋曰：「『喘且』，顧本作『喘息』。」

腹中論篇第四十

「岐伯對曰：多爲鼓脹。」「鼓」旁硃筆書一「穀」字。

「岐伯曰：治之以雞矢醴，一劑知，二劑已。」墨筆眉批：「雞矢醴。」

「岐伯曰：病名血枯，此得之年少時，有所大脫血，若醉入房中，氣竭肝傷，故月事衰少不來也。」注：「出血多者，謂之脫血，漏中鼻衄嘔吐出血皆同焉。」付箋曰：「注『漏中』，顧本作『漏下』。」

「岐伯曰：以四烏鰂骨、一藘茹，二物幷合之，丸以雀卵，大如小豆，以五丸爲後飯，飲以鮑魚汁，利腸中及傷肝也。」墨筆眉批：「烏鰂。藘茹。」

「帝曰：病有少腹盛，上下左右皆有根，此爲何病？可治不？岐伯曰：病名曰伏梁。」墨筆眉批：「此非心積之伏梁。」

「帝曰：何以然？岐伯曰：此下則因陰，必下膿血，上則迫胃脘，生鬲，俠胃脘内癰，此久病也，難治。」「生」旁墨筆書一「出」字。「俠」旁墨筆書一「使」字。

「其氣溢於大腸而著於肓，肓之原在齊下，故環齊而痛也。不可動之，動之爲水溺濇之病。」墨筆眉批：「肓之原在齊下，與膏肓之肓同名而異處。」

「岐伯曰：夫芳草之氣美，石藥之氣悍，二者其氣急疾堅勁，故非緩心和人，不可以服此二者。」墨筆眉批：「芳草。石藥。氣悍。」

刺腰痛篇第四十一

「足太陽脈令人腰痛，引項脊尻背如重狀。」墨筆眉批：「足太陽膀胱。」

前文注：「新校正云：按甲乙經，『貫臀』作『貫胂』，刺瘧注亦作『貫胂』，三部九候注作貫臀。」墨筆眉批：「胂。」

「少陽令人腰痛，如以鍼刺其皮中，循循然不可以俛仰，不可以顧。」「少陽」旁墨筆書一「足」字。墨筆眉批：「足少陽膽。」

「陽明令人腰痛，不可以顧，顧如有見者，善悲。」「陽明」旁墨筆書一「足」字。墨筆眉批：「足陽明胃。陽明令人腰痛。」

「足少陰令人腰痛，痛引脊内廉。」墨筆眉批：「足少陰腎。」

前文注：「新校正云：按全元起本，『脊内廉』作『脊内痛』，太素亦同。此前少足太陰腰痛證幷刺足太陰法，應古文脫簡也。」墨筆眉批：「少足太陰一段。」

「厥陰之脈令人腰痛，腰中如張弓弩弦。」「厥陰」旁墨筆書一「足」字。墨筆眉批：「足厥陰肝。」

「刺厥陰之脈，在腨踵魚腹之外，循之累累然，乃刺之。」硃筆眉批：「魚腹。」

前文注：「腨踵者」，「若灸者可灸三壯。『厥陰』三經作『居陰』，是傳寫草書『厥』字爲『居』也。」墨筆眉批：「厥、居字草書混。」

「解脈令人腰痛，痛引肩，目䀮䀮然，時遺溲。」墨筆眉批：「解脈。」

前文注：「解脈，散行脈也，言不合而別行也。此足太陽之經，起於目内眥，上額交巔上。」

墨筆眉批：「散行脈。足太陽膀胱。」「足太陽」旁墨筆書「膀胱」二字。

「刺解脈，在膝筋肉分間郄外廉之横脈出血，血變而止。」墨筆眉批：「解脈有二。」

「解脈令人腰痛如引帶，常如折腰狀，善恐。」注：「足太陽之别脈，自肩而别下。」墨筆眉批：「足太陽别脈。」

「同陰之脈，令人腰痛，痛如小錘居其中，怫然腫。」注：「足少陽之别絡也，並少陽經上行。」

墨筆眉批：「足少陽别絡。膽。」

「陽維之脈令人腰痛，痛上怫然腫。」墨筆眉批：「陽維。」

「衡絡之脈令人腰痛，不可以俛仰，則恐仆。得之舉重傷腰，衡絡絶，惡血歸之。」注：「衡，横也。」「一經作行絶之脈，傳寫魯魚之誤也。」付箋曰：「『仰』下，顧本重一『仰』字，作『仰則恐仆』。」墨筆眉批：「『衡絡』訛作『行絶』。」

「會陰之脈令人腰痛，痛上漯漯然汗出，汗乾令人欲飲，飲已欲走。」注：「足太陽之中經也，其脈循腰下會於後陰，故曰會陰之脈。」墨筆眉批：「會陰。足太陽膀胱。」

「刺直陽之脈上三痏，在蹻上郄下五寸横居，視其盛者出血。」墨筆眉批：「直陽之脈。」

「飛陽之脈令人腰痛，痛上拂拂然，甚則悲以恐。」注：「是陰維之脈也，去内踝上同身寸之五寸腨分中，並少陰經而上也。」墨筆眉批：「陰維。飛陽之脈。」

「昌陽之脈令人腰痛，痛引膺，目䀮䀮然，甚則反折，舌卷不能言。」注：「陰蹻脈也。陰蹻者，足少陰之别也。」墨筆眉批：「陰蹻。昌陽之脈。」

「散脈令人腰痛而熱，熱甚生煩，腰下如有横木居其中，甚則遺溲。」墨筆眉批：「足太陰散脈。前少足太陰一脈，此則爲足太陰散脈。」

「肉里之脈令人腰痛，不可以欬，欬則筋縮急。」墨筆眉批：「肉里之脈。」

「腰痛上寒不可顧，刺足陽明。」注：「上寒，陰市主之。」墨筆眉批：「足陽明。陰市。」

「如折不可以俛仰，不可舉，刺足太陽。」「足太陽」旁墨筆書一「膀」字。

「引脊内廉，刺足少陰。」注：「復溜主之，取用飛陽。」付箋曰：「注『取同』，顧本作『取用』。」〔二〕

「刺腰尻交者，兩髁胂上，以月生死爲痏數，發鍼立已。」墨筆眉批：「胂，〔三〕說文：矢人切，夾脊肉也。」

前文注：「此邪客於足太陰之絡也。」「足太陰、厥陰、少陽三脈，左右交結於中，故曰腰尻交者也。」「髁，苦瓦反。髎，音遼。」墨筆眉批：「足太陰之絡。」「足太陰」旁墨筆書一「脾」字。後「足太陰、厥陰、少陽」旁墨筆書「脾、肝、膽」三字。又墨筆眉批：「髁，此與『足踝』字音不同。」

〔二〕蕭延平氏本條校語「同」、「用」二字顛倒。

〔三〕「胂」，此字似有硃色印蹟。

風論篇第四十二

「癘者，有榮衛熱胕，其氣不清，故使鼻柱壞而色敗，皮膚瘍潰。」付箋曰：「『榮衛』，顧本作『榮氣』，據注應作『氣』。」墨筆眉批：「胕。鼻柱壞。」

「風中五藏六府之俞，亦爲藏府之風，各入其門户所中，則爲偏風。風氣循風府而上，則爲腦風。風入係頭，則爲目風，眼寒。」墨筆眉批：「偏風。腦風。目風。」

「飲酒中風，則爲漏風。入房汗出中風，則爲内風。新沐中風，則爲首風。久風入中，則爲腸風飱泄。外在腠理，則爲泄風。」墨筆眉批：「漏風。内風。首風。腸風。泄風。」

「帝曰：五藏風之形狀不同者何？願聞其診及其病能。」墨筆眉批：「能義如態。」

「岐伯曰：肺風之狀，多汗惡風，色皏然白，時欬短氣，晝日則差，暮則甚，診在眉上，其色白。」墨筆眉批：「肺風。」

「心風之狀，多汗惡風，焦絶善怒嚇，赤色，病甚則言不可快，診在口，其色赤。」墨筆眉批：「心風。」

「肝風之狀，多汗惡風，善悲，色微蒼，嗌乾善怒，時憎女子，診在目下，其色青。」墨筆眉批：「肝風。」

「脾風之狀，多汗惡風，身體怠墮，四支不欲動，色薄微黄，不嗜食，診在鼻上，其色黄。」墨筆眉批：「脾風。」

「腎風之狀，多汗惡風，面痝然浮腫，脊痛不能正立，其色炲，隱曲不利，診在肌上，其色黑。」墨筆眉批：「腎風。」

「胃風之狀，頸多汗惡風，食飲不下，鬲塞不通，腹善滿，失衣則䐜脹，食寒則泄，診形瘦而腹大。」墨筆眉批：「胃風。」

「首風之狀，頭面多汗惡風，當先風一日則病甚，頭痛不可以出内，至其風日則病少愈。」墨筆眉批：「首風。」

「漏風之狀，或多汗，常不可單衣，食則汗出，甚則身汗，喘息惡風，衣常濡，口乾善渴，不能勞事。」墨筆眉批：「漏風。」

「泄風之狀，多汗，汗出泄衣上，口中乾，上漬，其風不能勞事，身體盡痛則寒。」墨筆眉批：「泄風。」

痺論篇第四十三

「凡痺之客五藏者，肺痺者，煩滿喘而嘔。心痺者，脈不通，煩則心下鼓，暴上氣而喘，嗌乾善噫，厥氣上則恐。肝痺者，夜臥則驚，多飲數小便，上爲引如懷。腎痺者，善脹，尻以代踵，脊以代頭。脾痺者，四支解墮，發欬嘔汁，上爲大塞。」墨筆眉批：「肺痹。心痹。肝痹。腎痹。脾痹。」

「腸痺者，數飲而出不得，中氣喘爭，時發飧泄。」墨筆眉批：「腸痹。」

「胞痺者，少腹膀胱按之内痛，若沃以湯，澀於小便，上爲清涕。」墨筆眉批：「胞痹。」

「六府亦各有俞，風寒濕氣中其俞，而食飲應之，循俞而入，各舍其府也。」墨筆眉批：「六俞。」

「帝曰：榮衛之氣亦令人痺乎？岐伯曰：榮者」，「逆其氣則病，從其氣則愈，不與風寒濕氣合，故不爲痺。」墨筆眉批：「榮衛之氣不爲痹。」

「帝曰：夫痺之爲病，不痛何也？歧伯曰：痺在於骨則重，在於脈則血凝而不流，在於筋則屈不伸，在於肉則不仁，在皮則寒。」付箋曰：「『在皮』，顧本作『在於皮』。」

「凡痺之類，逢寒則蟲，逢熱則縱。帝曰：善。」注：「蟲，謂皮中如蟲行。縱，謂縱緩不相就。新校正云：按甲乙經，『蟲』作『急』。」墨筆眉批：「作『急』者是。」

厥論篇第四十五

「黃帝問曰：厥之寒熱者何也？歧伯對曰：陽氣衰於下，則爲寒厥；陰氣衰於下，則爲熱厥。」墨筆眉批：「厥有寒熱。病皆在下。」

「歧伯曰：陽氣起於足五指之表，陰脈者集於足下而聚於足心，故陽氣勝則足下熱也。」注：「大約而言之，足太陽脈出於足小指之端外側，足少陽脈出於足小指次指之端，足陽明脈出於足中指及大指之端。」「足太陽」旁墨筆書一「胱」字。「足少陽」旁墨筆書一「膽」字。「足陽明」旁墨筆書一「胃」字。

「歧伯曰：陰氣起於五指之裏，集於膝下而聚於膝上，故陰氣勝則從五指至膝上寒，其寒也，不從外，皆從内也。」注：「亦大約而言之也，足太陰脈起於足大指之端内側。」「足少陰脈起於足小指之下斜趣足心。」「足太陰」旁墨筆書一「脾」字。「足少陰」旁墨筆書一「腎」字。

「帝曰：寒厥何失而然也？歧伯曰：前陰者，宗筋之所聚，太陰陽明之所合也。」注：「宗筋俠齊，下合於陰器，故云前陰者宗筋之所聚也。太陰者脾脈。陽明者，胃脈。脾胃之脈，皆輔近宗筋，故云太陰陽明之所合。新校正云：按甲乙經，『前陰者宗筋之所聚』作『厥陰者衆筋之所聚』。全元起云：『前陰者，厥陰也。』與王注義異，亦自一說。」墨筆眉批：「全、王二義。」「此人者質壯，以秋冬奪於所用，下氣上爭，不能復，精氣溢下，邪氣因從之而上也。」墨筆眉批：「秋冬奪于所用。」

「帝曰：熱厥何如而然也？」墨筆眉批：「熱厥。」

「岐伯曰：陰氣盛於上則下虛，下虛則腹脹滿，陽氣盛於上則下氣重上而邪氣逆。」「陽氣盛於上」旁墨筆書「腹滿」二字。注：「新校正云：按甲乙經，『陽氣盛於上』五字作『腹滿』二字，當從甲乙經之說。」「按謬刺論云：邪客於手足少陰、太陰、足陽明之絡，此五絡皆會于耳中，上絡左角，五絡俱竭，令人身脈皆動而形無知，其狀若尸，或曰尸厥。」墨筆眉批：「張仲景論尸厥，下墜上爭，即號太子尸厥，扁鵲傳詳引之。」硃筆眉批：「五絡會于耳中，上絡左角。」「手足少陰、太陰、足陽明」旁墨筆書「心、腎。脾、肺。胃。」五字。

「岐伯曰：巨陽之厥，則腫首頭重，足不能行，發爲眴仆。」注：「巨陽，太陽也。」「太陽」旁墨筆書一「胱」字。

卷一百九十五　補註釋文黃帝内經素問批注（國圖本）（下）

黃帝内經素問卷七卷八卷九之冊（丁），封面墨筆批：「臑會共十□。重身九月而瘖，見奇病論。環臍而痛曰伏梁，見奇病論。解㑊，脈解。四時刺篇。呿不能欠，欠不能呿。見氣穴論。上關下關，引鍼經。氣穴、氣府二篇皆論經穴。衝、督、任，詳骨空論。衝、督、任一源而三歧，〔二〕又曰名異而同體，詳見骨空論及注。狐疝解九卷，四時從逆論。左額角，見謬刺篇。廿三。」

補註釋文黃帝内經素問卷之七

病能論篇第四十六

「歧伯曰：藏有所傷及，精有所之寄則安，故人不能懸其病也。」墨筆眉批：「精有所之寄。」

「歧伯曰：肺者藏之蓋也。」墨筆眉批：「藏蓋。」

「帝曰：善。有病頸癰者，或石治之，或鍼灸治之而皆已，其眞安在？」注：「言所攻則異，所愈則同，故問眞法何所在也。」付箋曰：「注『故』，顧本作『欲』。」

「帝曰：何以知之？歧伯曰：陽明者常動，巨陽、少陽不動，不動而動大疾，此其候也。」

〔二〕「歧」，手稿誤作「奇」，據文意改。

注：「新校正云：詳王注，以天窗爲少陽之分位，天容爲太陽之分位。按甲乙經，天窗乃太陽脈氣所發，天容乃少陽脈氣所發，一位交互。當以甲乙經爲正也。」付箋曰：「注『一位』，顧本作『二位』。」

「帝曰：治之奈何？岐伯曰：奪其食卽已，夫食入於陰，長氣於陽，故奪其食卽已。」墨筆眉批：「奪食已狂。」

「使之服以生鐵洛爲飲。」注：「新校正云：按甲乙經，『鐵洛』作『鐵落』，『爲飲』作『爲後飯』。」墨筆眉批：「生鐵落。」

「夫生鐵洛者，下氣疾也。」注：「『之』或爲『人』，傳文誤也。」硃筆改注中「之」爲「下」。

「帝曰：善。有病身熱解墮，汗出如浴，惡風少氣，此爲何病？岐伯曰：病名曰酒風。」墨筆眉批：「酒風。」

「帝曰：治之奈何？岐伯曰：以澤瀉、朮各十分，麋銜五分，合以三指撮爲後飯。」墨筆眉批：「澤瀉、朮、麋銜。」

奇病論篇第四十七

「黄帝問曰：人有重身九月而瘖，此爲何也？」墨筆眉批：「重身九月而瘖。」

「帝曰：人有身體髀股䯒皆腫，環齊而痛，是爲何病？岐伯曰：病名曰伏梁。」墨筆眉批：「伏梁。」

「岐伯曰：當有所犯大寒，内至骨髓，髓者以腦爲主，腦逆故令頭痛，齒亦痛。」注：「夫腦爲髓主，齒是骨餘，腦逆反寒，骨亦寒人，故令頭痛齒亦痛。」付箋曰：「注『人』，顧本作『入』。」

「治之以蘭，除陳氣也。」墨筆眉批：「蘭。」

「帝曰：有病口苦，取陽陵泉，口苦者病名爲何？何以得之？岐伯曰：病名曰膽癉。」墨筆眉批：「口苦。膽癉。」

「此人者，數謀慮不決，故膽虛氣上溢而口爲之苦，治之以膽募、俞。」注：「胷腹曰募，背脊曰俞，膽募在乳下二筋外，期門下同身寸之五分，俞在脊第十椎下兩傍，相去各同身寸之一寸半。」付箋曰：「注『二筋』，顧本作『二肋』。」

「岐伯曰：病在太陰，其盛在胃，頗在肺，病名曰厥，死不治。」墨筆眉批：「頗。」

大奇論篇第四十八

「脛有大小，髀胻大跛，易偏枯。」硃筆眉批：「髀。」墨筆眉批：「說文：股也。幷弭切。」硃筆眉批：「胻。」墨筆眉批：「說文：脛耑也。戶更切。」

「腎脈大急沉，肝脈大急沉，皆爲疝。」墨筆眉批：「疝。」

「心脈摶滑急爲心疝，肺脈沉摶爲肺疝。」墨筆眉批：「摶。疝。」

「三陽急爲瘕，三陰急爲疝。」墨筆眉批：「疝。」

「脾脈外鼓，沉爲腸澼，久自已。」注：「外鼓，謂鼓動於臂外也。」墨筆眉批：「外鼓。」

「腎脈小摶沉，爲腸澼下血。」墨筆眉批：「摶。」

「胃脈沉鼓濇，胃外鼓大，心脈小堅急，皆鬲偏枯。」注：「外鼓，謂不當尺寸而鼓擊於臂外側也。」墨筆眉批：「外鼓。」

「脈至而搏，血衄身熱者死。」墨筆眉批：「搏。」

「脈至浮合，浮合如數，一息十至以上，是經氣予不足也。」墨筆眉批：「予字都不注。」

「脈至如省客，省客者脈塞而鼓，是腎氣予不足也，懸去棗華而死。」墨筆眉批：「省客。」

「脈至如丸泥，是胃精予不足也，榆莢落而死。」注：「如珠之轉，是謂丸泥。」墨筆眉批：「丸泥注如珠之轉，未是。」

「脈至如弦縷，是胞精予不足也。」墨筆眉批：「弦縷不解。」

「脈至如頹土之狀，按之不得，是肌氣予不足也，五色先見黑白，壘發死。」墨筆眉批：「壘不解。」

前文注：「頽土之狀謂浮之大而虛而大，按之則無。」付箋曰：「注『而大』二字，顧本作『耎』。」

「脈至如華者，令人善恐，不欲坐臥，行立常聽，是小腸氣予不足也，季秋而死。」墨筆眉批：「常聽。」

脈解篇第四十九

「太陽所謂腫腰脽痛者，正月太陽寅，寅太陽也。」墨筆眉批：「太陽。正月。」

「病偏虛爲跛者，正月陽氣東解地氣而出也。」付箋曰：「『東解』，顧本作『凍解』。」

「所謂耳鳴者，陽氣萬物盛上而躍，故耳鳴也。」墨筆眉批：「耳鳴。」

「内奪而厥，則爲瘖俳，此腎虛也。」墨筆眉批：「瘖俳。」

「少陽所謂心脇痛者，言少陽盛也，盛者心之所表也。」墨筆眉批：「少陽。」

「九月陽氣盡而陰氣盛，故心脇痛也。」墨筆眉批：「九月。」

「所謂甚則躍者。」墨筆眉批：「躍。」

「陽明所謂灑灑振寒者，陽明者午也，五月盛陽之陰也。」墨筆眉批：「陽明。五月。」

「太陰所謂病脹者，太陰子也，十一月萬物氣皆藏於中，故曰病脹。」墨筆眉批：「太陰。十一月。」

「少陰所謂腰痛者，少陰者腎也，十月萬物陽氣皆傷，故腰痛也。」墨筆眉批：「少陰。十月。」

「秋氣始至，微霜始下，而方殺萬物。」墨筆眉批：「少陰十月，而言秋氣始至，微霜始下。」

「所謂惡聞食臭者，胃無氣，故惡聞食臭也。」墨筆眉批：「惡聞食臭。」

「厥陰所謂癩疝，婦人少腹腫者，厥陰者辰也，三月陽中之陰，邪在中，故曰癩疝少腹腫也。」墨筆眉批：「厥陰。三月。」

「所謂癩癃疝膚脹者，曰陰亦盛而脈脹不通，故曰癩癃疝也。」墨筆眉批：「疝。亦字。疝。」

刺要論篇第五十

「刺皮無傷肉，肉傷則内動脾，脾動則七十二日四季之月，病腹脹煩不嗜食。」墨筆眉批：「不嗜食。」

「刺骨無傷髓，髓傷則銷鑠胻酸，體解㑊然不去矣。」墨筆眉批：「㑊。」

刺禁論篇第五十二

「脾謂之使，胃爲之市。」墨筆眉批：「胃、市兩字有義而奇。」

「鬲肓之上，中有父母。」注：「鬲肓之上，氣海居中。」墨筆眉批：「鬲肓之上，氣海居中。」

「七節之傍，中有小心。」墨筆眉批：「小心。」

「刺氣街中脈，血不出，爲腫鼠僕。」注：「氣街之中，膽胃脈也。」墨筆眉批：「鼠僕。膽。胃。」

「刺膝髕出液，爲跛。」注：「膝爲筋府，筋會於中，液出筋乾，故跛。髕音牝。」墨筆眉批：「髕。」

刺志論篇第五十三

「入實者，右手開鍼空也。入虛者，左手閉鍼空也。」注：「言用鍼之補寫也。右手持鍼，左手捻穴，故實者右手開鍼空以寫之，虛者左手開鍼空以補之也。」付箋曰：「注『左手開鍼空以補之也』，顧本『開』作『閉』。據經文應作『閉』。」

鍼解篇第五十四

「徐而疾則實者，徐出鍼而疾按之。疾而徐則虛者，疾出鍼而徐按之。」注：「徐按，謂鍼出穴已，徐緩按之，則邪氣得泄，精氣復間。故疾而徐乃虛也。」付箋曰：「注『復間』，顧本作『復固』。」

「虛實之要，九鍼最妙者，爲其各有所宜也。」注：「熱在頭身，宜鑱鍼。肉分氣滿，宜員鍼。脈氣虛少，宜鍉鍼。」「破癰腫，出膿血，宜鈹鍼。」墨筆眉批：「鈹。鍉。」

「人皮應天，人肉應地，人脈應人，人筋應時，人聲應音。」墨筆眉批：「人聲應音。」

長刺節論篇第五十五

「刺家不診，聽病者言，在頭頭疾痛，爲藏鍼之。」注：「藏，猶深也，言深刺之。」墨筆眉批：「藏鍼之。」

「病在少腹有積，刺皮骺以下，至少腹而止，刺俠脊兩傍四椎間，刺兩髂髎季脇肋間，導腹中氣熱下已。」注：「皮骺，謂齊下同身寸之五寸横約文。」「髂爲腰骨。髎一爲髁字，形相近之誤也。髎謂居髎，腰側穴也。」「新校正云：按釋音皮骺作皮䯋，是䯋誤作骺也。」墨筆眉批：「骺。髂。髎。䯋。」

「病在少腹，腹痛不得大小便，病名曰疝，得之寒，刺少腹兩股間，刺腰髁骨間，刺而多之，盡炅病已。」墨筆眉批：「多之。」

前文注：「厥陰之脈」「其後行者，自少腹以下骨中央，女子入繫廷孔，其絡循陰器合篡間，繞篡後，別繞臀至少陰。」「其男子循莖下至篡，與女子等。」「新校正云：按別本，『篡』一作『基』。又初患反。」墨筆眉批：「篡。」

「病起筋炅病已止。」注：「筋痹生，故得筋熱病已乃止。」付箋曰：「注『筋痹』，顧本作『筋寒』。」

補註釋文黄帝内經素問卷之八

皮部論篇第五十六

「陽明之陽，名曰害蜚。」墨筆眉批：「害蜚。」

「少陽之陽，名曰樞持。」墨筆眉批：「樞持。」

「太陽之陽，名曰關樞。」墨筆眉批：「關樞。」

「少陰之陰，名曰樞儒。」墨筆眉批：「樞儒。」

「心主之陰，名曰害肩。」墨筆眉批：「害肩。」

「太陰之陰，名曰關蟄。」墨筆眉批：「關蟄。」

氣穴論篇第五十八

「岐伯再拜而起曰：臣請言之，背與心相控而痛，所治天突與十椎及上紀。」墨筆眉批：「天突。」

「上紀者胃脘也。」注：「謂中脘也。」墨筆眉批：「中脘。」

「下紀者關元也。」墨筆眉批：「關元。」

「藏俞五十穴。」注：「藏，謂五藏肝心脾肺腎，非兼四形藏也。俞，謂井滎俞經合，非背俞也。然井滎俞經合者，肝之井者，大敦也。滎，行間也。俞，太衝也。經，中封也。合，曲泉也。」

「心包之井者，中衝也。滎，勞宮也。俞，大陵也。經，間使也。合，曲澤也。」「脾之井者，隱白也。滎，大都也。俞，太白也。經，商丘也。合，陰陵泉也。」「肺之井者，少商也。滎，魚際也。俞，大淵也。經，經渠也。合，尺澤也。」「腎之井者，涌泉也。滎，然谷也。俞，太谿也。經，復溜也。」「合，陰谷也。」墨筆眉批：「肝井。大敦。行間。太衝。中衝。勞宮。間使，千金方『反胃灸乎間使』。曲澤。脾井。隱白。大都。太白。商丘。陰陵泉。肺井。少商。魚際。大淵。經渠。尺澤。」墨筆根批：「約上。」墨筆眉批：「腎井。涌泉。然骨。太谿。復溜。陰谷。」

「府俞七十二穴。」注：「府，謂六府，非兼九形府也。俞，亦謂井滎俞原經合，非背俞也。肝之府膽，二之井者，竅陰也。滎，俠谿也。俞，臨泣也。原，丘虛也。經，陽輔也。合，陽陵泉也。竅陰，在足小指次指之端，去爪甲角如韭葉，足少陽脈之所出也。」「脾之府胃，胃之井者，厲兌也。滎，内庭也。俞，陷谷也。原，衝陽也。經，解谿也。合，三里也。厲兌，在足大指次指之端，去爪甲角如韭葉，足陽明脈之所出也。」「肺之府大腸，大腸之井者，商陽也。滎，二間也。俞，三間也。原，合谷也。經，陽谿也。合，曲池也。」「心之府小腸，小腸之井者，少澤也。滎，前谷也。俞，後谿也。原，腕骨也。經，陽谷也。合，少海也。少澤，在手小指之端，去爪甲下同身寸之一分陷者中，手太陽脈之所出也。」「心包之府三焦，三焦之井者，關衝也。滎，液門也。俞，中渚也。原，陽池也。經，支溝也。合，天井也。」「腎之府膀胱，膀胱之井者，至陰也。滎，通谷也。俞，束骨也。原，京骨也。經，崑崙也。合，委中也。至陰，在足小指外側，去爪甲角如韭葉，足太陽脈之所出也。」硃筆改「肝之府膽，二之井者」中「二」爲「膽」。墨筆眉批：「膽井。竅陰。俠谿。臨泣。」硃筆眉批：「足小指次指。」墨筆根批：「臨泣。」墨筆眉批：「丘虛。陽輔。陽陵泉。」墨筆眉批：「厲兌。胃井。内庭。陷谷。」硃筆眉批：「足大指。足大指次指。」墨筆眉批：「衝陽。解谿。」硃筆眉批：「大腸井。」墨筆眉批：「商陽。二間。三間。合谷。陽谿。曲池。」硃筆眉批：「小腸井。」墨筆眉批：「少澤。前谷。後谿。」硃筆眉批：「手小指。」墨筆眉批：「腕骨。陽谷。少海。」硃筆眉批：「三焦井。」墨筆眉批：「關衝。液門。中渚。陽池。支溝。天井。」硃筆眉批：「膀胱府。」墨筆眉批：「至陰。通谷。束骨。」硃筆眉批：「足小指外側。」墨筆眉批：「京骨。崐崘。」硃筆眉批：「足外。」墨筆眉批：「委中。」

「中膂兩傍各五，凡十穴。」墨筆眉批：「肺。心。肝。脾。腎。」

「目瞳子、浮白二穴。」注：「瞳子髎，在目外去眥同身寸之五分，手太陽手足少陽三脈之會，刺可入同身寸之三分，若灸者，可灸三壯。浮白，在耳後入髮際同身寸之一寸，足太陽少陽二脈之會，刺可入同身寸之三分，若灸者，可灸三壯。左右言之，各二爲四也。」硃筆眉批：「髎。」墨筆眉批：「瞳子髎。浮白。」

「兩髀厭分中二穴。」注：「謂環銚穴也。在髀樞後，足少陽、太陽二脈之會，刺可入同身寸之一寸，留二呼，若灸者，可灸三壯。新校正云：按王氏云：在髀樞後。按甲乙經云：在髀樞中。『後』當作『中』。『灸三壯』甲乙經作『五壯』。」墨筆根批：「髀厭。」墨筆眉批：「環銚。髀樞。」

「犢鼻二穴。」墨筆眉批：「犢鼻。」

「耳中多所聞二穴。」注：「聽宮穴也。」墨筆眉批：「聽宮。」

「眉本二穴。」注：「攢竹穴也。」墨筆眉批：「攢竹。」

「完骨二穴。」墨筆眉批：「完骨。」

「項中央一穴。」注：「風府穴也。」墨筆眉批：「風府。」

「枕骨二穴。」注：「竅陰穴也。」墨筆眉批：「竅陰。」

「上關二穴。」注：「鍼經所謂刺之則欯不能欠者也。」墨筆眉批：「上關。欯不能欠。」墨筆眉批：「呿字魚韻亦收，但說如袪，則必合口唇而往前舒之。說丘加切，則自然大張口始得。似不得入魚韻者。說文去字曰：從大凵聲。凵，口犯切，張口也。此無論從口、從欠，皆以凵爲義耳。」另，原文：「項中央一穴。」注：「風府穴也。」「灸之不幸使人瘖。」原文：「上關二穴。」注：「鍼經所謂刺之則欯不能欠者也。」「刺深令人耳無所聞。」墨筆眉批：「此二句亦須細體貼之。」

「大迎二穴。」墨筆眉批：「大迎。」

「下關二穴。」注：「鍼經所謂刺之則欠不能欯者也。」墨筆根批：「說文無欯字。欯或卽集韻呿字，丘迦切，口張皃。莊子曰：『呿而不合』，不知是此字此義否？說文欠字，張口氣悟也。象氣從人上出之形。徐曰：人欠去也。氣壅滯欠去而解也。」

「天柱二穴。」墨筆眉批：「天柱。」

「巨虛上下廉四穴。」墨筆眉批：「上廉。下廉。」

「曲牙二穴。」注：「頰車穴也。」墨筆眉批：「頰車。」

「天突一穴，天府二穴，天牖二穴，扶突二穴，天窗二穴，肩解二穴，關元一穴，委陽二穴，肩貞二穴，瘖門一穴。」墨筆眉批：「天突。天府。天牖。扶突。天窗。肩解。關元。委陽。肩貞。瘖門。」

「齊一穴。」注：「齊中也，禁不可刺。」墨筆眉批：「齊中。」

「胷俞十二穴。」注：「謂俞府、或中、神藏、靈墟、神封、步廊，左右則十二穴也。」墨筆眉批：「俞府。或中。神藏。靈墟。神封。步廊。」

「背俞二穴。」注：「大杼穴也。」墨筆眉批：「大杼。」

「膺俞十二穴。」注：「謂雲門、中府、周榮、胷卿、天谿、食竇，左右則十二穴也。」墨筆眉批：「雲門。中府。周榮。胷卿。天谿。食竇。」

「分肉二穴。」墨筆眉批：「分肉。」

「踝上横二穴。」注：「内踝上者，交信穴也。」「外踝上，附陽穴也。」墨筆眉批：「踝上。交信。附陽。」

「陰陽蹻四穴。」注：「陰蹻穴，在足内踝下，是謂照海，陰蹻所生，刺可入同身寸之四分，留六呼，若灸者，可灸三壯。陽蹻穴，是謂中脈，陽蹻所生，在外踝下陷者中。」硃筆改注中「中脈」之「中」爲「申」。墨筆眉批：「陰蹻。照海。陽蹻。」硃筆眉批：「申脈。」

「水俞在諸分，熱俞在氣穴，寒熱俞在兩骸厭中二穴。」墨筆眉批：「水俞。熱俞。寒熱俞。骸厭。」

「大禁二十五，在天府下五寸。」注：「謂五里穴也。」墨筆眉批：「大禁。五里。」

「積寒留舍，榮衛不居，卷内縮筋。」付箋曰：「『卷内』，顧本『内』作『肉』。」

氣府論篇第五十九

「足太陽脈氣所發者，七十八穴。」墨筆眉批：「足太陽。」

「兩眉頭各一。」注：「謂攢竹穴也。」墨筆眉批：「攢竹。」

「入髮至項三寸半，傍五，相去三寸。」注：「謂大杼、風門各二穴也。」墨筆眉批：「大杼。

風門。」

「其浮氣在皮中者凡五行，行五，五五二十五。」注：「二十五者，其中行，則顖會、前頂、百會、後頂、强間五，督脈氣也。次俠傍兩行，則五處、承光、通天、絡卻、正枕各五，本經氣也。又次傍兩行，則臨泣、目窗、正營、承靈、腦空各五，足少陽氣也。」墨筆眉批：「顖會。前頂。百會。後頂。強間。五處。承光。通天。絡卻。正枕。臨泣。目窗。正營。承靈。腦空。」硃筆根批：「臨泣有二。」付箋曰：「『正枕』，顧本作『玉枕』，本書後篇水熱穴篇亦作『玉枕』。」

「項中大筋兩傍各一。」注：「謂天柱二穴也。」墨筆眉批：「天柱。」

「風府兩傍各一。」注：「謂風池二穴也。」墨筆眉批：「風池。」

「俠背以下至尻尾，二十一節，十五間各一。」注：「十五間各一者，今中誥孔穴圖經所存者十三穴，左右共二十六，謂附分、魄戶、神堂、譩譆、鬲關、魂門、陽綱、意舍、胃倉、肓門、志室、胞肓、秩邊十三也。」墨筆眉批：「廿一節。附分。魄戶。神堂。譩譆。鬲關。魂門。陽綱。意舍。胃倉。肓門。志室。胞肓。秩邊。」

「五藏之俞各五，六府之俞各六。」墨筆眉批：「肺俞。心俞。肝俞。脾俞。腎俞。膽俞。胃俞。三焦俞。大腸俞。小腸俞。膀胱俞。」

「委中以下至足小指傍各六俞。」注：「謂委中、崑崙、京骨、束骨、通谷、至陰六穴也。」墨筆眉批：「委中。崑崙。京骨。束骨。通谷。至陰。」

「足少陽脈氣所發者六十二穴：兩角上各二。」注：「謂天衝、曲鬢，左右各二也。」墨筆眉批：「足少陽。天衝。曲鬢。」

「直目上髮際内各五。」注：「謂臨泣、目窗、正營、承靈、腦空左右是也。」墨筆眉批：「臨泣。臨泣與膝下六俞之穴同名。目窗。正營。承靈。腦空。」

「耳前角上各一。」注：「謂頷厭二穴也。在曲角下顳顬之上上廉，手足少陽足陽明三脈之會，刺可入同身寸之七分，留七呼，若灸者，可灸三壯，刺深令人耳無所聞。」墨筆眉批：「頷厭。顳顬。」

「耳前角下各一。」注：「謂懸釐二穴也。」墨筆眉批：「懸釐。」

「鋭髮下各一。」注：「謂和髎二穴也。」墨筆眉批：「和髎。」

「客主人各一。」注：「客主人穴名也。」墨筆眉批：「客主人。」

「耳後陷中各一。」注：「謂翳風二穴也。」墨筆眉批：「翳風。」

「下關各一。」注：「下關，穴名也。」墨筆眉批：「下關。」

「耳下牙車之後各一。」注：「謂頰車三穴也。〔一〕」墨筆眉批：「頰車。」

「缺盆各一。」注：「缺盆，穴名也。」墨筆眉批：「缺盆。」

「掖下三寸，脇下至胠，八間各一。」注：「掖下，謂淵掖、輒筋、天池，脇下至胠，則日月、章門、帶脈、五樞、維道、居髎，九穴也，左右共十八穴也。」「輒筋，在掖下同身寸之三寸，復前行同身寸之一寸搓脇。」「日月，膽募也，在第三肋端，横直心蔽骨傍各同身寸之二寸五分，上直兩乳。」墨筆眉批：「淵掖。輒筋。」硃筆眉批：「搓。髎。」墨筆眉批：「天池。日月。膽募。章門。帶脈。五樞。維道。居髎。」

「髀樞中，傍各一。」注：「謂環銚二穴也。」墨筆眉批：「環銚。髀樞。」

〔一〕「三」，顧本作「一」。二者均誤，當作「二」。

「膝以下至足小指次指各六俞。」注：「謂陽陵泉、陽輔、丘虚、臨泣、俠谿、竅陰六穴也。左右言之則十二俞也。」硃筆眉批：「臨泣，頭足皆有此名。」墨筆根批：「臨泣與前浮氣之五穴中同名。」墨筆眉批：「陽陵泉。陽輔。丘虚。臨泣。俠谿。竅陰。」

「足陽明脈氣所發者六十八穴：額顱髮際傍各三。」注：「謂懸顱、陽白、頭維，左右共六穴也。」墨筆眉批：「足陽明。懸顱。陽白。頭維。」

「面鼽骨空各一。」注：「謂四白穴也。」墨筆眉批：「四白。」

「大迎之骨空各一，人迎各一。」墨筆眉批：「大迎。人迎。」

「缺盆外骨空各一。」注：「謂天髎二穴也。」墨筆眉批：「天髎。」

「膺中骨間各一。」注：「謂膺窗等六穴也。」「此穴之上，又有氣戶、庫房、屋翳，下又有乳中、乳根。墨筆眉批：「膺窗。氣戶。庫房。屋翳。乳中。乳根。」

「俠鳩尾之外，當乳下三寸，俠胃脘各五。」注：「謂不容、承滿、梁門、關門、大一五穴也，左右共一寸也。」墨筆眉批：「不容。承滿。梁門。關門。大一。」

「俠齊廣三寸各三。」注：「各三者，謂滑肉門、天樞、外陵也。」墨筆眉批：「滑肉門。天樞。外陵。」

「下齊二寸俠之各三。」注：「各三者，謂大巨、水道、歸來也。」墨筆眉批：「大巨。水道。歸來。」

「氣街動脈各一。」注：「氣街，穴名也。在歸來下鼠鼷上同身寸之一寸脈動應手，足陽明脈氣所發，刺可入同身寸之三分，留七呼，若灸者，可灸三壯。新校正云：詳此注與甲乙經同，刺熱注及熱穴注云：氣街在腹臍下横骨兩端鼠鼷上。刺禁論注：在腹下俠臍兩傍相去四寸鼠僕上。骨空注云：在毛際兩傍鼠鼷上。諸注不同，今備録之。」墨筆眉批：「氣街。鼠鼷。鼠僕。」

「伏菟上各一。」注：「謂髀關二穴也。」墨筆眉批：「髀關。」

「三里以下至足中指各八俞，分之所在穴空。」注：「謂三里、上廉、下廉、解谿、衝陽、陷谷、内庭、厲兑八穴也，左右言之，則十六俞也。」墨筆眉批：「三里。上廉。下廉。解谿。衝陽。陷谷。内庭。厲兑。」

「手太陽脈氣所發者三十六穴：目内眥各一。」注：「謂睛明二穴也。」墨筆眉批：「手太陽。睛明。」

「目外各一。」注：「謂瞳子髎二穴也。」墨筆眉批：「瞳子髎。」

「鼽骨下各一。」注：「謂顴髎二穴也。」墨筆眉批：「顴髎。」

「耳郭上各一。」注：「謂角係二穴也。〔一〕」墨筆眉批：「角係。」

「耳中各一。」注：「謂聽宫二穴也。」硃筆眉批：「聽宫。」又墨筆眉批：「聽宫。」

「巨骨穴各一。」注：「巨骨，穴名也。」墨筆眉批：「巨骨。」

「曲掖上骨穴各一。」注：「謂臑俞二穴也。在肩臑後大骨下胛上廉陷者中，手太陽、陽維、蹻脈三經之會。」墨筆眉批：「臑俞。」硃筆眉批：「三經之會。」

「柱骨上陷者各一。」注：「謂肩井二穴也。」墨筆眉批：「肩井。」

「上天窗四寸各一。」注：「謂天窗、竅陰四穴也。」墨筆眉批：「天窗。竅陰。」

「肩解各一。」注：「謂秉風二穴也。」墨筆眉批：「秉風。」

〔一〕「係」，「孫」之訛。

「肩解下三寸各一。」注：「謂天宗二穴也。」墨筆眉批：「天宗。」

「肘以下至手小指本各六俞。」注：「六俞，謂小海、陽谷、腕骨、後谿、前谷、少澤六穴也，左右言之則十二俞也。」墨筆眉批：「小海，即少海。陽谷。腕骨。後谿。前谷。少澤。」

「手陽明脈氣所發者二十二穴：鼻空外廉項上各二。」注：「謂迎香、扶突各二穴也。」墨筆眉批：「手陽明。迎香。扶突。」

「大迎骨空各一。」注：「大迎，穴名也。」墨筆眉批：「大迎。」

「柱骨之會各一。」注：「謂天鼎二穴也。」墨筆眉批：「天鼎。」

「髃骨之會各一。」注：「謂肩髃二穴也。」墨筆眉批：「肩髃。」

「肘以下至手大指次指本各六俞。」注：「謂三里、陽谿、合谷、三間、二間、商陽六穴也。」墨筆眉批：「三里。陽谿。合谷。三間。二間。商陽。」

「手少陽脈氣所發者三十二穴：鼽骨下各一。」注：「謂顴髎二穴也。」墨筆眉批：「手少陽。顴髎。」

「眉後各一。」注：「謂絲竹空二穴也。」墨筆眉批：「絲竹空。」

「角上各一。」注：「謂懸顱二穴也。」墨筆眉批：「懸顱。」

「項中足太陽之前各一。」注：「謂風池二穴也。在耳後陷者中，按之引於耳中，手足少陽脈之會，刺可入同身寸之四分，若灸者，可灸三壯。」墨筆眉批：「足太陽。此三字是明手少陽脈于此前見者。」墨筆眉批：「風池。」

「俠扶突各一。」注：「謂天窗二穴也。」墨筆眉批：「天窗。」

「肩貞各一。」注：「肩貞，穴名也。」墨筆眉批：「肩貞。」

「肩貞下三寸分間各一。」注：「謂肩髎、臑會、消濼各二穴也。」墨筆眉批：「肩髎。臑會。消濼。」

「肘以下至手小指次指本各六俞。」注：「謂天井、支溝、陽池、中渚、液門、關衝六穴也。左右言之，則十二俞也。」墨筆眉批：「天井。支溝。陽池。中渚。液門。關衝。」

「項中央二。」注：「是謂風府、瘖門二穴也，悉在項中，餘二穴今亡。」墨筆眉批：「風府。瘖門。」

「髮際後中八。」注：「謂神庭、上星、顖會、前頂、百會、後頂、强間、腦戶八穴也，其正髮際之中也。」墨筆眉批：「神庭。上星。囟會。前頂。百會。後頂。强間。腦戶。」

「面中三。」注：「謂素髎、水溝、齗交三穴也。」墨筆眉批：「素髎。水溝。齗交。」

「大椎以下至尻尾及傍十五穴。」注：「脊椎之間有大椎、陶道、身柱、神道、靈臺、至陽、筋縮、中樞、脊中、懸樞、命門、陽關、腰俞、長强、會陽十五俞也。」墨筆眉批：「大椎。陶道。身柱。神道。靈臺。至陽。中樞。懸樞。命門。陽關。腰俞。長强。會陽。」

「喉中央二。」注：「謂廉泉、天突二穴也。」「天突，在頸結喉下，同身寸之四寸，中央宛宛中，陰維任脈之會，低針取之，刺可入同身寸之一寸，留七呼，若灸者，可灸三壯。」墨筆眉批：「廉泉。天突。」硃筆眉批：「低針。」

「膺中骨陷中各一。」注：「謂璇璣、華蓋、紫宮、玉堂、膻中、中庭六穴也。」墨筆眉批：「璇璣。華蓋。紫宮。玉堂。膻中。中庭。」

「腹脈法也。」注：「鳩尾，心前穴名也。其正當心蔽骨之端，言其骨垂下如鳩鳥尾形，故以爲名也。鳩尾下有鳩尾、巨闕、上脘、中脘、建里、下脘、水分、齊中、陰交、脖胦、丹田、關元、中極、曲骨十四俞也。」墨筆眉批：「鳩尾。巨闕。上脘。中脘。建里。下脘。水分。齊中。陰交。脖胦。丹田。關元。中極。曲骨。」

「下陰別一。」注：「謂會陰一穴也。」墨筆眉批：「會陰。」

「目下各一。」注：「謂承泣二穴也。」墨筆眉批：「承泣。」

「下脣一。」注：「謂承漿穴也。」墨筆眉批：「承漿。」

「齗交一。」注：「齗交，穴名也。」墨筆眉批：「齗交。」

「衝脈氣所發者二十二穴。」墨筆眉批：「衝。」

「足少陰舌下，厥陰毛中急脈各一。」注：「足少陰舌下二穴，在人迎前陷中動脈前，是日月本，左右二也，足少陰脈氣所發，刺可入同身寸之四分。急脈，在陰髦中陰上兩傍，相去同身寸之二寸半，按之隱指堅然，甚按則痛引上下也。」墨筆眉批：「足少陰。日月本。急脈。」

「手少陰各一。」注：「謂手少陰郄穴也。」墨筆眉批：「手少陰。少陰郄。」

「陰陽蹻各一。」注：「陰蹻，一謂交信穴也。」「陽蹻，一謂附陽穴也。」墨筆眉批：「陰蹻。交信。陽蹻。附陽。」

骨空論篇第六十

「大風汗出，灸譩譆，譩譆在背下俠脊傍三寸所，厭之令病者呼譩譆，譩譆應手。」墨筆眉批：「厭。」

「折使榆臂齊肘正，灸脊中。」注：「榆讀爲搖，搖謂搖動也。然失枕非獨取肩上橫骨間，亦當正形灸脊中也。欲而驗之，則使搖動其臂，屈折其肘，自項之下，橫齊肘端，當其中間則其處也，是曰陽關，在第十六椎節下間，督脈氣所發，刺可入同身寸之五分，若灸者，可灸三壯。」墨筆眉批：「陽關。」付箋曰：「『榆』，顧本作『揄』，王注云：『揄讀爲搖』，按禮玉藻『夫人揄狄』，疏：『揄讀如搖。』」

「眇絡季脇引少腹而痛脹，刺譩譆。」墨筆眉批：「眇。」

「腰痛不可以轉搖，急引陰卵，刺八髎與痛上，八髎在腰尻分間。」墨筆眉批：「八髎。」

「任脈者，起於中極之下。」墨筆眉批：「任。」

「衝脈者，起於氣街並少陰之經，俠齊上行，至胷中而散。」注：「鍼經曰：衝脈者，十二經之海，與少陰之絡起於腎下，出於氣街。又曰：衝脈、任脈者皆起於胞中，上循脊裏，爲經絡之海。」墨筆眉批：「衝脈至胷中而散。氣街。鍼經。任脈起胞中上循脊裏。」

「任脈爲病，男子内結七疝，女子帶下瘕聚。衝脈爲病，逆氣裏急。督脈爲病，脊強反折。」注：「督脈，亦奇經也。然任脈、衝脈、督脈者，一源而三歧也，故經或謂衝脈爲督脈也。」墨筆眉批：「任、衝、督一源而三歧也。」

「督脈者，起於少腹以下骨中央，女子入繫廷孔。」墨筆眉批：「督脈在背上者，此又異。」

「其孔，溺孔之端也。」注：「孔，則窈漏也。窈漏之中，其上有溺孔焉。」墨筆眉批：「窈漏。」

「其絡循陰器合篡間，繞篡後。」注：「督脈別絡，自溺孔之端，分而各行，下循陰器，乃合篡間也。所謂間者，謂在前陰後陰之兩間也。自兩間之後，已復分而行，繞篡之後。」墨筆眉批：「篡。注解『間』字，不解『篡』字，何也？」

「其男子循莖下至篡，與女子等；其少腹直上者，貫齊中央，上貫心入喉，上頤環脣，上繫兩目之下中央。」注：「自與太陽起於目内眥下至女子等，並督脈之别絡也。其直行者，自尻上循脊裏而至於鼻人也。」墨筆眉批：「鼻人。」

「其病上衝喉者治其漸，漸者上俠頤也。」墨筆眉批：「漸。」

「蹇膝伸不屈治其楗。」墨筆眉批：「楗。」

「股骨上空在股陽，出上膝四寸。」注：「在陰市中伏菟穴，下在承楗也。」墨筆眉批：「伏兔。」

「肵骨空在輔骨之上端。」注：「謂犢鼻穴也。在膝髕下肵骨上俠解大筋中，足陽明脈氣所發，刺可入同身寸六分，灸者可灸三壯。」墨筆眉批：「犢鼻。陽明。」

「舉臂肩上陷者灸之。」注：「肩髃穴也。有肩端兩骨間，手陽明蹻脈之會，刺可入同身寸之六分，留六呼，若灸者，可灸三壯也。」付箋曰：「注『有肩端』，顧本作『在肩端』。」

「缺盆骨上切之堅動如筋者灸之。」付箋曰：「『堅動』，顧本作『堅痛』。太素作『堅痛』，甲乙作『堅動』。」

「犬所嚙之處灸之三壯，卽以犬傷病法灸之。」墨筆眉批：「犬嚙。」

水熱穴論篇第六十一

「黄帝問曰：少陰何以主腎？腎何以主水？岐伯對曰：腎者至陰也，至陰者盛水也，肺者太陰也，少陰者冬脈也，故其本在腎，其末在肺，皆積水也。」注：「腎少陰脈，從腎上貫肝鬲入肺中，故云其本在腎，其末在肺也。腎氣上逆，則水氣客於肺中，故云皆積水也。」墨筆眉批：「少陰脈。」

「勇而勞甚則腎汗出，腎汗出逢於風，内不得入於藏府，外不得越於皮膚，客於玄府，行於皮裏，傳於胕腫，本之於腎，名曰風水。」硃筆眉批：「凡汗皆不可逢風，此但云腎汗，專爲房勞而言。」

「伏菟上各二行行五者，此腎之街也。」墨筆眉批：「伏兔。」

「凡五十七穴者，皆藏之陰絡，水之所客也。」注：「經所謂五十七者，然尻上五行行五，則背脊當中行督脈氣所發者，脊中、懸樞、命門、腰俞、長强當其處也。次俠督脈兩傍足太陽脈氣所發者，有大腸俞、小腸俞、膀胱俞、中昭内俞、〔一〕白環俞當其處也。又次外俠兩傍足太陽脈氣所發者，有胃倉、肓門、志室、胞肓、秩邊當其處也。伏菟上各二行行五者，腹部正俞俠中行任脈兩傍衝脈足少陰之會者，有中注、四滿、氣穴、大赫、横骨當其處也。次俠衝脈足少陰兩傍，足陽明脈氣所發者，有外陵、大巨、水道、歸來、氣街當其處也。踝上各一行行六者，足内踝之上有足少陰陰蹻脈並循腨上行，足少陰脈有大衝、復溜、陰谷三穴，陰蹻脈有照海、交信、築賓三穴，陰蹻既足少陰脈之别，亦可通而主之，兼此數之猶少一穴。」墨筆眉批：「五。十。十。十。十。…。…。」

「帝曰：春取絡脈分肉何也？岐伯曰：春者木始治，肝氣始生，肝氣急，其風疾，經脈常深，其氣少，不能深入，故取絡脈分肉間。帝曰：夏取盛經分腠何也？岐伯曰：夏者火始治，心氣始長，脈瘦氣弱，陽氣留溢。」墨筆眉批：「絡脈分肉。盛經分腠。」

「所謂盛經者，陽脈也。帝曰：秋取經俞何也？」墨筆眉批：「經俞。」

「帝曰：冬取井滎何也？」墨筆眉批：「井滎。」

〔一〕「昭」，顧本作「䏚」，是。

「故曰：冬取井滎，春不鼽衄。此之謂也。」注：「新校正云：按此與四時刺逆從論及診要經絡論義頗不同，與九卷之義相通。」付箋曰：「注『經絡』，顧本作『經終』。」

「帝曰：夫子言治熱病五十九俞，余論其意，未能領別其處，願聞其處，因聞其意。」硃筆眉批：「五十九俞。」

「岐伯曰：頭上五行行五者，以越諸陽之熱逆也。」硃筆眉批：「廿五穴。」

「大杼、膺俞、缺盆、背俞，此八者，以寫胷中之熱也。」硃筆眉批：「八穴。」前文注：「大杼在項第一椎下兩傍。」「膺俞者，膺中之俞也，正名中府，在胸中行兩傍。」「背俞卽風門熱府俞也，在第二椎下兩傍。」墨筆眉批：「膺俞卽是中府。背俞卽風門熱府。」

「氣街、三里、巨虛上下廉，此八者，以寫胃中之熱也。」硃筆眉批：「八穴。」

「雲門、髃骨、委中、髓空，此八者，以寫四支之熱也。」墨筆眉批：「八穴。」

「五藏俞傍五，此十者，以寫五藏之熱也。」墨筆眉批：「十穴。」

補註釋文黃帝内經素問卷之九

調經論篇第六十二

「志意通，内連骨髓，而成形五藏。」付箋曰：「『成形』，顧本作『成身形』，太素同。」

「岐伯曰：按摩勿釋，著鍼勿斥，移氣於不足，神氣乃得復。」硃筆眉批：「斥。」

「岐伯曰：按摩勿釋，出鍼視之，曰我將深之，適人必革，精氣自伏，邪氣散亂，無所休息，氣泄腠理，眞氣乃相得。」硃筆眉批：「適人。」

前文注：「亦謂按摩其病處也。革，皮也。我將深之，適人必革者，謂其深而淺刺之也，如是脇從，則人懷懼色，故精氣潛伏也，以其調適於皮，精氣潛伏，邪無所據，故亂散而無休息，發泄於腠理也。邪氣既泄，眞氣乃與皮腠相得矣。新校正云：「按揚上善云：『革，改也。夫人聞樂至則身心忻悅，聞痛及體情必改異。忻悅則百體俱縱，改革則情志必拒，拒則邪氣消伏。」注中硃筆旁批：「此精氣似指正氣，邪氣附在此精氣之中。精氣聽針將深刺，則恐懼而藏伏，亦向深處，如逃針者，遺下邪氣，不得同精氣共伏。用針于腠理泄之，邪氣卽去，眞氣得歸。文義似爾耳。但邪氣雖在眞氣中，眞氣伏時邪氣亦隨而伏奈何？」硃筆眉批：「適人必革，楊注義似。」硃筆眉批：「『調適于皮』與『適人必革』何解？」硃筆眉批：「解都模糊。」

「岐伯曰：形有餘則腹脹涇溲不利，不足則四支不用。」墨筆眉批：「涇大便，溲小便。」

前文注：「脾之藏也。鍼經曰：脾氣虛則四支不用，五藏不安。實則腹脹，涇溲不利。涇，大便。溲，小便也。新校正云：按楊上善云：涇作經，女人月經也。」墨筆眉批：「『涇』作『月經』者，近似。」

「帝曰：補寫奈何？岐伯曰：志有餘則寫然筋血者，不足則補其復溜。」「筋」旁墨筆書一「前」字。墨筆眉批：「『前』字、『筋』字易混。」

「帝曰：刺未幷奈何？岐伯曰：卽取之，無中其經，邪所乃能立虛。」墨筆眉批：「『邪所乃能立虛』不解。」

「岐伯曰：血氣者喜温而惡寒，則泣不能流，温則消而去之。」付箋曰：「『寒』下，顧本重『寒』字。太素同。」

「榮血泣，衛氣去，故曰虛。虛者聶辟氣不足。」墨筆眉批：「聶辟。」
「帝曰：經言陽虛則外寒，陰虛則内熱，陽盛則外熱，陰盛則内寒，余已聞之矣，不知其所由然也。」墨筆眉批：「陽虛外寒。」
「帝曰：陰虛生内熱奈何？岐伯曰：有所勞倦，形氣衰少，穀氣不盛，上焦不行，下脘不通。」墨筆眉批：「陰虛生内熱。」
「帝曰：陽盛生外熱奈何？岐伯曰：上焦不通利，則皮膚緻密，腠理閉塞，玄府不通。」墨筆眉批：「陽盛生外熱。」
「帝曰：陰盛生内寒奈何？岐伯曰：厥氣上逆，寒氣積於胸中而不寫，不寫則温氣去，寒獨留，則血凝泣，凝則脈不通。」墨筆眉批：「陰盛生内寒。」
「持鍼勿置，以定其意，候呼内鍼，氣出内鍼入，鍼空四塞，精無從去，方實而疾出鍼，氣入鍼出，熱不得還，閉塞其門，邪氣布散，精氣乃得存。」付箋曰：「『氣出』下，顧本無『内』字。太素同。」
「病在脈，調之血。」注：「脈者血之府，脈實血實，脈虛血虛，由此脈病而調之血也。新校正云：按全元起本及甲乙經云：病在血，調之也。」付箋曰：「注『調之也』，顧本作『調之脈』。」
「病不知所痛，兩蹻爲上。」注：「兩蹻，謂陰陽蹻脈。陰蹻之脈，出於照海。陽蹻之脈，出於申脈。」墨筆眉批：「照海。申脈。」

繆刺論篇第六十三

「故絡病者，其痛與經脈繆處，故命曰繆刺。」墨筆眉批：「繆刺。」

前文注：「絡謂正經之傍支，非正别也，亦兼公孫、飛揚等之别絡也。新校正云：按王氏云，非正别也，安本論邪客足太陰絡令人腰痛。」付箋曰：「注『安』，顧本作『按』。」
「無積者，刺然骨之前出血，如食頃而已。」墨筆眉批：「然骨。」
「不已，左取右，右取左。」墨筆眉批：「『不已』下八字，與上文反。上文但云『令人卒心痛』。注云『痛在左』云云，與上不合。」
「刺手中指次指爪甲上，去端如韭葉各一痏。」注：「謂關衝穴。」墨筆眉批：「痏。關衝。」
「刺足大指爪甲上，與肉交者各一痏。」注：「謂大敦穴。」墨筆眉批：「大敦。」
「刺足小指爪甲上，與肉交者各一痏，立已。」注：「謂至陰穴。」墨筆眉批：「至陰。」
「不已，刺外踝下三痏，左取右，右取左，如食頃已。」注：「謂金門穴。」墨筆眉批：「金門。」
「刺手大指次指爪甲上，去端如韭葉各一痏，左取右，右取左，如食頃已。」注：「謂商陽穴。」墨筆眉批：「商陽。」
「刺外踝之下半寸所各二痏。」注：「謂由脈穴。」付箋曰：「注『由脈』，顧本作『申脈』。」
「刺足内踝之下，然骨之前血脈出血。」墨筆眉批：「然骨之前。」
「刺足跗上動脈。」注：「謂衝陽穴。」墨筆眉批：「衝陽。」
「不已，刺三毛上各一痏，見血立已，左刺右，右刺左。」注：「謂大敦穴。」墨筆眉批：「大敦。」
「刺手大指次指爪甲上，去端如韭葉各一痏，立聞。」注：「亦同前商陽穴。」墨筆眉批：「商陽。」

「不已，刺中指爪甲上與肉交者，立聞。」注：「謂中衝穴。」墨筆眉批：「中衝。」

「耳中生風者，亦刺之如此數，左刺右，右刺左。」墨筆眉批：「耳中生風。」

「刺足中指次指爪甲上，與肉交者各一痏，左刺右，右刺左。」注：「中當爲大，亦傳寫中大之誤也，據靈樞經、孔穴圖經中指次指爪甲上無穴，當言刺大指次指爪甲上，乃厲兌穴，陽明之井，不當更有次指二字也。厲兌者，刺可入同身寸之一分，留一呼，若灸者可灸一壯。」墨筆眉批：「厲兌。」

「邪客於足少陽之絡，令人脇痛不得息，欬而汗出。」注：「以其脈支別者，從目兌眥下大迎，合手少陽於頔，下加頰車，下頸合缺盆以下胷中，貫鬲絡肝膽循脇，故令人脇痛欬而汗出。頔，之六反。」墨筆眉批：「頔。」

「刺足小指次指爪甲上，與肉交者各一痏。」注：「謂竅陰穴。」墨筆眉批：「竅陰。」

「刺足下中央之脈各三痏，凡六刺，立已，左刺右，右刺左。」注：「謂涌泉穴。」墨筆眉批：「涌泉。」

「嗌中腫，不能內唾，時不能出唾者，刺然骨之前，出血立已，左刺右，右刺左。」墨筆眉批：「然骨之前。」

「足陽明中指爪甲上一痏，手大指次指爪甲上各一痏，立已，左取右，右取左。」注：「謂第二指厲兌穴也。」墨筆眉批：「厲兌。」

「邪客於手足少陰太陰、足陽明之絡，此五絡皆會于耳中，上絡左角。」墨筆眉批：「左角，左角，『左』字難通。」

「五絡俱竭，令人身脈皆動，而形無知也，其狀若尸，或曰尸厥。」墨筆眉批：「尸厥。」

「刺其足大指内側爪甲上，去端如韭葉。」注：「謂隱白穴。」墨筆眉批：「隱白。」

「後刺足心。」注：「謂涌泉穴。」墨筆眉批：「涌泉。」

「後刺足中指爪甲上各一痏。」注：「謂第二指，足陽明之井也，刺同前取厲兑穴法。」墨筆眉批：「厲兑。」

「後刺手大指内側，去端如韭葉。」注：「謂少商穴。」墨筆眉批：「少商。」

「後刺手心主。」注：「謂中衝穴。」墨筆眉批：「中衝。」

「少陰鋭骨之端各一痏，立已。」注：「謂神門穴，在掌後鋭骨之端陷者中，手少陰之俞也，刺可入同身寸之三分，留七呼，若灸者可灸三壯。」墨筆眉批：「神門。『掌後鋭骨之端』，第三卷平人氣象篇『婦人手少陰脈動甚者，任子也。』注：『少陰脈謂掌後陷者中，當小指動而應手者。』此神門穴亦云『在掌後陷中者』。不知此二『掌後』何以分別？」

四時刺逆從論篇第六十四

「滑則病狐疝風，濇則病少腹積氣。」墨筆眉批：「狐疝。」

前文注：「厥陰脈循股陰入髦中，環陰器抵少腹，又其絡支別者，循脛上睾結於莖，故爲狐疝，少腹積氣也。新校正云：按楊上善云：狐夜不得尿，日出方得，人之所病與狐同，故曰狐疝。一曰狐疝，謂三焦孤府爲疝，故曰孤疝。」墨筆眉批：「遺篇刺法論曰：『膀胱者州都之官。』注曰：『位當孤府，故曰都官，居下内空，故藏精液。』似以『狐』爲『孤』也。」

「少陰有餘病皮痹隱軫」，「滑則病肺風疝。」墨筆眉批：「肺風疝。」

「太陰有餘病肉痹寒中」，「滑則病脾風疝。」墨筆眉批：「脾風疝。」

「陽明有餘病脈痺身時熱」，「滑則病心風疝。」墨筆眉批：「心風疝。」

「太陽有餘病骨痺身重」，「滑則病腎風疝。」墨筆眉批：「腎風疝。」

「濇則病積善時巔疾。」付箋曰：「『善時』，顧本作『時善』。」〔一〕

「少陽有餘病筋痺脇滿」，「滑則病肝風疝。」墨筆眉批：「肝風疝。」

「夏刺經脈，血氣乃竭，令人解㑊。」墨筆眉批：「解㑊。」

標本病傳論篇第六十五

「謹察間甚，以意調之。」注：「間，謂多也。甚，謂少也。」墨筆眉批：「間多。甚少。」

黄帝内經素問卷十之册（戊），封面墨筆批：「亢則害承乃制，六微旨大論。必先歲氣，無伐天和，五常政大論。氣交變大論有篇，而六微旨大論中又有『言人者求之氣交』之句。遁甲經六戊爲天門，六己爲地戶。見五運行大論注。太乙天符凡四，曰：戊午、己丑、己未、乙酉。」

補註釋文黄帝内經素問卷之十

天元紀大論篇第六十六

「鬼臾區曰：臣積考太始天元册文曰」云云。墨筆眉批：「太始天元册。」

〔一〕案：蕭氏此注疑誤，顧本此處亦作「善時」。

前文注：「天元册，所以記天眞元氣運行之紀也。自神農之世，鬼臾區十世祖始誦而行之，此太古占候靈文。洎乎伏羲之時，已鐫諸玉版，命曰册文。太古靈文，故命曰太始天元册也。」新校正云：「詳今世有天元玉册，或者以謂即此太始天元册文，非是。」墨筆眉批：「天元玉册。」

「應天爲天符，承歲爲歲直，三合爲治。」墨筆眉批：「天府。歲直。三合。」

前文注：「應天，謂木運之歲上見厥陰。」「歲直亦曰歲位，三合亦爲天符。六微旨大論曰天符歲會，曰太一天符，謂天、運與歲俱會也。」墨筆眉批：「歲直亦曰歲位。」

「臣聞之，甲己之歲，土運統之；乙庚之歲，金運統之；丙辛之歲，水運統之；丁壬之歲，木運統之；戊癸之歲，火運統之。」墨筆眉批：「運。」

「厥陰之上，風氣主之；少陰之上，熱氣主之；太陰之上，濕氣主之；少陽之上，相火主之；陽明之上，燥氣主之；太陽之上，寒氣主之。所謂本也，是謂六元。」墨筆眉批：「氣。」

五運行大論篇第六十七

「所謂戊己分者，奎壁角軫，則天地之門戶也。」墨筆眉批：「戊乾在亥，己巽在巳。星命家以亥爲天門。」

「帝曰：馮乎？岐伯曰：大氣舉之也。」墨筆眉批：「大氣舉地。」

「其變摧拉。」墨筆眉批：「拉。」

「岐伯曰：亢則害，承廼制。制生則化，外列盛衰；害則敗亂，生化大病。」墨筆眉批：「亢則害，承乃制。」

「岐伯曰：木運臨卯，火運臨午，土運臨四季，金運臨酉，水運臨子。所謂歲會，氣之平也。」「木運」旁墨筆書「丁卯」二字。「火運」旁墨筆書「戊午」二字。「土運」旁墨筆書「甲辰、甲戌、己丑、己未。」八字。「金運」旁墨筆書「乙酉」二字。「水運」旁墨筆書「丙子」二字。硃筆眉批：「歲會。」

前文注：「非太過，非不及，是謂平運主歲也。平歲之氣，物生脈應，皆必合期，無先後也。新校正云：詳木運臨卯，丁卯歲也。火運臨午，戊午歲也。土運臨四季，甲辰、甲戌、己丑、己未歲也。金運臨酉，乙酉歲也。水運臨子，丙子歲也。內戊午、己丑、己未、乙酉，又爲太乙天符。」硃筆眉批：「太乙天符，四歲。」墨筆附紙眉批：〔二〕「戊午、己丑、己未、乙酉，爲太乙天符何也？」

「帝曰：土運之歲，上見太陰；火運之歲，上見少陽、少陰；金運之歲，上見陽明；木運之歲，上見厥陰；水運之歲，上見太陽，奈何？岐伯曰：天之與會也。」注：「天氣與運氣相逢會也。新校正云：詳土運之歲，上見太陰，己丑、己未也。火運之歲，上見少陽，戊寅、戊申也；上見少陰，戊子、戊午也。金運之歲，上見陽明，乙卯、乙酉也。木運之歲，上見厥陰，丁巳、丁

〔二〕此眉批係另紙貼在頁眉處者，其形式雖與蕭延平氏付箋雷同，但字體仍屬傳家筆意。

亥也。水運之歲，上見太陽，丙辰、丙戌也。内己丑、己未、戊午、乙酉又爲太乙天符。按六元正紀大論云：太過而同天化者三，不及而同天化者亦三。戊子、戊午，大徵上臨少陰，戊寅、戊申，大徵上臨少陽，丙辰、丙戌大羽上臨太陽，如是者三。丁巳、丁亥少角上臨厥陰，乙卯、乙酉少商上臨陽明，己丑、己未少宫上臨太陰，如是者三。臨者太過不及，皆曰天符也。」硃筆眉批：「天會。」墨筆眉批：「太乙天符。戊子、戊午，大徵上臨少陰；戊寅、戊申，大徵上臨少陽；丙辰、丙戌，大羽上臨太陽；丁巳、丁亥，少角上臨厥陰；乙卯、乙酉，少商上臨陽明；己丑、己未，少宫上臨太陰。」硃筆眉批：「太乙天符。」

「岐伯曰：言天者求之本，言地者求之位，言人者求之氣交。」硃筆眉批：「氣交。」

「是以升降出入，無器不有。」注：「虚管溉滿，捻上懸之，水固不泄，爲無升氣而不能降也。空瓶小口，頓溉不入，爲氣不出而不能入也。由是觀之，升無所不降，降無所不升，無出則不入，無入則不出。」墨筆眉批：「虚管是空瓶之喻不盡。」注：「有識無失，有情無情，去出入，已升降而云存者，未之有也。」硃筆改注中「失」爲「識」。

氣交變大論篇第六十九

「化氣不政，生氣獨治，雲物飛動，草木不寧，甚而摇落，反脇痛而吐甚，衝陽絶者死不治，上應太白星。」墨筆眉批：「衝陽。胃。」

「病反譫妄狂越，欬喘息鳴，下甚血溢泄不已，大淵絶者死不治，上應熒惑星。」墨筆眉批：「大淵。肺。」

「藏氣伏，化氣獨治之，泉涌河衍，涸澤生魚，風雨大至，土崩潰，鱗見于陸，病腹滿溏泄腸鳴，反下甚而大谿絕者死不治，上應歲星。」墨筆眉批：「大谿。腎。」

「欬逆甚而血溢，大衝絕者死不治，上應太白星。」墨筆眉批：「大衝。肝。」

「渴而妄冒，神門絕者死不治，上應熒惑、辰星。」墨筆眉批：「神門。心。」

「土不及，四維有埃雲潤澤之化，則春有鳴條鼓折之政，四維發振拉飄騰之變，則秋有肅殺霖霪之復，其眚四維。」墨筆眉批：「拉。」

「水不及，四維有湍潤埃雲之化，則不時有和風生發之應，四維發埃昏驟注之變，則不時有飄蕩振拉之復，其眚北。」墨筆眉批：「拉。」

「肖者瞿瞿，莫知其妙，閔閔之當，孰者爲良。」墨筆眉批：「靈蘭篇『肖』作『消』。注又作『濯濯』。」

五常政大論篇第七十

「帝曰：其不及奈何？岐伯曰：木曰委和，火曰伏明，土曰卑監，金曰從革，水曰涸流。」墨筆眉批：「從革。金性豈不及而後從革耶？」

「敷和之紀，木德周行，陽舒陰布，五化宣平。」墨筆眉批：「木。」

「其畜雞。」墨筆眉批：「雞。」

「委和之紀，是謂勝生。」注：「丁卯、丁丑、丁亥、丁未、丁酉、丁巳之歲。」墨筆眉批：「六丁歲。」

「邪傷脾也，振拉飄揚則蒼乾散落。」墨筆眉批：「拉。」

「邪傷腎也，埃昏驟雨則振拉摧拔。」墨筆眉批：「拉。」

「發生之紀，是謂啓敕。」墨筆眉批：「敕。」

「其畜雞犬。」注：「齊雞孕也。」墨筆眉批：「下皆曰『齊孕育』也，而此獨曰『齊雞孕』。」

「化淳則鹹守，氣專則辛化而俱治。」注：「淳，和也。化淳，謂少陽在泉之歲也，火來居泉而反能化育，是水鹹自守不與火爭化也。氣專，謂厥陰在泉之歲也，木居于水而復下化，金不受害，故辛復生化，與鹹俱王也。」墨筆眉批：「少陽在泉。巳亥。厥陰在泉。寅申。」

黄帝内經素問卷十一之册（己），〔二〕封面墨筆批：「了地一尺。了字無音。遺篇。妄治時愈，愚心自得。徵四失論。遺篇刺法七十二。本病七十三。示從容論全論診法有妙言。脾虚浮似肺，腎小浮似脾，肝急沉散似腎。天牝從來復得其往。遺篇七十二。神顗，見七十二卷刺法論注。」

補註釋文黄帝内經素問卷之十一

六元正紀大論篇第七十一

「帝曰：太陽之正奈何？岐伯曰：辰戌之紀也。」硃筆眉批：「辰戌。」

「太陽 大角 太陰 壬辰 壬戌，其運風，其化鳴紊啓拆，其變振拉摧拔，其病眩掉目瞑。」硃筆眉批：「壬。」墨筆眉批：「風。鳴紊。拉。鳴紊啓拆。」

〔二〕「己」，黄帝内經素問之「己部」的傅山册前批注，因後期裝訂時誤植於「乙部」位置（本書卷三之前），故此處反無著落，又誤將「庚部」（當本書卷十二之封面）傅山册前批注前移於此。

「太陽 大徵 太陰 戊辰 戊戌，同正徵。」硃筆眉批：「戊。」
「太陽 大宮 太陰 甲辰歲會、甲戌歲會，其運陰埃。」硃筆眉批：「甲。陰埃。」
「太陽 大商 太陰 庚辰 庚戌，其運涼。」硃筆眉批：「庚。涼。」
「太陽 大羽 太陰 丙辰天符、丙戌天符。其運寒。」硃筆眉批：「丙。寒。」
「其穀玄黅，其政肅，其令徐。」墨筆眉批：「穀玄黅。」
「無使暴過而生其疾，食歲穀以全其眞，避虛邪以安其正。」硃筆眉批：「歲穀。」
「帝曰：善。陽明之政奈何？岐伯曰：卯酉之紀也。陽明 少角 少陰，清熱勝復同，同正商。
丁卯歲會、丁酉，其運風清熱。」墨筆眉批：「卯酉。丁。熱。」
「癸卯 癸酉，其運熱寒雨。」墨筆眉批：「癸。熱寒雨。」
「己卯 己酉，其運雨風涼。」墨筆眉批：「己。」
「乙卯天符、乙酉歲會，太一天符，其運涼熱寒。」墨筆眉批：「乙。」
「陽明 少羽 少陰，雨風勝復同。辛卯少宮同。」墨筆眉批：「辛。」
「燥極而澤，其穀白丹，間穀命大者。」墨筆眉批：「穀白丹。間穀。」
「帝曰：善。少陽之政奈何？岐伯曰：寅申之紀也。」硃筆眉批：「寅申。」
「其氣風鼓，其化鳴紊啓拆，其變振拉摧拔，其病掉眩支脇驚駭。」墨筆眉批：「鳴紊。拉。」
「其穀丹蒼，其政嚴，其令擾。」墨筆眉批：「穀丹蒼。」
「帝曰：善。太陰之政奈何？岐伯曰：丑未之紀也。太陰 少角 太陽，清熱勝復同，同正宮。
丁丑丁未，其運風清熱。」墨筆眉批：「丑未。」
「其政肅，其令寂，其穀黅玄。」硃筆眉批：「穀。」

「少陰 大角 陽明 壬子 壬午，其運風鼓，其化鳴紊啓坼。」注：「新校正云：按五常政大論云：其德鳴靡啟坼。」硃筆眉批：「子。午。」墨筆眉批：「紊。靡。」

「其變振拉摧拔，其病支滿。」墨筆眉批：「拉。」

「其政明，其令切，其穀丹白。」墨筆眉批：「穀丹白。」

「丁巳天符、丁亥天符，其運風清熱。」硃筆眉批：「巳。亥。」

「其政撓，其令速，其穀蒼丹，間穀言大者，其耗文角品羽。」墨筆眉批：「穀。間穀。」

「甲子 甲午歲」。墨筆眉批：「納音金。」

「上少陰火，中大宮土運。」「大宮土運」旁硃筆書「甲己化」三字。

「其化上鹹寒，中苦熱，下酸熱，所謂藥食宜也。」墨筆眉批：「中苦熱。」

「乙丑 乙未歲」。墨筆眉批：「納音金。」

「其化上苦熱，中酸和，下甘熱，所謂藥食宜也。」墨筆眉批：「中金用酸者，所以扶木氣。酸和。」「中酸和」旁硃筆書「對金運」三字。

「丙寅 丙申歲」。注：「新校正云：詳丙申之歲，申金生水，水化之令轉盛，司天相火爲病減半。」墨筆眉批：「納音火。」墨筆尾批：「丙臨申位火無煙。」

「丁卯 丁酉歲」。墨筆眉批：「納音火。」

「其化上苦小温，中辛和，下鹹寒，所謂藥食宜也。」墨筆眉批：「凡中木運，用辛剋木。辛和。」「中辛和」旁硃筆書「對木運」三字。

「戊辰 戊戌歲」。墨筆眉批：「納音木。」

「其化上苦温，中甘和，下甘温，所謂藥食宜也。」墨筆眉批：「甘和。」

「己巳 己亥歲」。墨筆眉批：「納音木。」

「其化上辛涼，中甘和，下鹹寒，所謂藥食宜也。」墨筆眉批：「凡厥陰木，必用辛涼以制木。甘和。」

「庚午 庚子歲」。墨筆眉批：「納音土。」

「其化上鹹寒，中辛溫，下酸溫，所謂藥食宜也。」墨筆眉批：「中金而用辛，從金氣以子午火剋金也。」

「辛未 辛丑歲」。墨筆眉批：「納音土。」

「其化上苦熱，中苦和，下苦熱，所謂藥食宜也。」墨筆眉批：「苦和。」

「壬申 壬寅歲」。墨筆眉批：「納音金。」

「其化上鹹寒，中酸和，下辛涼，所謂藥食宜也。」墨筆眉批：「中木用酸從木運。酸和。」

「癸酉 癸卯歲」。墨筆眉批：「納音金。」

「甲戌 甲辰歲」。墨筆眉批：「納音火。」

「乙亥 乙巳歲」。墨筆眉批：「納音火。」

「其化上辛涼，中酸和，下鹹寒，藥食宜也。」墨筆眉批：「中用酸和扶木氣。」

「丙子 丙午歲」。墨筆眉批：「納音水。」

「其化上鹹寒，中鹹熱，下酸溫，藥食宜也。」墨筆眉批：「下酸者，以卯酉金氣防肝受之，故以酸扶之。」

「丁丑 丁未歲」。墨筆眉批：「納音水。」

「其化上苦溫，中辛溫，下甘熱，藥食宜也。」墨筆眉批：「中木用辛溫以制之。」

「戊寅 戊申歲」。墨筆眉批：「納音土。」
「其化上鹹寒，中甘和，下辛涼，藥食宜也。」墨筆眉批：「甘和。」
「己卯 己酉歲」。墨筆眉批：「納音土。」
「其化上苦小温，中甘和，下鹹寒，藥食宜也。」墨筆眉批：「甘和。」
「庚辰 庚戌歲」。墨筆眉批：「納音金。」
「辛巳 辛亥歲」。墨筆眉批：「納音金。」
「其化上辛涼，中苦和，下鹹寒，藥食宜也。」墨筆眉批：「凡巳亥厥陰木必用辛涼、苦味。」
「壬午 壬子歲」。墨筆眉批：「納音木。」
「其化上鹹寒，中酸涼，下酸温，藥食宜也。」墨筆眉批：「中酸涼。涼。」
「癸未 癸丑歲」。墨筆眉批：「納音。〔一〕」
「中少徵火運。」注：「新校正云：詳癸未、癸丑，左右二火爲間相佐。又五月戊午于德符，〔二〕癸見戊而氣全，水來行勝，〔三〕爲正徵。」墨筆眉批：「癸見戊而氣全。」
「其化上苦温，中鹹温，下甘熱，藥食宜也。」「中鹹溫」旁硃筆書「對火運」三字。
「甲申 甲寅歲」。墨筆眉批：「納音水。」
「其化上鹹寒，中鹹和，下辛涼，藥食宜也。」墨筆眉批：「鹹和。」「下辛涼」旁硃筆書「爲

〔一〕「納音」下，手稿脱一「木」字。
〔二〕「于」，「干」之訛。
〔三〕「來」，「未」之訛。

風木」二字。

「乙酉 乙卯歲」。墨筆眉批：「納音水。」

「其化上苦小温，中苦和，下鹹寒，藥食宜也。」墨筆眉批：「苦和。」

「丙戌 丙辰歲」。墨筆眉批：「納音。」〔一〕

「丁亥 丁巳歲」。墨筆眉批：「納音。」〔二〕

「其化上辛涼，中辛和，下鹹寒，藥食宜也。」墨筆眉批：「巳亥用辛涼、辛和。」

「戊子 戊午歲」。墨筆眉批：「納音火。」

「其化上鹹寒，中甘寒，下酸温，藥食宜也。」硃筆眉批：「中甘寒。」墨筆眉批：「下用酸者，以陽明金剋木氣也。寒。」

「己丑 己未歲」。墨筆眉批：「納音火。」

「其化上苦熱，中甘和，下甘熱，藥食宜也。」墨筆眉批：「甘和。」

「庚寅 庚申歲」。墨筆眉批：「納音。」〔三〕

「其化上鹹寒，中辛温，下辛涼，藥食宜也。」墨筆眉批：「辛涼制木。」

「辛卯 辛酉歲」。墨筆眉批：「納音。」〔四〕

「其化上苦小温，中苦和，下鹹寒，藥食宜也。」墨筆眉批：「苦和。」

〔一〕此「納音」下脱一「土」字。

〔二〕此「納音」下脱一「土」字。

〔三〕此「納音」下脱一「木」字。

〔四〕此「納音」下脱一「木」字。

「壬辰　壬戌歲」。墨筆眉批：「納音。」〔一〕

「其化上苦温，中酸和，下甘温，藥食宜也。」墨筆眉批：「中用酸和從木化。」

「癸巳　癸亥」。墨筆眉批：「納音水。」

「其化上辛涼，中鹹和，下鹹寒，藥食宜也。」墨筆眉批：「巳亥辛涼。鹹和。」

「擊石飛空，洪水迺從，川流漫衍，田牧土駒。」墨筆眉批：「土駒。」

「雲横天山，浮游生滅，佛之先兆。」墨筆眉批：「佛。」

「山澤焦枯，土凝霜鹵，佛迺發也，其氣五。」墨筆眉批：「佛。」

「夜零白露，林莽聲悽，佛之兆也。」墨筆眉批：「佛。」

「太虚深玄，氣猶麻散，微見而隱，色黑微黄，佛之先兆也。」墨筆眉批：「佛。」

「長川草偃，柔葉呈陰，松吟高山，虎嘯巖岫，佛之先兆也。」墨筆眉批：「佛。」

「華發水凝，山川冰雪，焰陽午澤，佛之先兆也。」墨筆眉批：「佛。」

「少陰所至，爲驚惑惡寒戰慄譫妄。」硃筆改「慄」爲「慄」。

「歧伯曰：悉乎哉問也！發表不遠熱，攻裏不遠寒。」墨筆眉批：「發表不遠熱，攻裏不遠寒。」

「黄帝問曰：婦人重身，毒之何如？歧伯曰：有故無殞，亦無殞也。」墨筆眉批：「有故無殞。」

前文注：「故，謂有大堅癥瘕，痛甚不堪，則治以破積愈痛之藥。是謂不救必乃盡死，救之蓋

〔一〕此「納音」下脱一「水」字。

存其大也，雖服毒不死也。上無殞，言母必全。亦無殞，言子亦不死也。」「上無殞，言母必全。亦無殞，言子亦不死也」旁墨筆書「義是兩不傷，二義卻分帖不得。」十二字。

「帝曰：願聞其故何謂也？岐伯曰：大積大聚，其可犯也，衰其大半而止，過者死。」墨筆眉批：「至眞要中兩見『故』字。曰『治有輕重適其至所爲故也』，又曰『適事爲故。皆謂無過與不及也』。看下文『過者死』與至眞中之『故』通。」

「帝曰：善。鬱之甚者治之奈何？岐伯曰：木鬱達之，火鬱發之，土鬱奪之，金鬱泄之，水鬱折之。」墨筆眉批：「鬱。」

刺法論篇第七十二（亡）

本病論篇第七十三（亡）

至僞要大論篇第七十四

「厥陰司天，其化以風。」「厥陰」旁墨筆書「巳亥」二字。

「少陰司天，其化以熱。」「少陰」旁墨筆書「子午」二字。

「太陰司天，其化以濕。」「太陰」旁墨筆書「丑未」二字。

「少陽司天，其化以火。」「少陽」旁墨筆書「寅申」二字。

「陽明司天，其化以燥。」「陽明」旁墨筆書「卯酉」二字。

「太陽司天，其化以寒。」「太陽」旁墨筆書「辰戌」二字。

「岐伯曰：厥陰司天爲風化。」墨筆眉批：「風化。」

「間氣爲動化。」注：「偏主六十日餘八十七刻半也。新校正云：詳丑未之歲，厥陰爲初之氣，子午之歲爲二之氣，辰戌之歲爲四之氣，卯酉之歲爲五之氣。」墨筆眉批：「初二四五不及寅申。」

「厥陰」旁墨筆書「巳亥」二字。

「少陰司天爲熱化。」墨筆眉批：「熱化。」

「不司氣化。」注：「君不主運。新校正云：按天元紀大論云：君火以名，相火以位，謂君火不主運也。」墨筆根批：「管子侈靡篇：書之帝八，神農不與存，爲其無位，不能相用。」

「居氣爲灼化。」注：「六十日餘八十七刻半也，居本位君火爲居，不當間之也。新校正云：詳少陰不曰間氣而云居氣者，蓋尊君火無所不居，不當間之也。王注云居本位爲居不當間之，則居他位不爲居而可間也。寅申之歲爲初之氣，丑未之歲爲二之氣，巳亥之歲爲四之氣，辰戌之歲爲五之氣。」墨筆眉批：「居氣。初二四五不及卯酉。」

「太陰司天爲濕化。」墨筆眉批：「濕化。」

「司氣爲黅化。」墨筆眉批：「黅。」

「間氣爲柔化。」注：「濕化行，則庶物柔耎。新校正云：詳太陰卯酉之歲爲初之氣，寅申之歲爲二之氣，子午之歲爲四之氣，巳亥之歲爲五之氣。」墨筆眉批：「初二四五不及辰戌。」

「少陽司天爲火化。」墨筆眉批：「火化。」

「間氣爲明化。」注：「明，炳明也，亦謂霞燒。新校正云：詳少陽辰戌之爲爲初之氣，卯酉之歲爲二之氣，寅申之歲爲四之氣，丑未之歲爲五之氣。」墨筆眉批：「初二四五不及巳亥。」

「陽明司天爲燥化。」墨筆眉批：「燥化。」

「間氣爲清化。」注：「風生高勁，草木清冷，清之化也。新校正云：詳陽明巳亥之歲爲初之氣，辰戌之歲爲二之氣，寅申之歲爲四之氣，丑未之歲爲五之氣。」墨筆眉批：「初二四五不及子午。」

「太陽司天爲寒化。」墨筆眉批：「寒化。」

「間氣爲藏化。」注：「陰凝而冷，庶物斂容，歲之化也。新校正云：詳子午之歲太陽爲初之氣，巳亥之歲爲二之氣，卯酉之歲爲四之氣，寅申之歲爲五之氣。」墨筆眉批：「初二四五不及丑未。」

「岐伯曰：北政之歲，少陰在泉，則寸口不應。」墨筆眉批：「北政。」「少陰在泉」旁硃筆書「卯酉之歲」四字。

「南政之歲，少陰司天，則寸口不應。」墨筆眉批：「南政。」「少陰司天」旁硃筆書「子午之歲」四字。

「厥陰在泉，則右不應。」「厥陰在泉」旁硃筆書「寅申之歲」四字。

「太陰在泉，則左不應。」「太陰在泉」旁硃筆書「辰戌之歲」四字。

「厥陰司天，則右不應。」「厥陰司天」旁硃筆書「巳亥之歲」四字。

「太陰司天，則左不應。」「太陰司天」旁硃筆書「丑未之歲」四字。

「岐伯曰：北政之歲，三陰在下，則寸不應；三陰在上，則尺不應。南政之歲，三陰在天，則寸不應；三陰在泉，則尺不應。左右同。故曰：知其要者一言而終，不知其要流散無窮。此之謂也。」「南政」旁硃筆書「甲己」二字。墨筆眉批：「北之不應上下反，南之不應上下不反，此是一定之法。但不細解其理之所由然，如何當爾不應也？問之精此道者。」

「歧伯曰：歲厥陰在泉，風淫所勝，則地氣不明，平野昧，草廼早秀。」「厥陰」旁硃筆書「寅申」二字。

「歲少陰在泉，熱淫所勝，則焰浮川澤，陰處反明。」「少陰」旁硃筆書「卯酉」二字。

「目瞑齒痛䪼腫。」墨筆眉批：「䪼字無音。」

「歲太陰在泉，草乃早榮，濕淫所勝，則埃昏巖谷，黄反見黑，至陰之交。」「太陰」旁硃筆書「辰戌」二字。

「歲少陽在泉，火淫所勝，則焰明郊野，寒熱更至。」「少陽」旁硃筆書「巳亥」二字。

「歲陽明在泉，燥淫所勝，則霿霧清暝。」「陽明」旁硃筆書「子午」二字。

「歲大陽在泉，寒淫所勝，則凝肅慘慄。」「大陽」旁硃筆書「丑未」二字。

「熱淫于内，治以鹹寒，佐以甘苦，以甘收之，以苦發之。」「以甘收之」旁墨筆書「甘如何收？」四字。墨筆眉批：「本文『甘收』，注『酸收』。」

「厥陰司天，風淫所勝，則太虛埃昏，雲物以擾，寒生春氣，流水不冰。」「厥陰」旁硃筆書「巳亥」二字。

「少陰司天，熱淫所勝，怫熱至，火行其政。」「少陰」旁硃筆書「子午」二字。

「太陰司天，濕淫所勝，則沈陰旦布，雨變枯槁。」「太陰」旁硃筆書「丑未」二字。

「少陽司天，火淫所勝，則温氣流行，金政不平。」「少陽」旁硃筆書「寅申」二字。

「陽明司天，燥淫所勝，則木廼晚榮，草廼晚生，筋骨内變。」「陽明」旁硃筆書「卯酉」二字。

「太陽司天，寒淫所勝，則寒氣反至，水且冰，血變于中，發爲癰瘍。」「太陽」旁硃筆書「辰戌」二字。

「甚則色炲，渴而欲飲，病本于心。」墨筆眉批：「炲。」

「岐伯曰：司天之氣，風淫所勝，平以辛涼，佐以苦甘，以甘緩之，以酸瀉之。」墨筆眉批：「酸不曰收亦曰瀉。」

前文注：「新校正云：按本論上文云：『上淫天下，所勝平之。外淫于內，所勝治之。』故在泉曰治，司天曰平也。」硃筆改注中「天」爲「于」。

「寒淫所勝，平以辛熱，佐以苦甘，以鹹瀉之。」墨筆眉批：「傅山曰：文雖反于『寒淫於內』之條，而細想平治之微，亦未爲不是。」

「痔瘧發，寒厥入胃，則內生心痛，陰中迺瘍。」墨筆眉批：「音苧，糞門病症。音虐，寒熱之病。音羊，外症總稱。」[一]

「外爲浮腫噦噫，赤氣後化。」墨筆眉批：「音郁，嘔逆也。」[二]

「神門絕，死不治。」墨筆眉批：「神門。」

「岐伯曰：氣有高下，病有遠近，證有中外，治有輕重，適其至所爲故也。」墨筆眉批：「故。」

「病所遠而中道氣味之者，食而過之，無越其制度也。」注：「假如病在腎而心之氣味，飼而冷足，仍急過之。不飼以氣味，腎藥凌心，心復益衰。餘上下遠近不同。」墨筆眉批：「解是矣，而文不精。」硃筆眉批：「腎。」

[一] 該處所涉「痔、瘧、瘍」三字音義訓詁的眉批字跡不類傅山、蕭延平，究竟爲何人所出待考。

[二] 該處所涉「噦」字音義訓詁的眉批字跡不類傅山、蕭延平，究竟爲何人所出待考。

「遠而奇偶，制大其服也。」硃筆將文中「奇偶」改爲「偶奇」。墨筆眉批：「『遠而奇偶』當作『遠而偶奇』。」

前文注：「心肺爲近，肝腎爲遠，脾胃居中。三陽胞膻膽亦有遠近，身三分之上爲近，下爲遠也。」硃筆眉批：「膻。」

「帝曰：脈從而病反者，其診何如？岐伯曰：脈至而從，按之不鼓，諸陽皆然。」注：「言病熱而脈數，按之不動，乃寒盛格陽而致之，非熱也。」墨筆眉批：「寒盛格陽。」

「帝曰：諸陰之反，其脈何如？岐伯曰：脈至而從，按之鼓甚而盛也。」注：「形證是寒，按之而脈氣鼓擊於手下盛者，此爲熱盛拒陰而生病，非寒也。」墨筆眉批：「熱盛拒陰。」

「故大要曰：粗工嘻嘻，以爲可知，言熱未已，寒病復始，同氣異形，迷診亂經。此之謂也。」墨筆眉批：「六句三叶。」

前文注：「六氣之用，粗之與工，得其半也。厥陰之化，粗以爲寒，其乃是溫。太陽之化，粗以爲熱，其乃是寒。由此差互，用失其道，故其學問識用，不達工之道半矣。夫太陽少陰，各有寒化熱，量其標本應用則正反矣。何以言之？太陽本爲寒，標爲熱；少陰本爲熱，標爲寒。方之用亦如是也。厥陰陽明，中氣亦爾。厥陰之中氣爲熱，陽明之中氣爲濕，此二氣亦反，其類太陽少陰也。然太陽與少陰有標本，用與諸氣不同，故曰同氣異形也。夫一經之標本，寒熱既殊，言本當究其標，論標合尋其本。言氣不窮其標本，論病未辨其陰陽，雖同一氣而主，且阻寒溫之候，故心迷正理，治益亂經，呼曰粗工，允膺其稱爾。」「粗之與工」旁硃筆書「何必尔解」四字。墨筆眉批：「愚謂粗工卽是庸工耳，謂其知熱爲熱、寒爲寒也。」

「脈要曰：春不沉，夏不弦，秋不數，冬不濇，是謂四塞。」硃筆眉批：「四塞。」

「余錫以方士，而方士用之尚未能十全。」硃筆眉批：「錫以方士。」

「寒者熱之，熱者寒之，微者逆之，甚者從之，堅者削之，客者除之，勞者温之，結者散之，留者攻之，燥者濡之，急者緩之，散者收之，損者温之，逸者行之，驚者平之，上之下之，摩之浴之，薄之劫之，開之發之，適事爲故。」墨筆眉批：「故。」

「岐伯曰：熱因寒用，寒因熱用，塞因塞用，通因通用，必伏其所主，而先其所因。」墨筆眉批：「塞因塞。通因通。」

「其始則同，其終則異，可使破積，可使潰堅，可使氣和，可使必已。」注：「夫大寒内結，稸聚疝瘕，以熱攻除。」「乃不知疎啟其中，峻補於下，少服則資壅，多服則宣通，由是而療，中滿自除，下虚斯實，此則塞因塞用也。」墨筆眉批：「疎啟其中，峻補于下，少服則資壅，多服則宣通。」

補註釋文黄帝内經素問卷之十二

著至教論篇第七十五

「雷公對曰：誦而頗能解，解而未能別，別而未能明，明而未能彰。」墨筆眉批：「『別』字『刂』半有○何也？」〔一〕

「帝曰：子不聞陰陽傳乎？曰：不知。曰：夫三陽天爲業。」注：「天爲業，言三陽之氣在

〔一〕「半有○」，趙府居敬堂本素問中個別字上的半個字有○，係破讀字的圈發標志。

人身形所行居上也。陰陽傳，上古書名化者。」墨筆眉批：「『陰陽傳，上古書名化者』何義？」付箋曰：「注『化者』二字，顧本作『也』。」

「病起疾風，至如礔礰。」墨筆眉批：「礔礰。」

「腎且絕，惋惋日暮，從容不出，人事不殷。」注：「舉藏之易知者也。然腎脈且絕，則心神内爍，筋骨脈肉日晚酸空也。暮，晚也。若以此之類，諸藏氣俱少不出者，當人事萎弱，不復殷多，所以爾者，是則腎不足，非傷損故也。」墨筆眉批：「『腎且絕』以下十五字，與上文不接。篇似錯簡，注復漫爲之。注可謂不通。」付箋曰：「注『旦暮』，顧本作『日暮也』三字。」

示從容論篇第七十六

「此皆人之所生，治之過失。」注：「五藏別論：黄帝問曰：余聞方士或以髓腦爲藏。」「是以古之治病者，以爲過失也。」墨筆旁批：「此句亦多欠缺。」

「子務明之，可以十全，卽不能知，爲世所怨。」注：「不能知之，動陽生者，故人聞議論，多有怨咎之心焉。」付箋曰：「注『陽生』，顧本作『傷生』。」

「夫脾虛浮似肺，腎小浮似脾，肝急沉散似腎，此皆工之所時亂也。」墨筆眉批：「工所時亂。」

「雷公曰：於此有人，四支解墮，喘欬血泄，而愚診之，以爲傷肺，切脈浮大而緊，愚不敢治，粗工下砭石，病愈多出血，血止身輕，此何物也？」墨筆眉批：「雷公不如粗工。」

「夫二火不勝三水，是以脈亂而無常也。」注：「二火，謂二陽藏。三水，謂三陰藏。二陽藏者，心肺也，以在鬲上故。三陰藏者，肝脾腎也，以在鬲下故。」墨筆眉批：「鬲上爲陽藏，鬲下爲陰藏。」

「喘欬者，是水氣幷陽明也。」注：「泄，謂泄出也。」付箋曰：「『陽明也』下注脫，顧本有『腎氣逆入於胃，故水氣幷於陽明。』十三小字，乃本條注文。下復有經文『血泄者脈急，血無所行也。』十大字，以下再接『泄，謂泄出也。』云云。」

「若夫以爲傷肺者，由失以狂也。」墨筆眉批：「傷肺。」

「明引比類從容，是以名曰診輕。」墨筆眉批：「從容，上古經篇名。」

疏五過論篇第七十七

「帝曰：凡未診病者，必問嘗貴後賤，雖不中邪，病從內生，名曰脫營。嘗富後貧，名曰失精。」墨筆眉批：「脫營。失精。」

「五氣留連，病有所幷。」注：「富而從欲，貧奪豐財，內結憂煎，外悲過物。然則心從想慕，神隨往計，榮衛之道，閉以遲留，氣而不行，積幷爲病。」付箋曰：「注『氣而不得』，〔二〕顧本作『氣血不行』。」

「身體日減，氣虛無情。」硃筆改注中「情」爲「精」。

「診有三常，必問貴賤，封君敗傷，及欲侯王。」墨筆眉批：「此段又複第一段義。」

「醫不能嚴，不能動神，外爲柔弱，亂至失常，病不能移，則醫事不行，此治之四過也。」注：「嚴，謂戒，所以禁非也，所以令從命也。外爲柔弱，言委隨而順從也。然戒不足以禁非，動不足以從令，委隨任物，亂失天常，病且不移，何醫之有也！」墨筆眉批：「解大不快。」

〔二〕「得」，蕭氏筆誤，當作「行」。

「凡診者，必知終始，有知餘緒，切脈問名，當合男女。」墨筆眉批：「『有知』之『有』，當是『又知』。」

「離絶菀結，憂恐喜怒，五藏空虚，血氣離守，工不能知，何術之語。」墨筆眉批：「『守』、『語』叶韻。」

前文注：「離，謂離間親愛。」「恐懼者蕩憚而失守，盛怒者迷惑而不治，喜樂者憚散而不藏。」墨筆眉批：「『憚』之一字，喜樂與恐懼皆用之。」

「嘗富大傷，斬筋絶脈，身體復行，令澤不息。」墨筆眉批：「『斬筋絶脈』從『富大傷』來，不曾解出。」

「故傷敗結，留薄歸陽，膿積寒炅。」墨筆根批：「此『故』字謂舊日所被傷之氣血腐敗鬱結也。」

徵四失論篇第七十八

「診病不問其始，憂患飲食之失節，起居之過度，或傷於毒，不先言此，卒持寸口，何病能中，妄言作名，爲粗所窮，此治之四失也。」注：「憂，謂憂懼也。患，謂患難也。飲食失節，言甚飽也。起居過度，言潰耗也。或傷於毒，謂病不可拘於藏府相乘之法而爲療也。卒持寸口，謂不先持寸口之脈和平與不和平也。然工巧備識，四術猶疑，故診不能中病之形名，言不能合經而妄作，粗略醫者，尚能中妄謬之違背，況深明者見而不謂非乎！故爲失四也。」墨筆眉批：「注非。」

「是故治不能循理，棄術於市，妄治時愈，愚心自得。」墨筆眉批：「愚心自得。」

陰陽類論篇第七十九

「帝曰：三陽爲經，二陽爲維，一陽爲游部。」墨筆眉批：「游部。」「三陽、二陽、一陽」旁墨筆分書「太陽、陽明、少陽」諸字。

「一陰至絶作朔晦，卻具合以正其理。」注：「一陰，厥陰也。厥，猶盡也。靈樞經曰：亥爲左足之厥陰，戌爲右足之厥陰，兩陰俱盡，故曰厥陰。」「故云卻具合以正其理也。」墨筆眉批：「『亥爲左足之厥陰，戌爲右足之厥陰』。『卻具合』不解。」

「所謂二陽者，陽明也。」注：「靈樞經曰：辰爲左足之陽明，巳爲右足之陽明。」墨筆眉批：「辰爲左足陽明，巳爲右足陽明。」

方盛衰論篇第八十

「診有十度，度人脈度、藏度、肉度、筋度、俞度。」注：「度各有其一，故一五爲十，以量度。」付箋曰：「注『度各有其一，故一五爲十，以量度』，顧本作『度各有其二，故二五爲十度也。』」

「陰陽氣盡，人病自具。」注：「診備蓋陰陽虚盛之理，則人病自具知之。」付箋曰：「注『蓋』，顧本作『盡』。」

「脈動無常，散陰頗陽，脈脱不具，診無常行，診必上下，度民君卿。」注：「脈動無常數者，是陰散而陽頗調理也。若脈診脱略而不具備者，無以常行之診而察候之，則當度量民及君卿三者，謂養之殊異爾，何者？憂樂苦分，不同秩故也。」付箋曰：「注『謂』，顧本作『調』。注『秩』

上，顧本有『其』字。」

「形氣有餘，脈氣不足死。」墨筆眉批：「脈病人不病。」

「脈氣有餘，形氣不足生。」墨筆眉批：「人病脈不病。」

解精微論篇第八十一

「請問有毚愚仆漏之問，不在經者，欲聞其狀。」注：「言不智狡見，頓問多也。漏，脱漏也，謂經有所奉解者也。毚，狡也。愚，不智見也。仆，尤頓也，尤不漸也。」墨筆眉批：「毚，此處以狡解之，恐未必然。」

「夫水之精爲志，火之精爲神。水火相感，神志俱悲，是以目之水生也。」墨筆眉批：「水精爲志，火精爲神。」

「夫涕之與泣者，譬如人之兄弟，急則俱死，生則俱生。」墨筆眉批：「涕泣如兄弟。」

黄帝内經素問遺篇

刺法論篇第七十二

「木欲升而天柱窒抑之。」墨筆眉批：「天柱。」

「火欲升而天蓬窒抑之。」墨筆眉批：「天蓬。」

「土欲升而天衝窒抑之。」墨筆眉批：「天衝。」

「金欲升而天英窒抑之。」墨筆眉批：「天英。」

「水欲升而天内窒抑之。」墨筆眉批：「天内。」

「木欲降而地皛窒抑之。」墨筆眉批：「地皛。」

「火欲降而地玄窒抑之。」墨筆眉批：「地玄。」

「土欲降而地蒼窒抑之。」墨筆眉批：「地蒼。」

「金欲降而地彤窒抑之。」墨筆眉批：「地彤。」

「水欲降而地阜窒抑之。」墨筆眉批：「地阜。」

「天牝從來，復得其往。」墨筆眉批：「天牝。」

前文注：「邪毒之氣，在於泄汗，反下取之，其氣入於中，毒氣至腦中，流入諸經之中，令人染病矣。如人嚏得此氣入鼻至腦中，欲嚏出，勿令投鼻中，令嚏之卽出爾，如此卽不相染也。」墨筆眉批：「注麻煩乃尔。」

「氣出於腦，卽不邪干。」注：「從鼻而入腦，欲于復出，卽無相染也。」墨筆眉批：「『欲于』何語？」

「又一法，於春分之日，日未出而吐之。」墨筆眉批：「『又一法』下全不是經文。」

「又一法，小金丹方：辰砂二兩，水磨雄黃一兩，葉子雌黃一兩，紫金半兩。」墨筆眉批：「小金丹。」

「同入合中，外固，了地一尺築地實。」墨筆眉批：「『了』字下連『地』字，義如掘挖耶？而無注。」

「只如厥陰失守，天以虛，人氣肝虛，感天重虛，卽魂遊於上。」注：「肝虛天虛，又遇出汗於肝而三虚。散神遊上位，左無英君，下卽神光不聚，而白尸鬼至，令人卒亡者也。」墨筆眉批：「四尸，青黄尺黑，〔二〕獨不言白尸何也？」

「遇火不及，黑尸鬼犯之，令人暴亡。」墨筆眉批：「黑尸。」

「又遇土不及，青尸鬼邪犯之於人，令人暴亡。」墨筆眉批：「青尸。」

「又遇金不及，有赤尸鬼干人，令人暴亡。」墨筆眉批：「赤尸。」

「又遇水運不及之年，有黄尸鬼干犯人正氣，吸人神魂，致暴亡。」墨筆眉批：「黄尸。」

本病論篇第七十三

「是故巳亥之歲，君火升天，主窒天蓬，勝之不前。」墨筆眉批：「天蓬。」

「是故子午之歲，太陰升天，主窒天沖，勝之不前。」墨筆眉批：「天沖。」

「是故丑未之年，少陽升天，主窒天蓬，勝之不前。」墨筆眉批：「天蓬。」

「是故寅申之年，陽明升天，主窒天英，勝之不前。」墨筆眉批：「天英。」

「是故卯酉之年，太陽升天，主窒天内，勝之不前。」墨筆眉批：「天内。」

「至天三年，次歲必降，降而入地，始爲左間也。」墨筆眉批：「左間。」

「是故丑未之歲，厥陰降地，主窒地皛，勝而不前。」墨筆眉批：「地皛。」

「是故寅申之歲，少陰降地，主窒地玄，勝之不入。」墨筆眉批：「地玄。」

「是故卯酉之歲，太陰降地，主窒地蒼，勝之不入。」墨筆眉批：「地蒼。」

〔二〕「尺」，當作「赤」。

「是故辰戌之歲，少陽降地，主窒地玄，勝之不入。」墨筆眉批：「地玄。」

「是故巳亥之歲，陽明降地，主窒地彤，勝而不入。」墨筆眉批：「地彤。」

「是故子午之年，太陽降地，主窒地皁勝之，降而不入。」墨筆眉批：「地皁。」

「帝曰：余聞天地二甲子，十干十二支。」墨筆眉批：「天地二甲子。」

「注玄珠密語云：陽年三十年，除六年天刑，計有太過二十四年。」墨筆眉批：「天刑。」

「卽下乙未干失剛，亦金運小虛也。」墨筆眉批：「剛。」

「卽丁柔干失剛，亦木運小虛也。」墨筆眉批：「剛。」

「卽下癸柔干失剛，見火運小虛也。」墨筆眉批：「剛。」

「卻遇火不及之歲，有黑尸鬼見之，令人暴亡。」墨筆眉批：「黑尸。」

「卻遇土不及之年，或己年或甲年失守，或太陰天虛，青尸鬼見之，令人卒亡。」墨筆眉批：「青尸。」

「卻遇水不及之年，或辛不會符，或丙年失守，或太陽司天虛，有黃尸鬼至，見之令人暴亡。」墨筆眉批：「黃尸。」

「又遇木不及年，或丁年不符，或壬年失守，或厥陰司天虛也，有白尸鬼見之，令人暴亡也。」墨筆眉批：「白尸。」

卷一百九十六　黃帝素問靈樞經批注（國圖本）〔一〕

黃帝内經靈樞卷一卷二卷三卷四之冊（辛），封面墨筆批：「細字，見經脈篇。五藏脈急緩大小滑濇之病，見邪氣藏府病形篇中。一卷四。經脈，五脈微小皆爲消癉。」

黃帝素問靈樞經卷之一

九鍼十二原第一　法天

「補曰隨之，隨之意若妄之。」墨筆眉批：「『妄』恐『忘』字。」

「所出爲井，所溜爲滎，所注爲腧，所行爲經，所以爲合。」付箋曰：「『所以爲合』，吳本作『所入爲合』。用吳勉學本校。」

「麾，莫高切，又音毫。」墨筆眉批：「麾，説文『音如氂』。」

〔一〕此篇據中國國家圖書館藏批點手稿整理。批點底本爲明趙府居敬堂本。該本中尚有蕭延平付箋若干條亦同時著錄，以「付箋曰」三字作爲提示。由趙懷舟、錢超塵、姜燕、聶鵬釋文整理。傅山全書初版本未收。

小鍼解第三　法人

「扣之不發言者，不知補寫之意也。」付箋曰：「『言者』，吳本作『者言』。」

邪氣藏府病形第四　法時

「以其兩寒相感，中外皆傷，故氣道而上行。」付箋曰：「『氣道』，吳本作『氣逆』。」

「心脈急甚者爲瘛瘲，微急爲心痛引背，食不下。」「小甚爲善噦，微小爲消癉。」墨筆眉批：「五脈之微小皆爲消癉。」

「肺脈急甚爲癲疾，微急爲肺寒熱。」「小甚爲泄，微小爲消癉。」墨筆眉批：「消癉。倉公診曹山跗病，曰『肺消癉』也。又曰『肺氣熱』也。脈法曰：不平不鼓形弊。似與此消癉又不同。」

「腎脈急甚爲骨癲疾，微急爲沉厥奔豚。」「微緩爲洞，洞者，食不化，下嗌還出。」墨筆眉批：「洞。食不化，下嗌還出。」

黄帝素問靈樞經卷之二

壽夭剛柔第六　法律

「病在陰者命曰痹病，陰陽俱病命曰風痹。」付箋曰：「吳本『陰陽』上，無『病』字。」

官鍼第七　法星

「二曰豹文刺。」墨筆眉批：「豹文。」

「四曰合谷刺，合谷刺者，左右雞足。」墨筆眉批：「雞足。」

終始第九　法野

「故刺肥人者，秋冬之齊；刺瘦人者，以春夏之齊。」付箋曰：「吳本『秋』上有『以』字。」

黄帝素問靈樞經卷之三

經脈第十

「肺手太陰之脈，起于中焦，下絡大腸。」墨筆眉批：「手太陰。」

「氣盛有餘，則肩背痛風寒，汗出中風，小便數而欠。氣虚則肩背痛寒，少氣不足以息，溺色變。」硃筆眉批：「肺氣盛、氣虚皆肩臂痛。」

「大腸手陽明之脈，起于大指次指之端。」墨筆眉批：「手陽明。」

「其支者。別頰上䪼抵鼻，至目内眥，斜絡于顴。」墨筆眉批：「䪼。」

「膀胱足太陽之脈，起于目内眥，上額交巔。」墨筆眉批：「足太陽。」

「其支者，從巔至耳上循。」付箋曰：「『耳上循』，吳本靈樞作『耳上角』。甲乙、太素均作

『角』。『循』字恐誤。」

「其支者，從髆内左右，別下貫胛，挾脊内。」付箋曰：「『貫胛』，太素『胛』作『胂』。楊注云：『胂，俠脊肉也，似眞反。』」

「腎足少陰之脈，起于小指之下，邪走足心。」墨筆眉批：「足少陰。」

「煩心心痛，黄疽腸澼。」硃筆改「疽」爲「疸」。

「心中憺憺火動，面赤目黄，喜笑不休。」付箋曰：「『火動』，吳本作『大動』。太素同。」

「入缺盆，布膻中，散落心包，下膈，循屬三焦。」付箋曰：「『散落心包』，甲乙、太素『落』均作『絡』。據上文胃絡脾、膀胱絡腎、小腸絡心，均以府絡藏。三焦爲心包之府也，應作『絡』，〔二〕應作『絡心包』爲是，『落』字恐誤。『循屬三焦』，甲乙『循』作『偏』，太素作『徧』。考古文『偏』、『徧』通用。延平識。」

「下大迎，合于手少陽，抵于䪼，下加頰車。」墨筆眉批：「䪼。」

「是肝所生病者，胷滿嘔逆飧泄，狐疝遺溺閉癃。」付箋曰：「『是肝』，吳本作『是主肝』。甲乙、太素同。」

「五陰氣俱絶則目系轉，轉則目運，目運者爲志先死，志先死則遠一日半死矣。」墨筆眉批：「五陰絶。」

「六陽氣絶，則陰與陽相離，離則腠理發泄，絶汗乃出，故旦占夕死，夕占旦死。」墨筆眉批：「六陽絶。」

〔二〕「應作絡」三字係衍文。

「黄帝曰：經脈者常不可見也，其虚實也以氣口知之，脈之見者皆絡脈也。雷公曰：細子無以明其然也。」墨筆眉批：「細。若『細子』如『微子』，則是雷公稱黄帝爲子也，不則『細子』猶『小人』，是自稱爲『細子』。」「細」旁墨筆書「直是小子耳」五字。

「手太陰之别，名曰列缺。」墨筆眉批：「手太陰别。」

「手少陰之别，名曰通里。」墨筆眉批：「手少陰别。」

「手太陽之别，名曰支正。」墨筆眉批：「手太陽别。」

「手陽明之别，名曰偏歷。」墨筆眉批：「手陽明别。」

「手少陽之别，名曰外關。」墨筆眉批：「手少陽别。」

「足太陽之别，名曰飛陽。」墨筆眉批：「足太陽别。」

「足少陽之别，名曰光明。」墨筆眉批：「足少陽别。」

「足陽明之别，名曰豐隆。」墨筆眉批：「足陽明别。」

「足太陰之别，名曰公孫。」墨筆眉批：「足太陰别。」

「足少陰之别，名曰大鍾。」墨筆眉批：「足少陰别。」

「足厥陰之别，名曰蠡溝。」墨筆眉批：「足厥陰别。」

「住脈之别，〔一〕名曰尾翳。」墨筆眉批：「任脈别。」

「督脈之别，名曰長强。」墨筆眉批：「督脈别。」

「脾之大絡，名曰大包。」墨筆眉批：「脾之大絡。」

〔一〕「住」，「任」之訛。

經别第十一

「黄帝問于岐伯曰：余聞人之合于天道也，内有五藏，以應五音、五色、五時、五味、五位也；外有六府，以應六律，六律建陰陽諸經而合之十二月、十二辰、十二節、十二經水、十二時、十二經脈者，此五藏六府之所以應天道。」付箋曰：「『建陰陽』，太素作『建主陽』。楊注云：『内有五藏，以應音、色、時、味、位等，主陰也；外有六府，以應六律，主陽也。建，立也。』甲乙經作『主持陰陽』。」

「其一道下尻五寸，别入于肛。」墨筆眉批：「肛。」

「當十四顀，出屬帶脈；直者，繫舌本，復出于項，合于太陽，此爲一合。成以諸陰之别，皆爲正也。」付箋曰：「『顀』，太素作『椎』。『或以諸陰』，〔二〕『或』字太素作『成』。〔三〕甲乙經注引九墟亦作『或』。」

「足厥陰之正，别跗上，上至毛際，合于少陽，與别俱行，此爲一合也。」付箋曰：「『此爲一合』，太素作『爲二合』。吴本靈樞及甲乙經均作『二合』。」

「上循咽出于口，上頞䪼，還繫目系。」墨筆眉批：「額䪼。」

「入走肺，散之太陽。」付箋曰：「『散之太陽』，太素及正統本甲乙經均作『散之大腸』。按大

〔二〕「或」，「成」之訛。
〔三〕「或」，「成」之訛。「成」，「或」之訛。

腸爲手陽明，與手大陰爲表里，[二]從大腸爲允。」

經水第十二

「其有大小、深淺、廣狹、遠近各不固。」付箋曰：「『各不固』，吳本『固』作『同』。」

「足太陽外合清水，内屬膀胱，而通水道焉。足少陽外合于渭水，内屬于膽。足陽明外合于海水，内屬于胃。足太陰外合于湖水，内屬于脾。足少陰外合于汝水，内屬于腎。足厥陰外合于澠水，内屬于肝。手太陽外合于淮水，内屬小腸，而水道出焉。手少陽外合于漯水，内屬于三焦。手陽明外合于江水，内屬于大腸。手太陰外合于河水，内屬于肺。手少陰外合于濟水，内屬于心。手心主外合于漳水，内屬于心包。」硃筆眉批：「非中土人之藏腑，不知當合何水？」

黄帝素問靈樞經卷之四

經筋第十三

「上引缺盆膺乳頸，維筋急，從左之右，右目不開。」墨筆眉批：「從左之右，右目不開。」

「上過右角，並蹻脈而行，左絡于右，故傷左角，右足不用，命曰維筋相交。」墨筆眉批：「傷左角，右足不用。」

「其直者，上循骭，結于□；其支者，結于外輔骨，合少陽。」付箋曰：「『結于』下缺一字，

[二]「大」，「太」之訛。

「直者，上出手太陽之前，上左角，絡頭，下右頷。」墨筆眉批：「上左角，絡頭，下右頷。」吳本亦缺。太素作『膝』。」

營氣第十六

「其支别者，上額循巔下項中，循脊入骶，是督脈也。」硃筆眉批：「骶。」

脈度第十七

「陰氣太盛，則陽氣不能榮也，故曰關。陽氣太盛，則陰氣弗能榮也，故曰格。陰陽俱盛，不得相榮，故曰關格。」硃筆眉批：「關格。」

「黄帝曰：蹻脈安起安止？何氣榮水？」付箋曰：「『榮水』，太素作『營此』，甲乙經作『營也』。」

營衛生會第十八

「此外傷于風，内開腠理，毛蒸理泄，衛氣走之。」墨筆眉批：「毛蒸理泄。」

四時氣第十九

「冬取井滎，必深以留之。」付箋曰：「吳本『井』作『井』，太素亦作『井』。」

「溫瘧汗不出，爲五十九痏。風㾦膚脹，爲五十七痏。」墨筆眉批：「㾦。」

「覩其色，察其以，知其散復者。」付箋曰：「『察其以』，吳本同。太素『以』作『目』。」

黃帝内經靈樞卷五卷六卷七卷八之冊（壬），封面墨筆批：「胗字見本藏篇卌七，又音。胗，六卷十三葉，無音。細子，見禁服篇。五部不宜癰疽，見廿一寒熱篇。膕，本藏卌七。瓠壺見動，五卷癲狂篇。貞貞，音都畊切，見厥病第廿四。嚙舌、頬、唇，見口問廿八。赤色出顴，黑色出庭。見五色篇。挺字，音古梗切，見論勇篇。「古」字可疑。脹分藏府，畢竟以針爲主。讀靈樞經而知藥餌是後一著耳。」

黃帝素問靈樞經卷之五

五邪第二十

「取之膺中外腧，背三節五藏。」「藏」旁墨筆書一「頧」字。

寒熱病第二十一

「陽迎頭痛，胷滿不得息。」付箋曰：「『陽迎』，太素作『陽逆』。」

「損有餘，益不足，反者益其。足太陽有通項入于腦者。」付箋曰：「『益其』，太素作『亦甚』成句，『足太陽』屬下讀。」

「身有五部：伏兔一；腓二，腓者腨也；背三；五藏之腧四；項五。此五部有癰疽者死。」墨筆眉批：「五部不宜癰疽。」

癲狂第二十二

「取手太陽、陽明、太陰，血變而止。」「手太陽、陽明、太陰」旁硃筆書「小腸。大腸。肺。」

「癲疾始作而引口啼呼喘悸者，候之手陽明、太陽。」「手陽明、太陽」旁硃筆書「大腸。小腸。」

「癲疾始作先反僵，因而脊痛，候之足太陽、陽明、太陰、手太陽，血變而止。」「足太陽、陽明、太陰、手太陽」旁硃筆書「膀胱。胃。脾。小腸。」

「治癲疾者，常與之居。祭其所當取之處。」硃筆改「祭」爲「察」。付箋曰：「『祭』，吴本作『察』。」

「置其血于瓠壺之中，至其發時，血獨動矣。」墨筆眉批：「血離體而在瓠壺中尚動，奇哉！」

「嘔多沃沫，氣下泄，不治。」墨筆眉批：「氣下泄。」

「嘔多沃沫，氣下泄，不治。」墨筆眉批：「氣下泄。」

「嘔多沃沫，氣下泄，不治。」墨筆眉批：「氣下泄。」

「得之憂饑，治之取手太陰、陽明，血變而止，及取足太陰、陽明。」「手太陰、陽明、足太陰、陽明」旁硃筆書「肺。大腸。脾。胃。」等字。

「善罵詈，日夜不休，治之取手陽明、太陽、太陰、舌下少陰。」「手陽明、太陽、太陰」旁硃筆書「大腸。小腸。肺。」

「得之大恐，治之取手陽明、太陽、太陰。」「手陽明、太陽、太陰」旁硃筆書「大腸。小腸。肺。」

熱病第二十三

「熱病不可刺者有九。」墨筆眉批：「熱病不可刺者九。」

「所謂五十九刺者。」墨筆眉批：「五十九刺。」

厥病第二十四

「厥頭痛，貞貞頭重而痛。」墨筆眉批：「貞，貞。」

「貞貞，都耕切。」墨筆眉批：「宋本諱『貞』作『貞』字，四皆無『貝』下右點，而切用『都畊』，不知者卽以四貞字下無右點，而原爲貞字矣。而都畊切又與貞字遠，須炤端知互用之法亦如今聲。」硃筆尾批：「說文：『貞，陟盈切。一曰鼎省聲。京房所說。』若鼎省聲，亦與登近。」

雜病第二十六

「歲，以草刺鼻，嚏，嚏而已。」付箋曰：「『歲』，吳本亦作『歲』。太素及甲乙經均作『噦』。」

周痹第二十七

「九者，經巽之理。十二經脈陰陽之病也。」付箋曰：「『巽』，吳本亦作『巽』，太素作『絡』。」

口問第二十八

「黄帝曰：人之欠者，何氣使然？」墨筆眉批：「欠。」
「黄帝曰：人之噦者，何氣使然？」墨筆眉批：「噦。」
「黄帝曰：人之唏者，何氣使然？」墨筆眉批：「唏。」
「黄帝曰：人之振寒者，何氣使然？」墨筆眉批：「振寒。」
「黄帝曰：人之噫者，何氣使然？」墨筆眉批：「噫。」
「黄帝曰：人之嚏者，何氣使然？」墨筆眉批：「嚏。」
「黄帝曰：人之𤺊者，何氣使然？」墨筆眉批：「𤺊」。
「黄帝曰：人之哀而泣涕出者，何氣使然？」墨筆眉批：「泣涕。」
「黄帝曰：人之太息者，何氣使然？」墨筆眉批：「太息。」
「黄帝曰：人之涎下者，何氣使然？」墨筆眉批：「涎下。」
「黄帝曰：人之耳中鳴者，何氣使然？」墨筆眉批：「耳鳴。」
「黄帝曰：人之自齧舌者，何氣使然？此厥逆走上，脈氣輩至也。少陰氣至則齧舌，少陽氣至則齧頰，陽明氣至則齧脣矣。」墨筆眉批：「齧舌。頰。唇。」

黃帝素問靈樞經卷之六

師傳第二十九

「胃中熱，腸中寒，則疾饑，小腹痛脹。」墨筆旁批：「胃熱腸寒。」

「黃帝曰：胃欲寒饑，腸欲熱飲，兩者相逆，便之奈何？」墨筆眉批：「『飲』字疑訛。」

「飲」字旁墨筆批一「疑」字。

「且夫王公大人血食之君。」墨筆眉批：「血食。」

「黃帝曰：本藏以身形支節䐃肉，候五藏六府之小大焉。」墨筆眉批：「本藏，篇名，在後第四十七。」

「脾者主爲衛，使之迎糧，視脣舌好惡，以知吉凶。」墨筆眉批：「迎糧。」

決氣第三十

「兩神相搏，合而成形，常先身生，是謂精。」墨筆眉批：「精。」

「上焦開發，宣五穀味，熏膚，充身澤毛，若霧露之溉，是謂氣。」墨筆眉批：「氣。」

「腠理發泄，汗出溱溱，是謂津。」墨筆眉批：「津。」

「穀入氣滿，淖澤注于骨，骨屬屈伸，洩澤，補益腦髓，皮膚潤澤，是謂液。」墨筆眉批：「液。」

「中焦受氣取汁，變化而赤，是謂血。」墨筆眉批：「血。」

「壅遏營氣，令無所避，是謂脈。」墨筆眉批：「脈。」

平人絶穀第三十二

「伯高曰：臣請言其故。」墨筆眉批：「伯高。」

海論第三十三

「衝脈者，爲十二經之海，其輸上在于大杼，下出于巨虚之上下廉。」硃筆旁批：「此『四』無血字，十二經豈即是耶？」

脹論第三十五

「歧伯曰：其脈大堅以濇者，脹也。」硃筆改「大」爲「太」字。

「胃之五竅者，閭里門戶也。」墨筆眉批：「胃之五竅。」

「歧伯對曰：此言陷于肉肓，而中氣穴者也。」墨筆眉批：「陷于肉肓。」

「其于脹也，必審其胗，當寫則寫，當補則補。」墨筆眉批：「胗。」

五癃津液别第三十六

「水穀入于口，輸于腸胃，其液别爲五。」墨筆眉批：「液别爲五。」

「天寒衣薄則爲溺與氣。」墨筆眉批：「溺與氣。」

「天熱衣厚則爲汗，悲哀氣幷則爲泣，中熱胃緩則爲唾。」墨筆眉批：「汗。泣。唾。」
「邪氣内逆，則氣爲之閉塞而不行，不行則爲水脹。」墨筆眉批：「水脹。」
「故三焦出氣，以溫肌肉，充皮膚，爲其津。」墨筆眉批：「津。」

五閲五使第三十七

「故肺病者，喘息鼻脹。」付箋曰：「『鼻脹』，吳本作『鼻張』。」

逆順肥瘦第三十八

「岐伯曰：嬰兒者，其肉脆血少氣弱，刺此者以豪刺。」付箋曰：「『豪刺』，吳本作『豪鍼』。」
「岐伯曰：以言導之，切而驗之。」付箋曰：「『以言導之』，吳本作『五官導之』。」

陰陽清濁第四十

「黃帝曰：諸陽皆濁，何陽濁甚乎？岐伯曰：手太陽獨受陽之濁。」硃筆眉批：「陽濁。」
「手太陽」旁硃筆書「小腸」二字。
「手太陰獨受陰之清。」硃筆眉批：「陰清。」「手太陰」旁硃筆書一「肺」字。

黄帝素問靈樞經卷之七

陰陽繫日月第四十一

「其於五藏也，心爲陽中之太陽，肺爲陰中之少陰，肝爲陰中之少陽，脾爲陰中之至陰，腎爲陰中之太陰。」付箋曰：「『肺爲陰中之少陰』，吳本作『陽中之少陰』。甲乙、太素同。按素問六節應象論篇云：『肺爲陽中之太陰』。宋林億等新校正云：『按太陰，甲乙經並太素作少陰，當作少陰。肺在十二經雖爲太陰，然在陽分之中，當爲少陰也。』按，此則『肺爲陰中之少陰』，當作『肺爲陽中之少陰』。武湖漁隱蕭延平校。」

順氣一日分爲四時第四十四

「心爲牡藏，其色赤，其時夏，其日丙丁，其音徵，其味苦。」「藏主冬，冬刺井；色主春，春刺滎；時主夏，夏刺輸；音主長夏，長夏刺經；味主秋，秋刺合。是謂五變，以主五輸。」墨筆眉批：「藏。色。時。音。味。冬。春。夏。長夏。秋。井。滎。俞。經。合。」

五變第四十六

「況其材本之不同。」付箋曰：「『材本』，吳本作『材木』。」

「久陰淫雨，則薄皮多汁者，皮潰而漉。」墨筆眉批：「漉。」

「卒風暴起，則剛脆之木，枝折杌傷。」墨筆眉批：「杌。」
「黃帝曰：人之善病風厥漉汗者，何以候之？」墨筆眉批：「漉汗。」
「黃帝曰：人之善病消癉者，何以候之？」墨筆眉批：「消癉。倉公傳曹山跗病消癉，得之盛怒而以接内，切其病肺氣熱也。」
「其地色殆然，不與其天同色，污然獨異，此其候也。」墨筆眉批：「地色。天色。」
「黃帝曰：痺之高下有處乎？」硃筆眉批：「痺。」
「少俞答曰：先立其年，以知其時，時高則起，時下則殆。」墨筆眉批：「時高時下。」

本藏第四十七

「是故血和則經脈流行，營覆陰陽，筋骨勁強，關節清利矣。」付箋曰：「『清利』，太素作『滑利』。」
「五藏者，固有小大、高下、堅脆、端正偏傾者。」硃筆旁批：「五藏有八樣，合計是五八有卌。」
「六府亦有小大、長短、厚薄、結直、緩急。」硃筆旁批：「六府府八樣，是卌八。」
「凡此二十五者，各不同，或善或惡，或吉或凶，請言其方。」墨筆眉批：「廿五不知如何筭？」
「心小則安，邪弗能傷，易傷以憂；心大則憂不能傷，易傷于邪。心高則滿于肺中，悗而善忘，難開以言；心下則藏外，易傷于寒，易恐以言。」墨筆眉批：「心。」
「脾大則苦湊眇而痛，不能疾行。」墨筆眉批：「湊眇。」
「無髑骬者心高，髑骬小短舉者心下。髑骬長者心下堅，髑骬弱小以薄者心脆。髑骬直下不舉者心端正，髑骬倚一方者心偏傾也。」墨筆眉批：「髑骬。」
「肉䐃堅大者胃厚，肉䐃麽者胃薄。」墨筆眉批：「䐃。」
「肉䐃小而麽者胃不堅。」墨筆眉批：「麽。」
「肉䐃多少裹累者胃結。」墨筆眉批：「裹累。」

黄帝素問靈樞經卷之八

禁服第四十八

「雷公問于黄帝曰：細子得受業。」墨筆眉批：「細子。」

五色第四十九

「人迎盛堅者，傷於寒；氣口盛堅者，傷於食。」墨筆眉批：「寒。食。」
「其色下行如雲徹散者，病方以。」付箋曰：「『方以』，吴本作『方已』。」
「黄帝曰：赤色出兩顴，大如母指者，病雖小愈必卒死。」墨筆眉批：「赤顴。」
「黑色出於庭，大如母指，必不病而卒死。」墨筆眉批：「黑庭。」
「面王以上者，小腸也；面王以下者，膀胱子處也。」墨筆眉批：「面王。」

論勇第五十

「其膽不滿而縱，腸胃挺。」硃筆眉批：「挺。」

背腧第五十一

「背挾脊相去三寸所。」付箋曰：「『背挾脊』，吳本『背』作『皆』，太素亦作『皆』。」

「傳其艾，須其火滅也。」付箋曰：「『傳其艾』，吳本『傳』作『傅』，太素亦作『傅』，楊上善注云：傅，音付。以手擁傅其艾，使火氣不散也。」

衛氣第五十二

「足太陽之本，在跟以上五寸中，標在兩絡命門。命門者，目也。足少陽之本，在竅陰之間，標在窗籠之前。窗籠者，耳也。足少陰之本，在内踝下上三寸中，標在背腧與舌下兩脈也。足厥陰之本，在行間上五寸所，標在背腧也。足陽明之本，在厲兑，標在人迎頰挾頏顙也。足太陰之本，在中封前上四寸之中，標在背腧與舌本也。手太陽之本，在外踝之後，標在命門之上一寸也。手少陽之本，在小指次指之間上二寸，標在耳後上角下外眥也。手陽明之本，在肘骨中，上至別陽，標在顔下合鉗上也。手太陰之本，在寸口之中，標在腋内動也。手少陰之本，在鋭骨之端，標在背腧也。手心主之本，在掌後兩筋之間二寸中，標在腋下下三寸也。」「足太陽、足少陽、足少陰、足厥陰、足陽明、足太陰、手太陽、手少陽、手陽明、手太陰、手少陰、手心主」旁硃筆書「膀胱。膽。腎。肝。胃。脾。小腸。三焦。大腸。肺。心。厥陰。」

天年第五十四

「岐伯曰：以母爲基，以父爲楯。」墨筆眉批：「母基父楯。」

「三部三里起，骨高肉滿，百歲乃得終。」付箋曰：「『起骨高肉滿』，太素楊注云：起骨謂是明堂之骨，則『起』字應屬下『骨』字讀。」

黃帝内經靈樞卷九卷十卷十一卷十二之冊（癸），封面墨筆批：萓，癰疽篇。須之有無，見十卷五音五味篇。刺節眞邪篇中『漸洳』字，漸音瞀，若不細繹，則瞀廢之瞀音『漸』字遠矣，蓋瞀字也。瞀，七感反，與『漸』近也。面王，五色篇。瘜肉，見水脹篇，非鼻中息肉也。千里水、葦薪、半夏，見邪客篇。太一立中宮以朝八風，占吉凶，見九宮八風篇第七十七。

黃帝素問靈樞經卷之九

水脹第五十七

「黃帝問于岐伯曰：水與膚脹、鼓脹、腸覃、石瘕、石水，何以別之？」墨筆眉批：「水脹。」

「黃帝曰：膚脹何以候之？岐伯曰：膚脹者，寒氣客于皮膚之間。」墨筆眉批：「膚脹。」

「鼓脹何如？岐伯曰：腹脹身皆大，大與膚脹等也。」墨筆眉批：「鼓脹。」

「腸覃何如？岐伯曰：寒氣客于腸外，與衛氣相搏。」墨筆眉批：「腸覃。」

「氣不得榮，因有所繫，癖而内著，惡氣乃起，瘜肉乃生。」墨筆眉批：「瘜肉。」

「石瘕何如？岐伯曰：石瘕生于胞中，寒氣客于子門。」墨筆眉批：「石瘕。」

賊風第五十八

「岐伯曰：此亦有故邪留而未發，因而志有所惡，及有所慕，血氣内亂，兩氣相搏。其所從來者微，視之不見，聽而不聞，故似鬼神。」墨筆眉批：「主定無鬼神。」

玉版第六十

「岐伯曰：膿已成，十死一生，故聖人弗使已成。」硃筆眉批：「膿已成十死一生，是大不然。」

「岐伯曰：闚門而刺之者，死于家中；入門而刺之者，死于堂上。」墨筆眉批：「闚門而刺。入門而刺。」

五禁第六十一

「岐伯曰：甲乙日自乘，無刺頭，無發矇于耳内。丙丁日自乘，無振埃于肩喉廉泉。戊己日自乘四季，無刺腹去爪寫水。庚辛日自乘，無刺關節于股膝。壬癸日自乘，無刺足脛。」墨筆眉批：「『自乘』不解。」

動輸第六十二

「黄帝曰：經脈十二，而手太陰、足少陰、陽明獨動不休，何也？岐伯曰：是明胃脈也。」

付箋曰：「『是明』，二字，太素作『足陽明』三字。」

陰陽二十五人第六十四

篇題下硃筆批：「可恨先哲無解。」

「少陽之上遺遺然。」墨筆眉批：「遺遺。」

「少陽之下隨隨然。」墨筆眉批：「隨隨。」

「鈦角之人，比於右足少陽。」墨筆眉批：「鈦。」

「少陽之上推推然。」墨筆眉批：「推推。」

「少陽之下栝栝然。」墨筆眉批：「栝栝。」

「其爲人赤色，廣朋，脫面小頭。」墨筆眉批：「朋。」

「手少陰核核然。」墨筆眉批：「核核。」

「太陽之上肌肌然。」墨筆眉批：「肌肌。」

「太陽之下慆慆然。」墨筆、硃筆頁眉處各批一「慆」字。

「太陽之上鮫鮫然。」墨筆眉批：「鮫鮫。」

「太陽之下支支頤頤然。」墨筆眉批：「頤頤。」

「足太陰敦敦然。」墨筆眉批：「敦敦。」

「陽明之上婉婉然。」墨筆眉批：「婉婉。」

「陽明之下坎坎然。」墨筆眉批：「坎坎。」

「明之上樞樞然。」墨筆眉批：「樞樞。」

「陽明之下兀兀然。」墨筆眉批：「兀兀。」

「手太陰敦敦然。」墨筆眉批：「敦敦。」
「陽明之上廉廉然。」墨筆眉批：「廉廉。」
「陽明之下脫脫然。」墨筆眉批：「脫脫。」
「陽明之上監監然。」墨筆眉批：「監監。」
「陽明之下嚴嚴然。」墨筆眉批：「嚴嚴。」
「足少陰汗汗然。」墨筆眉批：「汗汗。」
「太陽之上頰頰然。」墨筆眉批：「頰頰。」
「太陽之下紆紆然。」墨筆眉批：「紆紆。」
「太陽之下潔潔然。」墨筆眉批：「潔潔。」
「桎之爲人，比於左足太陽。」硃筆眉批：「桎。」
「太陽之上安安然。」墨筆眉批：「安安。」
「是故五形之人二十五變者，衆之所以相欺者是也。」硃筆眉批：「前衛氣失常篇有衆人一則。」
「歧伯曰：凡年忌下上之人，大忌常加七歲，十六歲，二十五歲，三十四歲，四十三歲，五十二歲，六十一歲，皆人之大忌。」墨筆眉批：「不解。」

黃帝素問靈樞經卷之十

邪客第七十一

「歧伯曰：帝之所問，鍼道乖矣。」付箋曰：「『乖』，吳本作『畢』。」

黄帝素問靈樞經卷之十一

論疾診尺第七十四

「尺肉弱者，解㑊。安臥脱肉者，寒熱，不治。」硃筆眉批：「㑊。」

刺節眞邪第七十五

「岐伯曰：固有五節：一曰振埃，二曰發矇，三曰去爪，四曰徹衣，五曰解惑。」墨筆眉批：「振埃。發矇。去爪。徹衣。解惑。」

「漸洳，上音瞀，下音如，草根相牽引貌。」墨筆尾批：「瞀字。此『瞀』斷非『瞀引』之瞀，當是七感切之『瞀』也。」

九宫八風第七十七

「太一移日，天必應之以風雨。」墨筆眉批：「太一移日，天必風雨。」

「先之則多雨，後之則多汗。」墨筆改文中「汗」爲「旱」。

「風從南方來，名曰大弱風。」墨筆眉批：「大弱風。」

「風從西南方來，名曰謀風。」墨筆眉批：「謀風。」

「風從西方來，名曰剛風。」墨筆眉批：「剛風。」

「其傷人也，内舍於肺，外在於皮膚，其氣主爲燥。」墨筆眉批：「燥風。」

「風從西北方來，名曰折風。」墨筆眉批：「折風。」

「風從北方來，名曰大剛風。」墨筆眉批：「大剛風。」

「風從東北方來，名曰凶風。」墨筆眉批：「凶風。」

「風從東方來，名曰嬰兒風。」墨筆眉批：「嬰兒風。」

「風從東南方來，名曰弱風。」墨筆眉批：「弱風。」

黄帝素問靈樞經卷之十二

大惑論第八十

「余每之東苑，未曾不惑，去之則復。」硃筆眉批：「東苑。」

癰疽第八十一

「草萓不成，五穀不殖，徑路不通，民不往來。」硃筆眉批：「萓。」

「岐伯曰：　癰發於嗌中，名曰猛疽。」墨筆眉批：「猛疽。」

「發於頸，名曰天疽。」墨筆眉批：「天疽。」

「陽留大發，消腦留項，名曰腦爍。」墨筆眉批：「腦爍。」

「發於肩及臑，名曰疵癰。」墨筆眉批：「疵癰。」

「發於腋下赤堅者，名曰米疽。」墨筆眉批：「米疽。」
「其癰堅而不潰者，爲馬刀挾癭，急治之。」墨筆眉批：「馬刀。」
「發於胸，名曰井疽。」墨筆眉批：「井疽。」
「發於膺，名曰甘疽。」墨筆眉批：「甘疽。」
「發於脇，名曰敗疵。」墨筆眉批：「敗疵。」
「發於股脛，名曰股脛疽。」墨筆眉批：「股脛疽。」
「發於尻，名曰鋭疽。」墨筆眉批：「鋭疽。」
「發於股陰，名曰赤施。」墨筆眉批：「赤施。」
「發於膝，名曰疵癰。」墨筆眉批：「疵癰。」
「發於脛，名曰兔齧。」墨筆眉批：「兔囓。」
「發於内踝，名曰走緩。」墨筆眉批：「走緩。」
「發於足上下，名曰四淫。」墨筆眉批：「四淫。」
「發於足傍，名曰厲癰。」墨筆眉批：「厲癰。」
「發於足指，名脱癰。」墨筆眉批：「脱癰。」
「岐伯曰：熱氣淳盛，下陷肌膚，筋髓枯，内連五藏，血氣竭，當其癰下筋骨良肉皆無餘，故命曰疽。」墨筆眉批：「癰下筋骨良肉皆無餘。」
「疽者，上之皮夭以堅，上如牛領之皮。」墨筆眉批：「牛領之皮。」

卷一百九十七　補註釋文黄帝内經素問批注（北大本）〔一〕

補註釋文黄帝内經素問卷之五

熱論篇第三十一

「其不兩感於寒者，七日巨陽病衰，頭痛少愈；八日陽明病衰，身熱少愈；九日少陽病衰，耳聾微聞；十日太陰病衰，腹減如故，則思飲食；十一日少陰病衰，渴止不滿，舌乾已而嚏；十二日厥陰病衰，囊縱少腹微下，大氣皆去，病日已矣。」墨筆眉批：「此六條是正傷寒次弟。至後兩感于寒者以下方是兩感死證。」

「帝曰：其病兩感於寒者，其脈應與其病形何如？」墨筆眉批：「兩感。」

刺熱篇第三十二

「病甚者爲五十九刺。」注：「五十九刺者，謂頭上五行行五者。」「後頂在百會後後同身寸之一寸五分枕骨上。」硃筆圈掉末一「後」字。

〔一〕此篇據北京大學圖書館藏批點手稿整理。批點底本爲明趙府居敬堂本。該書是一殘本，現僅存卷五至卷十一，總凡七卷四十四篇。由趙懷舟、錢超塵、姜燕、聶鵬釋文整理。傅山全書初版本未收。

「少陽之脈，色榮頰前熱病也。」硃筆改文中「前」爲「筋」。

「頰下逆顴爲大瘕，下牙車爲腹滿，顴後爲脇痛，頰上者鬲上也。」注：「此所以候面部之色發，明腹中之病診。」硃筆眉批：「解不明。」

評熱病論篇第三十三

「病而留者，其壽可立而傾也。」「病」字旁硃筆書一「疾」字。

「帝曰：勞風爲病何如？岐伯曰：勞風法在肺下。」注：「從勞風生，故曰勞風。勞，謂腎勞也。腎脈者，從腎上貫肝鬲，入肺中。故腎勞風生，上居肺下也。」硃筆眉批：「勞風。腎勞。」

「帝曰：治之奈何？岐伯曰：以救俛仰。」硃筆眉批：「以救俯仰。」

「欬出青黄涕，其狀如膿，大如彈丸，從口中若鼻中出，不出則傷肺，傷肺則死也。」注：「巨陽者，膀胱之脈也。」「暴卒欬者，氣衝突於蓄門而出於鼻。」硃筆眉批：「蓄門。」

逆調論篇第三十四

「帝曰：人有四支熱，逢風寒如炙如火者何也？」次「如」旁硃筆書一「于」字。

「帝曰：人之肉苛者，雖近於衣絮，猶尚苛也。」墨筆眉批：「肉苛。」

「下經曰：胃不和則臥不安。」硃筆眉批：「胃不和則臥不安。」

瘧論篇第三十五

「黄帝問曰：夫痎瘧皆生於風，其蓄作有時者何也？」硃筆眉批：「説文：『痎，古諧切。

瘧，二日一發。』」

「陽盛則外熱，陰虚則内熱，外内皆熱則喘而渴，故欲冷飲也。」墨筆眉批：「陽盛外熱，陰虚内熱。」

「帝曰：夫子言衛氣每至於風府，腠理乃發，發則邪氣入，入則病作。今衛氣日下一節，其氣之發也不當風府，其日作者奈何？」硃筆眉批：「須得此問。」

「衛氣之所在，與邪氣相合，則病作。故風無常府，衛氣之所發，必開其腠理，邪氣之所合，則其府也。」墨筆眉批：「風無常府。」

「瘧氣隨經絡，沉以内薄。」注：「新校正云：按甲乙經作『次以内傳』。」墨筆眉批：「『沈』、『次』字易混。」

「岐伯曰：夏傷於大暑，其汗大出，腠理開發，因遇夏氣凄滄之水寒。」注：「新校正云：按甲乙經、太素『水寒』作『小寒迫之』。」墨筆眉批：「小寒迫之爲是。」

「如是者，陰虚而陽盛，陽盛則熱矣，衰則氣復反入，入則陽虚，陽虚則寒矣，故先熱而後寒，名曰温瘧。帝曰：癉瘧何如？岐伯曰：癉瘧者，肺素有熱，氣盛於身，厥逆上衝，中氣實而不外泄，因有所用力，腠理開，風寒舍於皮膚之内、分肉之間而發，發則陽氣盛，陽氣盛而不衰則病矣。其氣不及於陰，故但熱而不寒，氣内藏於心，而外舍於分肉之間，令人消爍脱肉，故命曰癉瘧。」墨筆眉批：「温瘧，先熱后寒。癉瘧，熱而不寒。」

刺瘧篇第三十六

「足太陽之瘧，令人腰痛頭重，寒從背起。」注：「足太陽脈，從巔入絡腦，還出別下項，循肩膞内俠脊抵腰中；其支別者，從膞内左右別下貫胂過髀樞。故令腰痛頭重，寒從背起。」硃筆眉批：「胂，音同申，夾脊肉也。」

「足少陽之瘧，令人身體解㑊。」硃筆眉批：「解㑊。」

「欲閉戶牖而處，其病難已。」注：「胃陽明脈病。」「太鍾、太谿悉主之。」墨筆眉批：「太鍾。太谿。足少陰。」

「小便不利如癃狀，非癃也。數便，意恐懼氣不足。」硃筆眉批：「似癃而非，則『數便』當作『數溲』，猶言旋尿也。」

「刺足厥陰。」注：「太衝主之。」墨筆眉批：「太衝。厥陰。」

「刺手太陰、陽明。」注：「列缺主之。」「陽明穴，合谷主之。」墨筆眉批：「列缺。合骨。」

「心瘧者，令人煩心甚，欲得清水，反寒多，不甚熱，刺手少陰。」注：「神門主之。神門在掌后銳骨之端陷者中。」墨筆眉批：「神門。」硃筆眉批：「每言掌后銳骨，不確指是那个。」

「肝瘧者，令人色蒼蒼然，太息，其狀若死者，刺足厥陰見血。」注：「中封主之。」墨筆眉批：「中封。」

「脾瘧者，令人寒，腹中痛，熱則腸中鳴，鳴已汗出，刺足太陰。」注：「商丘主之。」墨筆眉批：「商丘。」

「腎瘧者，令人灑灑然，腰脊痛宛轉，大便難，目眴眴然，手足寒，刺足太陽少陰。」注：「太鍾主之。」墨筆眉批：「太鍾。」

「胃瘧者，令人且病也，善飢而不能食，食而支滿腹大，刺足陽明太陰横脈出血。」注：「厲兌、解谿、三里主之。」墨筆眉批：「厲兌。解谿。三里。」

「瘧脈滿大，急刺背俞，用中鍼傍五胠俞各一，適肥瘦出其血也。」注：「瘦者淺刺少出血，肥者深刺多出血。背俞，謂大杼。五胠俞謂譩譆。」墨筆眉批：「大杼。譩譆。」

「瘧脈小實，急灸脛少陰，刺指井。」注：「灸脛少陰，是謂復溜。」「刺指井，謂刺至陰。」墨筆眉批：「復溜。至陰。」

「凡治瘧先發，如食頃乃可以治，過之則失時也。」注：「先其發時，眞邪異居，波隴不起，故可治。過時則眞邪相合，攻之則反傷眞氣，故曰失時。」墨筆眉批：「波隴。」硃筆眉批：「注亦有理，而似非文本義。」

「諸瘧而脈不見，刺十指間出血。」墨筆眉批：「諸瘧脈不見。」

「胻痠痛甚，按之不可，名曰胕髓病，以鑱鍼鍼絶骨出血，立已。」注：「陽輔穴也。取如氣穴論中府俞法。胕，洪付反。鑱，鋤銜反。」「陽輔穴」旁硃筆批注：「足外踝上，足少陽經之所行也。」硃筆眉批：「氣穴論在八卷。胕音洪付反，是閩音。」

氣厥論篇第三十七

「心移寒於肺，肺消，肺消者飲一溲二，死不治。」注：「心爲陽藏，反受諸寒，寒氣不消，乃移于肺，寒隨心火，内鑠金精，金受火邪，故中消也。」墨筆眉批：「『寒隨心火，内爍金精』八字，恐未必然，心既寒矣，焉能鑠金？」

「肝移熱於心，則死。」注：「兩陽和合，火木相燔，故肝熱入心，則當死也。陰陽別論曰：肝之心謂之生陽，生陽之屬不過四日而死。」墨筆眉批：「一卷第七篇陰陽別論：死陰之屬，不過三日而死；生陽之屬，不過四日而死。注：『木乘火也。新校正云：按別本作四日而生，金元起注本作四日而已，俱通。詳上下文義，作死者非。』所謂生陽死陰者，肝之心謂之生陽，心之肺謂之死陰。注：『母來親子，故曰生陽，陰主刑殺，火復乘金，金得火亡故云死。』」

「大腸移熱於胃，善食而瘦入，謂之食亦。」硃筆眉批：「食亦。」

「膽移熱於腦，則辛頞鼻淵。鼻淵者，濁涕下不止也。」墨筆眉批：「鼻淵。」

欬論篇第三十八

「黄帝問曰：肺之令人欬何也？」「肺寒則外内合，邪因而客之，則爲肺欬。」墨筆眉批：「肺欬。」

「岐伯曰：肺欬之狀，欬而喘息有音，甚則唾血。」墨筆眉批：「肺欬。」

「心欬之狀，欬則心痛，喉中介介如梗狀，甚則咽腫喉痺。」墨筆眉批：「心欬。」

「肝欬之狀，欬則兩脇下痛，甚則不可以轉，轉則兩胠下滿。」墨筆眉批：「肝欬。」

「脾欬之狀，欬則右胠下痛，陰陰引肩背，甚則不可以動，動則欬劇。」墨筆眉批：「脾欬。」

「腎欬之狀，欬則腰背相引而痛，甚則欬涎。」墨筆眉批：「腎欬。」

「胃欬之狀，欬而嘔，嘔甚則長蟲出。」墨筆眉批：「胃欬。」

「膽欬之狀，欬嘔膽汁。」墨筆眉批：「膽欬。」

「大腸欬狀，欬而遺失。」墨筆眉批：「大腸欬。」

「心欬不已，則小腸受之。小腸欬狀，欬而失氣，氣與欬俱失。」墨筆眉批：「小腸。」

「膀胱欬狀，欬而遺溺。」墨筆眉批：「膀胱欬。」

「三焦欬狀，欬而腹滿，不欲食飲。」墨筆眉批：「三焦欬。」

「帝曰：治之奈何？岐伯曰：治藏者治其俞，治府者治其合，浮腫者治其經。」墨筆眉批：「俞。合。經。」

補註釋文黄帝内經素問卷之六

舉痛論篇第三十九

篇題下小字注曰：「新校正云：按全元起本在第三卷，名五藏舉痛。所以名舉痛之義未詳。按本篇乃黄帝問五藏卒痛之疾，疑『舉』乃『卒』字之誤也。」墨筆眉批：「痛。」

「黄帝問曰：余聞善言天者，必有驗於人；善言古者，必有合於今；善言人者，必有厭於己。」硃筆眉批：「忽出『厭』字，『厭』字後不及，然可以人炤。」「必有厭於己。」旁硃筆批：「當何爲？」

「寒氣客於背俞之脈則血脈泣，脈泣則血虚，血虚則痛，其俞注於心，故相引而痛，按之則熱氣至，熱氣至則痛止矣。」注：「背俞，謂心俞脈，亦足太陽脈也。夫俞者，皆内通於藏。」硃筆眉批：「俞皆通于藏。」

「寒氣客於小腸，小腸不得成聚，故後泄腹痛矣。」注：「小腸爲受盛之府，中滿則寒邪不居。」「中滿則寒邪不居。」硃筆旁批：「此句義未達。」

「勞則氣耗，思則氣結，九氣不同，何病之生？」墨筆眉批：「九氣。」

「悲則心系急，肺布葉舉，而上焦不通。」墨筆眉批：「肺布葉舉。」

「恐則精卻，卻則上焦閉，閉則氣還，還則下焦脹，故氣不行矣。」注：「恐則陽精卻上而不下流，故卻則上焦閉也。上焦既閉，氣不行流，下焦陰氣亦還迴不散，而聚爲脹也。然上焦固禁，下焦氣還，各守一處，故氣不行也。」「故氣不行也」的「不」字旁硃筆書一「下」字。

腹中論篇第四十

「岐伯曰：治之以雞矢醴，一劑知，二劑已。」墨筆眉批：「雞矢醴。」

「岐伯曰：病名血枯，此得之年少時，有所大脱血。」墨筆眉批：「血枯。」

「帝曰：治之奈何？復以何術？」硃筆眉批：「既曰治之奈何，又曰復以何術，豈其術與治異耶？」

「岐伯曰：以四烏鰂骨一藘茹二物幷合之，丸以雀卵，大如小豆，以五丸爲後飯，飲以鮑魚汁，利腸中及傷肝也。」墨筆眉批：「烏鰂。藘茹。」

前文注：「飯後藥先，謂之後飯。按古本草經云，烏鰂魚骨、藘茹等並不治血枯，然經法用之，是攻其所生所起爾。夫醉勞力以入房，則腎中精氣耗竭；月事衰少不至，則中有惡血淹留。精氣耗竭，則陰萎不起而無精；惡血淹留，則血痹著中而不散。故先兹四藥，用入方焉。」墨筆眉批：「聖人之方焉可意測？」

「帝曰：病有少腹盛，上下左右皆有根，此爲何病？可治不？岐伯曰：病名曰伏梁。」墨筆眉批：「伏梁。」

「岐伯曰：裹大膿血，居腸胃之外，不可治，治之每切按之致死。」墨筆眉批：「伏梁不可治。」

「帝曰：何以然？岐伯曰：此下則因陰，必下膿血，上則迫胃脘，生鬲，俠胃脘内癰。」

「生」旁硃筆書一「出」字。「俠」旁硃筆書一「使」字。

「居齊上爲逆，居齊下爲從，勿動亟奪。論在刺法中。」注：「今經亡。」墨筆眉批：「勿動亟奪之法亡矣，奈何！」

「帝曰：人有身體髀股胻皆腫，環齊而痛，是爲何病？岐伯曰：病名伏梁，此風根也。」墨筆眉批：「伏梁。」

「其氣溢於大腸而著於肓，肓之原在齊下，故環齊而痛也。」墨筆眉批：「肓原。」

「不可動之，動之爲水溺濇之病。」注：「亦衝脈也。齊下，謂脖胦，在齊下同身寸之一寸半。靈樞經曰：肓之原名曰脖胦。」硃筆眉批：「脖胦。」

「帝曰：善。有病膺腫頸痛胸滿腹脹，此爲何病？何以得之？岐伯曰：名厥逆。」墨筆眉批：「厥逆。」

「須其氣幷而治之，可使全也。」注：「幷，謂幷合也。待自幷合則兩氣俱全，故可治。若不爾而灸石之，則偏致勝負，故不得全而瘖狂也。」硃筆眉批：「解模稜。」

刺腰痛篇第四十一

「刺其郄中。太陽正經出血，春無見血。」注：「郄中，委中也。」墨筆眉批：「委中。」

「少陽令人腰痛，如以鍼刺其皮中，循循然不可以俛仰，不可以顧。」注：「少陽之脈起於目鋭眥，上低頭角，下耳後，循頸行手陽明之前，至肩上，交出手少陽之後；其支別者，目鋭眥下入大迎，合手少陽於䪼，下加頰車，下頸合缺盆，故不可以顧。」硃筆改注中「低」爲「抵」。硃筆眉批：「顒，之劣、知律二切。不知在何所？漢書高帝隆準。服虔曰：『準音拙。』應劭曰：『準，頰權準也。』師古曰：『頰權顒字，豈當借準爲之？』」

「刺少陽成骨之端，出血。」墨筆眉批：「成骨。」

「刺陽明於胻前三痏，上下和之出血，秋無見血。」注：「按内經中誥流注圖經，陽明脈穴俞之所主，此腰痛者悉刺胻前三痏，則正三里穴也。」墨筆眉批：「三里。」

「刺少陰於内踝上二痏，春無見血，出血太多，不可復也。」注：「按内經中誥流注圖經，少陰脈穴俞所主，此腰痛者，當刺内踝上，則正複溜穴也。」墨筆眉批：「復溜。」

「厥陰之脈令人腰痛，腰中如張弓弩弦。」注：「足厥陰脈，自陰股環陰器，抵少腹；其支別者，與太陰少陽結於腰髁下俠脊第三第四骨空中，其穴卽中髎、下髎。」墨筆眉批：「中髎。下髎。」

「刺厥陰之脈，在腨踵魚腹之外，循之累累然，乃刺之。」注：「腨踵者，言脈在腨外側，下當足跟也。腨形勢如臥魚之腹，故曰魚腹之外也。循其分肉，有血絡累累然，乃刺出之。此正當蠡溝穴分，足厥陰之絡。」墨筆眉批：「蠡溝。」

「其病令人善言，默默然不慧，刺之三痏。」墨筆眉批：「善言、嘿嘿然不慧，雖似二病難兼，然亦可以言，想病時呢呢喃喃如語而復，有時嘿嘿然不慧，兼語嘿嘿者而言，言皆胡塗不明白也。」

「刺解脈，在膝筋肉分間郄外廉之横脈，出血，血變而止。」注：「膝後兩傍，大筋雙上，股之後，兩筋之間，横文之處，弩肉高起，則郤中之分也。古中誥以膕中爲太陽之郄。」墨筆眉批：「膕中。太陽郄。」

「刺解脈，在郄中結絡如黍米，刺之血射以黑，見赤血而已。」注：「郄中則委中穴，足太陽合也。」墨筆眉批：「委中。」

「刺同陰之脈，在外踝上絕骨之端，爲三痏。」注：「絕骨之端如前同身寸之三分，陽輔穴也。」

墨筆眉批：「陽輔。」

「刺陽維之脈，脈與太陽合腨下間，去地一尺所。」注：「太陽所主，與正經并行而上，至腨下，復與太陽合而上也。腨下去地正同身寸之一尺，是則承光穴。」墨筆眉批：「承光。」「新校正云：按穴之所在，乃承山穴，非承光也，山字誤爲光。」墨筆眉批：「承山。」

「腰痛上寒，刺足太陽、陽明；上熱，刺足厥陰；不可以俛仰，刺足少陽；中熱而喘，刺足少陰，刺郄中出血。腰痛，上寒不可顧，刺足陽明；上熱，刺足太陰；中熱而喘，刺足少陰。」硃筆眉批：「上寒與熱喘，俱如上刺法。獨上熱，前云『刺足厥陰』，此云『足太陰』。」

前文注：「湧泉、太鍾悉主之。湧泉在足心陷者中，屈足捲指宛宛中，足少陰脈之所出，刺可入同身寸之三分，留三呼，若灸者可灸三壯。大鍾在足跟後街中動脈，足少陰之絡，刺可入同身寸之二分，留七呼，若灸者可灸三壯。新校正云：按刺瘧注，大鍾在内踝後街中。水穴論注在内踝後。此注在跟後街中動脈。三注不同。甲乙經亦云跟後衝中，當從甲乙經爲正。」硃筆眉批：「大鍾穴三注不同。」

「腰痛引少腹控䏚，不可以仰。」硃筆眉批：「䏚。」

「刺腰尻交者，兩髁胂上，以月生死爲痏數，發鍼立已。」注：「此邪客於足太陰之絡也。控，通引也。」「兩髁胂，謂兩髁骨下堅起肉也。胂上非胂之上巔，正當刺胂肉矣，直刺胂肉，即胂上也。」墨筆眉批：「胂肉。」「下承髁胂肉，左右兩胂，各有四骨空，故曰上髎、次髎、中髎、下髎。」硃筆眉批：「四髎。」

風論篇第四十二

篇題上墨筆眉批：「風論。」

「風氣與陽明入胃，循脈而上至目内眥，其人肥則風氣不得外泄，則爲熱中而目黄；人瘦則外泄而寒，則爲寒中而泣出。」注：「陽明者，胃脈也。」「人肥則腠理密緻，故不得外泄，則爲熱中而目黄。人瘦則腠理開疎，風得外泄，則寒中而泣出也。」硃筆眉批：「既外泄矣，風亦當散，何風仍爲病也？注但壺蘆。」

「癘者，有榮衛熱胕，其氣不清，故使其鼻柱壞而色敗，皮膚瘍潰。」硃筆眉批：「胕，上、去二聲。又即『腑』字。」

「以春甲乙傷於風者爲肝風，以夏丙丁傷於風者爲心風，以季夏戊己傷於邪者爲脾風，以秋庚辛中於邪者爲肺風，以冬壬癸中於邪者爲腎風。」注：「春甲乙木，肝主之；夏丙丁火，心主之；季夏戊己土，脾主之；秋庚辛金，肺主之；冬壬癸水，腎主之。」注間硃筆夾批：「遇著此類，偏老王知得極真，不厭煩説了又説。」

「心風之狀，多汗惡風，焦絶善怒嚇，赤色，病甚則言不可快，診在口，其色赤。」墨筆眉批：「心脈。」

「肝風之狀，多汗惡風，善悲，色微蒼，嗌乾善怒，時憎女子，診在目下，其色青。」墨筆眉批：「肝脈。」

「脾風之狀，多汗惡風，身體怠墮，四支不欲動，色薄微黄，不嗜食，診在鼻上，其色黄。」墨筆眉批：「脾脈。」

「腎風之狀，多汗惡風，面痝然浮腫，脊痛不能正立，其色炲，隱曲不利，診在肌上，其色黑。」墨筆眉批：「隱曲。腎脈。」

「胃風之狀，頸多汗惡風，食飲不下，鬲塞不通，腹善滿，失衣則䐜脹，食寒則泄，診形瘦而腹大。」墨筆眉批：「胃脈。」

前文注：「胃之脈，支別者從頤後下廉過人迎」，「然失衣則外寒而中熱，故腹䐜腹。」硃筆改注中後一「腹」字爲「脹」。

「首風之狀，頭面多汗惡風，當先風一日則病甚，頭痛不可以出内，至其風日則病少愈。」注：「頭者諸陽之會，風客之則皮腠疎。」「不可以出屋室之内者，以頭痛甚而不喜外風故也。」墨筆眉批：「注不快。」

「漏風之狀，或多汗，常不可單衣，食則汗出，甚則身汗。」硃筆眉批：「不可單衣，是并單衣亦嫌熱，而不堪著也。」

「喘息惡風，衣常濡，口乾善渴，不能勞事。」注：「肺胃風熱，故不可單衣。」硃筆旁批：「說了个甚？」

痺論篇第四十三

篇題上墨筆眉批：「痹。」

「胞痺者，少腹膀胱按之内痛，若沃以湯，澀於小便，上爲清涕。」墨筆眉批：「胞痹而上爲清涕。」

「六府亦各有俞，風寒濕氣中其俞，而食飲應之，循俞而入，各舍其府也。」注：「六府俞，亦謂背俞也。」「太陽俞在十六椎之傍。」墨筆改注中「陽」爲「腸」。

「岐伯曰：五藏有俞，六府有合，循脈之分，各有所發，各隨其過，則病瘳也。」注：「新校正云：詳王氏以委陽爲三焦合，按甲乙經云：委陽，三焦下輔俞也，足太陽之別絡。三焦之合，自在手少陽經天井穴，爲少陽脈之所入，爲合。」硃筆眉批：「較正：委陽非三焦之合。」

「岐伯曰：榮著，水穀之精氣也，和調於五藏，灑陳於六府，乃能入於脈也。」墨筆眉批：「榮行脈内。」

「衛者，水穀之悍氣也，其氣慓疾滑利，不能入於脈也。」墨筆眉批：「衛氣不入脈。」

「其不痛不仁者，病久入深，榮衛之行濇，經絡時疏，故不通。」「通」旁硃筆書一「痛」字。

「凡痺之類，逢寒則蟲，逢熱則縱。帝曰：善。」注：「蟲謂皮中如蟲行，縱謂縱緩不相就。新校正云：按甲乙經蟲作急。」墨筆眉批：「蟲皮中如蟲行作急者，對縱言也。」

痿論篇第四十四

篇題上墨筆眉批：「痿。」

「故肺熱葉焦，則皮毛虚弱急薄著，則生痿躄也。」墨筆眉批：「肺熱葉焦。痿躄。」

「心氣熱，則下脈厥而上，上則下脈虚，虚則生脈痿。」墨筆眉批：「心熱脈痿。」

「肝氣熱，則膽泄口苦筋膜乾，筋膜乾則筋急而攣，發爲筋痿。」墨筆眉批：「肝熱筋痿。」

「脾氣熱，則胃乾而渴，肌肉不仁，發爲肉痿。」墨筆眉批：「脾熱肉痿。」

「腎氣熱，則腰脊不舉，骨枯而髓減，發爲骨痿。」墨筆眉批：「腎熱骨痿。」

「岐伯曰：肺者藏之長也，爲心之蓋也，有所失亡，所求不得，則發肺鳴，鳴則肺熱葉焦。」

墨筆眉批：「肺熱葉焦。」

「故本病曰：大經空虛，發爲肌痺，傳爲脈痿。」注：「本病，古經論篇名也。」「先見肌痹後漸脈痿，故曰傳爲脈痿也。」墨筆眉批：「先見肌痹，後漸脈痿。」

「思想無窮，所願不得，意淫於外，入房大甚，宗筋弛縱，發爲筋痿，及爲白淫。」墨筆眉批：「白淫。」

「岐伯曰：陽明者，五藏六府之海。主閏宗筋，宗筋主束骨而利機關也。」墨筆眉批：「宗筋。」

「陰陽總宗筋之會，會於氣街，而陽明爲之長，皆屬於帶脈，而絡於督脈。」注：「宗筋聚會，會於横骨之中。」「氣街，則陰髦兩傍脈動處也。帶脈者，起於季脇，回身一周，而絡於督脈也。督脈者，起於關元，上下循腹。」硃筆眉批：「氣街。」墨筆眉批：「督脈起於關元。」

厥論篇第四十五

「此人者質壯，以秋冬奪於所用，下氣上爭，不能復，精氣溢下，邪氣因從之而上也。」注：「質，謂形質也。奪於所用，謂多欲而面奪其精氣也。」硃筆眉批：「秋冬奪於所用，亦是陰虧。陰虧當熱，今反□寒，注不透。」

「岐伯曰：陰氣盛於上則下虚，下虚則腹脹滿，陽氣盛於上則下氣重上而邪氣逆。」「陽氣盛於上」旁硃筆書「腹滿」二字。

「逆則陽氣亂，陽氣亂則不知人也。」注：「新校正云：按甲乙經『陽氣盛於上』五字作『腹滿』二字，當從甲乙經之説。」「又按張仲景云：『少陰脈不至，腎氣微，少精血，奔氣促迫，上入胷鬲，宗氣反聚，血結心下，陽氣退下，熱歸陰股，與陰相動，令身不仁，此爲尸厥。』仲景言陽氣退下，則是陽氣不得盛於上，故知當從甲乙經也。」「按繆刺論云：『邪客於手足少陰、太陰、足陽明之絡，此五絡皆會於耳中，上絡左角，五絡俱竭，令人身脈皆動而形無知，其狀若尸，或曰尸厥。』」硃筆眉批：「仲景論尸厥。」墨筆眉批：「扁鵲謂虢太（子）循股陰當溫，卽謂此。五絡俱會于耳。」

補註釋文黄帝内經素問卷之七

病能論篇第四十六

「黄帝問曰：人病胃脘癰者，診當何如？岐伯對曰：診此者當候胃脈，其脈當沉細，沉細者氣逆，逆者人迎甚盛，甚盛則熱，人迎者胃脈也，逆而盛，則熱聚於胃口而不行，故胃脘爲癰也。」墨筆眉批：「胃癰。凡癰脈者皆宜洪大，此獨言沉細者，謂氣逆而洪大之勢見於人迎。」

「帝曰：善。人有臥而有所不安者何也？岐伯曰：藏有所傷及精有所之寄則安，故人不能懸其病也。」注：「五藏有所傷損及之，水穀精氣有所之寄，扶其下則臥安，以傷及於藏，故人不能懸其病處於空中也。」墨筆眉批：「不能懸其病。」硃筆眉批：「本文與注，皆難釋。」

「帝曰：有病厥者，診右脈沉而緊，左脈浮而遲，不然，病主安在？」「然」字旁硃筆書一「知」字。

「帝曰：有病厥者診右脈沉而緊，左脈浮遲，不然病主安在？岐伯曰：冬診之」云云。硃筆眉批：「問無『冬』字，對忽出『冬』字。」

「帝曰：善。有病身熱解墮，汗出如浴，惡風少氣，此爲何病？岐伯曰：病名曰酒風。」墨筆眉批：「酒風。」

「帝曰：治之奈何？岐伯曰：以澤瀉、朮各十分，麋銜五分，合以三指撮爲後飯。」墨筆眉批：「澤瀉、朮、麋銜。」

「奇恆者，言奇病也。」墨筆眉批：「奇恆。」

「所謂奇者，使奇病不得以四時死也。恆者，得以四時死也。」注：「新校正云：按楊上善云：得病傳之，至於勝時而死，此爲恆。中生喜怒，令病次傳者，此爲奇。」墨筆根批：「『次』字似訛。」

奇病論篇第四十七

「黃帝問曰：人有重身，九月而瘖，此爲何也？」墨筆眉批：「重身而瘖。」

「無益其有餘者，腹中有形而泄之，泄之則精出而病獨擅中，故曰疹成也。」硃筆眉批：「『益』字當解如『溢』字。泛說『益』是從外補內之詞，如此『溢』字是從內洩外之詞。然俗習『益』異於『溢』，其實一字耳。」

「帝曰：病脅下滿氣逆，二三歲不已，是爲何病？岐伯曰：病名曰息積。」墨筆眉批：「息積。」

「岐伯曰：病名曰伏梁。」注：「以衝脈病，故名曰伏梁。然衝脈者，與足少陰之絡起於腎下，出於氣街，循陰股內廉，斜入膕中。」墨筆眉批：「注與大奇篇『脛有大小』注同。」

「其氣溢於大腸而著於肓，肓之原在齊下，故環齊而痛也。」注：「大腸，廣腸也。經説大腸，當言廻腸也。」墨筆眉批：「回腸。」

「不可動之，動之爲水溺濇之病也。」墨筆眉批：「伏梁不可動。」

「帝曰：有病口甘者，病名爲何？何以得之？岐伯曰：此五氣之溢也，名曰脾癉。」墨筆眉批：「脾癉。」

「治之以蘭，除陳氣也。」墨筆眉批：「蘭。」

「帝曰：有病口苦，取陽陵泉，口苦者病名爲何？何以得之？岐伯曰：病名曰膽癉。」墨筆眉批：「膽癉。」

「岐伯曰：病在太陰，其盛在胃，頗在肺，病名曰厥，死不治。」墨筆眉批：「厥。」

前文注：「病癃數溲，身熱如炭，頸膺如格，息氣逆者，皆手太陰脈當洪大而數。」「病因氣逆，證不相應，故病名曰厥，死不治也。」墨筆眉批：「證不相應。」硃筆眉批：「解全不快。」

「帝曰：人生而有病巔疾者，病名曰何？安所得之？」墨筆眉批：「巔。」

前文注：「夫百病者，皆生於風雨寒暑陰陽喜怒也。然始生有形，未犯邪氣，已有巔疾，豈邪氣素傷卽？故問之。」硃筆改注中「卽」爲「耶」。

「岐伯曰：病生在腎，名爲腎風。」墨筆眉批：「腎風。」

大奇論篇第四十八

「脈不至若瘖，不治自已。」墨筆眉批：「瘖。」

「腎脈小急，肝脈小急，心脈小急，不鼓皆爲瘕。」墨筆眉批：「瘕。」

「腎肝并沉，爲石水。」墨筆眉批：「石水。」

「并浮，爲風水。」墨筆眉批：「風水。」

「腎脈大急沉，肝脈大急沉，皆爲疝。」墨筆眉批：「疝。」

「脾脈外鼓，沉爲腸澼，久自已。」墨筆眉批：「澼。」

「男子發左，女子發右，不瘖舌轉，可治，三十日起。」墨筆眉批：「不瘖。」

「其從者瘖，三歲起。」墨筆眉批：「瘖。」

「脈至如喘，名曰暴厥。」墨筆眉批：「暴厥。」

「脈至浮合。」注：「如浮波之合，後至者凌前，速疾而動，無常候也。」硃筆眉批：「脈如浮波。」

「浮合如數，一息十至以上，是經氣予不足也。」硃筆眉批：「『予不足』三字，注皆不論，何也？」

「脈至如省客，省客者脈塞而鼓，是腎氣予不足也，懸去棗華而死。」硃筆眉批：「省客之脈。」墨筆眉批：「省客。」

「脈至如丸泥，是胃精予不足也，榆莢落而死。」墨筆眉批：「丸泥。」

「脈至如弦縷，是胞精予不足也。」墨筆眉批：「弦縷。」

「病善言，下霜而死，不言，可治。」墨筆眉批：「善言。不言可治。」

「脈至如交漆，交漆者左右傍至也。」墨筆眉批：「交漆。」

「脈至如湧泉，浮鼓肌中，太陽氣予不足也。」墨筆眉批：「涌泉。」

「脈至如頹土之狀，按之不得，是肌氣予不足也。」墨筆眉批：「頹土。」

「脈至如懸雍，懸雍者浮揣切之益大，是十二俞之予不足也。」墨筆眉批：「懸雍。」

「脈至如偃刀，偃刀者浮之小急，按之堅大急。」墨筆眉批：「偃刀。」

「脈至如華者，令人善恐，不欲坐卧，行立常聽，是小腸氣予不足也，季秋而死。」墨筆眉批：「行立常聽。」

脈解篇第四十九

「太陽所謂腫腰脽痛者，正月太陽寅。」墨筆眉批：「太陽。正月。」

「所謂入中爲瘖者，陽盛已衰，故爲瘖也。」墨筆眉批：「瘖。」

「少陽所謂心脇痛者，言少陽盛也，盛者心之所表也，九月陽氣盡而陰氣盛，故心脇痛也。」墨筆眉批：「少陽。九月。」

「所謂甚則躍者，九月萬物盡衰，草木畢落而墮，則氣去陽而之陰，氣盛而陽之下長，故謂躍。」墨筆眉批：「躍。」

「陽明所謂洒洒振寒者，陽明者午也，五月盛陽之陰也。」墨筆眉批：「陽明。五月。」

前文注：「陽盛以明，故云午也。五月夏至，一陰氣上，陽氣降下，故云盛陽之音也。」硃筆改注中「音」爲「陰」。

「太陰所謂病脹者，太陰子也，十一月萬物氣皆藏於中，故曰病脹。」墨筆眉批：「太陰。十一月。」

「少陰所謂腰痛者，少陰者腎也，十月萬物陽氣皆傷，故腰痛也。」墨筆眉批：「少陰。十月。」「腎」旁墨筆書一「亥」字。

「厥陰所謂癩疝，婦人少腹腫者，厥陰者辰也，三月陽中之陰。」墨筆眉批：「厥陰。三月。」

刺要論篇第五十

「刺骨無傷髓，髓傷則銷鑠胻酸，體解㑊然不去矣。」硃筆眉批：「解㑊。」

刺齊論篇第五十一

「岐伯曰：刺骨無傷筋者，鍼至筋而去，不及骨也。」硃筆眉批：「此嫌其太淺。文義猶言本欲深至骨乃及筋而止，是骨之病未受應治之法，而筋反受無辜之刑。」

刺禁論篇第五十二

「七節之傍，中有小心。」注：「小心，謂真心神靈之宮室。新校正云：按太素『小心』作『志心』。」硃筆眉批：「小心。」墨筆眉批：「七節之傍，中有小心。」

刺志論篇第五十三

「穀不入而氣多，此謂反也。」硃筆眉批：「穀不入而氣多，亦有二種。」

「穀入多而氣少者，得之有所脫血，濕居下也。」注：「脫血則血虛，血虛則氣盛内鬱，化成津液，流入下焦，故云濕居下也。」硃筆眉批：「解不妙。」

「入實者，左手開鍼空也。入虛者，左手閉鍼空也。」注：「言用針之補寫也。右手持針，左手捻穴，故實者左手開針空以寫之，虛者左手開針空以補之也。」硃筆改注中第二個「開」爲「閉」。

鍼解篇第五十四

「虛實之要，九鍼最妙者，爲其各有所宜也。」硃筆眉批：「九鍼。」
「所謂三里者，下膝三寸也。所謂跗之者，舉膝分易見也。」硃筆眉批：「經文本謂取三里之法。『跗之』，蓋字法耳。」
「人肝目應之九。」硃筆旁批：「此句自難解。」
「九竅三百六十五」至「四方各作解。」注：「此一百二十四字，蠹簡爛文，義理淺缺，莫可尋究，而上古書故且載之，以佇後之具本也。」硃筆改注中「淺」爲「殘」。

長刺節論篇第五十五

「刺大者多血，小者深之，必端内鍼爲故正。」硃筆眉批：「『故正』兩字不解。」
「病在少腹有積，刺皮䯝以下，至少腹而止，刺俠脊兩傍四椎間，刺兩髂髎季脇肋間，導腹中氣熱下已。」注：「少腹積，謂寒熱之氣結積也。皮䯝，謂齊下同身寸之五寸横約文。」「髂謂腰骨。髎一爲髁字，形相近之誤也。髎謂居髎，腰側穴也。季脅肋間，當是刺季肋之間京門穴也。新校正云：按釋音皮䯝作皮䯏，是䯏誤作䯝也。」硃筆眉批：「髂。䯝。䯏。」墨筆眉批：「䯏，盾是昏之少訛耳。」
「病在少腹，腹痛不得大小便，病名曰疝。得之寒，刺少腹兩股間，刺腰髁骨間，刺而多之，盡炅病已。」注：「厥陰之脈，環陰器，抵少腹。衝脈與少陰之絡，皆起於腎下，出於氣街，循陰股；其後行者，自少腹以下骨中央，女子入繫廷孔，其絡循陰器合篡間，繞篡後，別繞臀至少陰，與巨陽中絡者，合少陰上股内後廉，貫脊屬腎，其男子循莖下至篡，與女子等。」硃筆眉批：「篡。」

補註釋文黃帝内經素問卷之八

皮部論篇第五十六

「陽明之陽，名曰害蜚。」墨筆眉批：「害蜚。」

「少陽之陽，名曰樞持。」墨筆眉批：「樞持。」

「視其部中有浮絡者，皆少陽之絡也。絡盛則入客於經。故在陽者主内，在陰者主出，以滲於内，諸經皆然。」硃筆眉批：「此篇少陽之『陽主内，陰主出』與少陰之『出者從陰内注于骨』皆不解何也？」

「太陽之陽，名曰關樞。」墨筆眉批：「關樞。」

「少陰之陰，名曰樞儒。」墨筆眉批：「樞儒。」

「心主之陰，名曰害肩。」墨筆眉批：「害肩。」

「太陰之陰，名曰關蟄。」墨筆眉批：「關蟄。」

「其留於筋骨之間，寒多則筋攣骨痛，熱多則筋弛骨消，肉爍䐃破，毛直而敗。」硃筆眉批：「䐃。」

「故皮者有分部，不與而生大病也。」硃筆眉批：「傅子曰：『不與』猶言『不與治』也，當作平聲讀，謂已有病端而不理也。」

氣穴論篇第五十八

「岐伯曰：此所謂聖人易語，良馬易御也。」硃筆眉批：「以聖人對良馬。」

「藏俞五十穴。」注：「肝之井也，大敦也；滎，行間也；俞，太衝也；經，中封也；合，曲泉也。」硃筆眉批：「肝。」

注：「心包之井者中衝也；滎，勞宫也；俞，太陵也；經，閑使也；合，曲澤也。」硃筆眉批：「心包。」

注：「脾之井者隱白也；滎，大都也；俞，太白也；經，商丘也；合，陰陵泉也。隱白，在足大指之端内側，去爪甲角如韭葉。」硃筆眉批：「脾。隱白。」

注：「肺之井者少商也；滎，魚際也；俞，太淵也；經，經渠也；合，尺澤也。」硃筆眉批：「肺。」

注：「太淵，在掌後陷者中，手太陰脈之所注也，刺可入同身寸之二分，留二呼，若灸者可灸三壯。經渠，在寸口陷者中，手太陰脈之所行也，刺可入同身寸之三分，留三呼，不可灸，傷人神明。」墨筆眉批：「掌後陷者中。」硃筆眉批：「經渠不可灸。」

注：「腎之井者涌泉也；滎，然谷也；俞，大谿也；經，復溜也；合，陰谷也。」硃筆眉批：「腎。」

注：「然谷，在足内踝前起大骨下陷者中，足少陰脈之所流也，刺可入同身寸之三分，留三呼，若灸者可灸三壯，刺此多見血，令人立饑欲食。」硃筆眉批：「然谷血多立饑。」

「府俞七十二穴。」注：「府，謂六府，非兼九形府也。俞，亦謂井滎俞原經合，非背俞也。肝之府膽，二之井者竅陰也。」硃筆改注中「二」爲「膽」。硃筆眉批：「肝府膽。一。」

注：「脾之府胃，胃之井者厲兑也。」硃筆眉批：「脾腑胃。二。」

注：「肺之府大腸，大腸之井者商陽也。」硃筆眉批：「肺府大腸。三。」

注：「心之府小腸，小腸之井者少澤也。」硃筆眉批：「心府小腸。四。」

注：「心包之府三焦，三焦之井者關衝也。」硃筆眉批：「心包府三焦。五。」

注：「腎之府膀胱，膀胱之井者至陰也。」硃筆眉批：「腎府膀胱。六。」

「目瞳子浮白二穴。」注：「瞳子髎，在目外去眥同身寸之五分，手太陽手足少陽三脈之會。」「手太陽」旁墨筆書「小腸」二字。「手足少陽」旁墨筆書「三焦。膽。」三字。

「兩髀厭分中二穴。」注：「謂環銚穴也。在髀樞後，足少陽太陽二脈之會。」「足少陽、太陽」旁墨筆書「膽、膀」二字。墨筆眉批：「環銚。厭。」

「項中央一穴。」注：「風府穴也。」「灸之不幸使人瘖。」硃筆眉批：「灸風府不幸瘖。」

「上關二穴。」注：「針經所謂刺之則㰦不能欠者也」，「刺深令人耳無所聞。」硃筆眉批：「㰦不能欠。耳無所聞。」

「下關二穴。」注：「針經所謂刺之則欠不能㰦者也。」硃筆眉批：「欠不能㰦。」

「瘖門一穴。」硃筆眉批：「瘖。」

「臍一穴。」注：「齊中也，禁不可刺，刺之使入齊中惡瘍，潰矢出者死不可治，若灸者可灸三壯。」硃筆眉批：「近見村鄙人腹痛不可忍者，逕深針臍中亦立止，不知何故？」

「大禁二十五，在天府下五寸。」注：「謂五里穴也。所以謂之大禁者，謂其禁不可刺也。」硃筆眉批：「五里不可刺。」

氣府論篇第五十九

「耳前角上各一。」注：「謂頷厭二穴也。」「刺深令人耳無所聞。」硃筆眉批：「頷厭深刺耳無聞。」

「下關各下。」硃筆改末「下」爲「一」。

「膝以下至足小指次指各六俞。」注：「謂陽陵泉、陽輔、丘虚、俠谿、竅陰六穴也。」硃筆眉批：「頭上亦有臨泣。」

「足陽明脈氣所發者六十八穴：額顱髮際傍各三。」注：「謂懸顱、陽白、頭維左右共六穴也。」「頭維在額角髮際俠本神兩傍各同身寸之一寸五分，足少陽、陽明二脈之交會，刺可入同身寸之五分，禁不可灸。」硃筆眉批：「頭維禁灸。」

「人迎各一。」注：「人迎穴名也。」「禁不可灸。」硃筆眉批：「人迎禁灸。」

「膺中骨間各一。」注：「謂膺窗等六穴也。」「乳中禁不可灸刺，灸刺之不幸生蝕瘡。」硃筆眉批：「乳中穴禁灸刺。」

「氣街動脈各一。」注：「氣街穴名也，在歸來下鼠鼷上。」墨筆眉批：「鼠鼷。」

「伏菟上各一。」墨筆眉批：「伏菟。」

「肘以下至手大指次指本各六俞。」注：「謂三里、陽谿、合谷、三間、二間、商陽六穴也。」硃筆眉批：「肘上亦有三里。」

「眉後各一。」注：「謂絲竹空二穴也。」「不可灸，灸之不幸使人目小及盲。」硃筆眉批：「絲竹空禁灸。」

「肩貞各一。」硃筆眉批：「肩貞。」

「肩貞下三寸分間各一。」注：「謂肩髃、臑會、消濼各二穴也。共穴各在肉分間也。肩髃在肩端臑上，斜舉臂取之。」硃筆眉批：「肩髃。臑會。消濼。髃。」

「髮際後中八。」注：「謂神庭、上星、顖會、前頂、百會、後頂、强間、腦戶八穴也。」「神庭在髮際直鼻。」「禁不可刺，若刺之令人巔疾目失睛，若灸者可灸三壯。」硃筆眉批：「神庭禁刺之。刺之巔疾失睛。」

注：「百會在前頂後同身寸之一寸五分，頂中央旋毛中。」硃筆眉批：「今旋毛未必在中行。」

注：「新校正云：按甲乙經，腦戶不可灸。」硃筆眉批：「腦戶禁灸。」

「大椎以下至尻尾及傍十五穴。」注：「脊椎之間有大椎、陶道、身柱、神道、靈台、至陽、筋縮、中樞、脊中、懸樞、命門、陽關、腰俞、長强、會陽十五俞也。」「脊中在第十一椎節下間，俛而取之，禁不可灸，令人僂。」硃筆眉批：「脊中禁灸。」

注：「新校正云：按甲乙經，無靈台、中樞、陽關三陽。」硃筆改注中末「陽」字爲「穴」。

「腹脈法也。」注：「鳩尾，心前穴名也。」「鳩尾在臆前，蔽骨下同身寸之五分，任脈之別，不可灸刺。」硃筆眉批：「鳩尾不可灸刺。」注：「凡此十四者，並任脈氣所發。」硃筆眉批：「此處不見氣海。」

骨空論篇第六十

「失枕在肩上橫骨間。」硃筆眉批：「失枕。」

「折使榆臂齊肘正，灸脊中。」注：「榆讀爲摇，摇謂摇動也。」「欲而驗之，則使摇動其臂，屈折其肘。」硃筆眉批：「榆讀爲摇。『欲而驗之』是何文法？」

「腰痛不可以轉摇，急引陰卵，刺八髎與痛上，八髎在腰尻分間。」硃筆眉批：「八髎。」

「衝脈者，起於氣街，並少陰之經。」硃筆眉批：「衝。」

「俠臍上行，至胸中而散。」注：「任脈、衝脈，皆奇經也。任脈當齊中而上行，衝脈俠齊兩傍而上行。然中極者，謂齊下同身寸之四寸也。」硃筆眉批：「只是所謂『齊下』，不知是從齊中取，齊外取。」

「任脈爲病，男子内結七疝，女子帶下瘕聚。」墨筆眉批：「任。」

「督脈者，起於少腹以下骨中央，女子入繫廷孔。」墨筆眉批：「督。」

「其孔，溺孔之端也。」硃筆眉批：「此孔亦不的指何處？」

「其絡循陰器合篡間，繞篡後，別繞臀。」硃筆眉批：「篡不解。」

「其少腹直上者，貫齊中央，上貫心入喉，上頤環脣，上繫兩目之下中央。」注：「自與太陽起於目内眥下至女子等，並督脈之別絡也。其直行者，自尻上循脊裏而至於鼻人也。」硃筆眉批：「鼻人。」

「此生病，從少腹上衝心而痛，不得前後，爲衝疝。」硃筆眉批：「任病。」

「督脈生病治督脈，治在骨上，甚者在臍下營。」注：「此亦正任脈之分也，衝、任、督三脈異名同體亦明矣。」硃筆眉批：「治督脈在任脈分。」

「立而暑解，治其骸關。」墨筆眉批：「暑。」

前文注：「暑，熱也。若膝痛，立而膝骨解中熱者，治其骸關。骸關，謂膝解也。」墨筆眉批：「膝解。」
「淫濼脛痠，不能久立，治少陽之維。」硃筆眉批：「淫濼有微義，可因文會之。」
「舉臂肩上陷者灸之。」注：「肩髃穴也。有肩端兩骨間，手陽明蹻脈之會。」硃筆改注中「有」爲「在」。

水熱穴論篇第六十一

「腎者胃之關也，關門不利，故聚水而從其類也。」硃筆眉批：「腎者胃之關也。」
「尻上五行行五者，此腎俞。」「五行行五」硃筆旁批：「廿五。」
「凡五十七穴者，皆藏之陰絡，水之所客也。」注：「經所謂五十七者，然尻上五行行五，則背脊當中行督脈氣所發者，脊中、懸樞、命門、腰俞、長強當其處也。次俠督脈兩傍足太陽脈氣所發者，有大腸俞、小腸俞、膀胱俞、中昭内俞、白環俞當其處也。」硃筆眉批：「昭。」
注：「踝上各一行行六者，足内踝之上有足少陰陰蹻脈並循腨上行，足少陰脈有太沖、複溜、陰穀三穴，陰蹻脈有照海、交信、築賓三穴，陰蹻既足少陰脈之别，亦可通而主之。兼此數之，猶少一穴。」硃筆眉批：「足五十七穴了。」
注：「新校正云：詳王氏云，少一穴。按氣府論注，十二椎節下有陽關一穴，若通數陽關，則不少矣。」硃筆眉批：「若通數陽關，則爲五十八穴，多於經穴又一穴。」
注：「大巨在外陵下同身寸之二寸，水道在大巨下同身寸之三寸，歸來在水道下同身寸之三寸，氣街在歸來下。」硃筆眉批：「氣街諸注不同。」
「大杼、膺俞、缺盆、背俞，此八者，以寫胸中之熱也。」注：「大杼在項第一椎下兩傍。」「背

俞卽風門熱府俞也，在第二椎下兩傍。」「今中諳孔穴圖經雖不名之，既曰風門熱府，卽治熱之背俞也。」硃筆眉批：「背俞卽風門熱府俞。」

補註釋文黃帝内經素問卷之九

調經論篇第六十二

「帝曰：人有精氣津液，四支九竅，五藏十六部。」墨筆眉批：「精氣津液。」

「帝曰：刺微奈何？歧伯曰：按摩勿釋，出鍼視之，曰我將深之，適人必革，精氣自伏，邪氣散亂，無所休息，氣泄腠理，眞氣乃相得。」硃筆眉批：「好文章。」

「帝曰：補寫奈何？歧伯曰：志有餘則寫然筋血者。」「筋」旁硃筆書「骨之前」三字。

「歧伯曰：血氣者，喜温而惡寒，寒則泣不能流，温則消而去之。」「寒」旁硃筆補一「寒」字。

「虛者聶辟氣不足，按之則氣足以温之，故快然而不痛。」注：「聶，謂聶皺。辟，謂辟疊也。」墨筆眉批：「聶辟。『皺』字恐『縐』訛。」

「帝曰：陰虛生内熱奈何？」墨筆眉批：「陰虛生内熱。」

「帝曰：陽盛生外熱奈何？」墨筆眉批：「陽盛生外寒。」

「帝曰：陰盛生内寒奈何？」墨筆眉批：「陰盛生内寒。」

「病在肉，調之分肉。」硃筆眉批：「分肉。」

「燔鍼劫刺其下及與急者。」「燔鍼」旁硃筆書「病在筋」三字。硃筆眉批：「燔鍼。」

繆刺論篇第六十三

「岐伯曰：邪客於經，左盛則右病，右盛則左病，亦有移易者。」硃筆眉批：「經。」

「故絡病者，其痛與經脈繆處，故命曰繆刺。」硃筆眉批：「絡。」

「岐伯曰：邪客於足少陰之絡，令人卒心痛。」「足少陰」旁墨筆書一「腎」字。

「無積者，刺然骨之前出血，如食頃而已。」注：「然骨之前，然谷穴也。」「在刺此多見血，令人立饑欲食。」硃筆眉批：「然谷血出立饑。」

「刺手中指次指爪甲上，去端如韭葉，各一痏。」注：「謂關衝穴，少陽之井也。」硃筆眉批：「關衝。」

注：「新校正云：按甲乙經，關衝穴出手小指次指之端，今言中指者，誤也。」硃筆眉批：「小指之次指是無名指，向內數也；若中指之次指向外數，亦無名也。」

「邪客於足厥陰之絡，令人卒疝暴痛。」「足厥陰」旁墨筆書一「肝」字。

「刺足大指爪甲上，與肉交者各一痏。」注：「謂大敦穴，足大指之端。」硃筆眉批：「大敦。」

「邪客於足太陽之絡，令人頭項肩痛。」注：「以其經之正者，從腦出別下項。」硃筆改注中「正」爲「支」。

「刺足小指爪甲上，與肉交者各一痏，立已。」注：「謂至陰穴，太陽之井也。」硃筆眉批：「至陰。」

「不已，刺外踝下三痏，左取右，右取左，如食頃已。」注：「謂金門穴，足太陽郄也。」硃筆眉批：「金門。」

「邪客於手陽明之絡，令人氣滿胸中。」「手陽明」旁墨筆書「大腸」二字。「刺手大指次指爪甲上，去端如韭葉各一痏，左取右，右取左，如食頃已。」注：「謂商陽穴，手陽明之井也。」硃筆眉批：「商陽。」

「邪客於臂掌之間，不可得屈，刺其踝後。」硃筆眉批：「踝後。手亦有踝。」

「邪客於足陽蹻之脈，令人目痛從内眥治。」硃筆改文中「治」爲「始」。

「刺外踝之下半寸所，各二痏。」硃筆眉批：「外踝。」

「刺足跗上動脈。」注：「謂衝陽穴，胃之原也。」硃筆眉批：「衝陽。」

「不已，刺三毛上各一痏，見血立已，左刺右，右刺左。」注：「謂大敦穴，厥陰之井也。」硃筆眉批：「大敦。」

「刺手大指次指爪甲上，去端如韭葉各一痏，立聞。」注：「亦同前商陽穴。」硃筆眉批：「商陽。」

「不已，刺中指爪甲上與肉交者，立聞。」注：「謂中衝穴，手心主之井也。」硃筆眉批：「中衝。」

「邪客於足陽明之經，令人鼽衄，上齒寒。」「足陽明」旁墨筆書一「胃」字。

「刺足中指、次指、爪甲上，與肉交者各一痏。」「中」旁硃筆書一「大」字。

「左刺右，右刺左。」注：「中當爲大，亦傳寫中大之誤也。據靈樞經、孔穴圖經，中指、次指、爪甲上無穴，當言刺大指、次指、爪甲上，乃厲兑穴，陽明之井，不當更有次指二字也。」硃筆眉批：「厲兑。」

注：「新校正云：按甲乙經云：刺足中指爪甲上，無次指二字。蓋以大指次指爲中指，義與王注同。」硃筆眉批：「以大指次指爲中指。」

「邪客於足少陽之絡，令人脇痛不得息，欬而汗出。」注：「以其脈支別者從目鋭眥下大迎，合手少陽於頔，下加頰車。」墨筆眉批：「頔。」

「邪客於足少陰之絡，令人嗌痛不可内食，無故善怒，氣上走賁上。」「足少陰」旁墨筆書一「腎」字。

前文注：「新校正云：詳王注以賁上爲氣奔者非，按難經胃爲賁門。楊玄操云：賁，鬲也。是氣上走鬲上也。」硃筆眉批：「賁門。」

「邪客於足太陰之絡，令人腰痛。」「足太陰」旁墨筆書一「脾」字。

「刺腰尻之解，兩胂之上，是腰俞。」硃筆眉批：「胂。」

「刺樞中以毫鍼，寒則久留鍼。以月死生爲數，立已。」注：「髀樞之後，則環銚穴也，正在髀樞後，故言刺髀樞後也。」硃筆眉批：「髀樞。環銚。」

「耳聾，刺手陽明，不已，刺其通脈出耳前者。」注：「手陽明，謂前手大指次指去端如韭葉者也，是謂商陽。據中誥孔穴圖經，手陽明脈中商陽、合谷、陽谿、偏歷四穴，並主耳聾。今經所指，謂前商陽，不謂此合谷等穴也。耳前通脈，手陽明脈。正當聽會之分。」硃筆眉批：「商陽。合谷。陽谿。偏歷。聽會。」

「齒齲，刺手陽明，不已，刺其脈入齒中，立已。」注：「據甲乙、流注圖經，手陽明脈中商陽、二間、三間、合谷、陽谿、偏歷、溫留七穴，並主齒痛。」硃筆眉批：「商陽。二間。三間。合谷。陽谿。偏歷。溫留。」

「足陽明中指爪甲上一痏，手大指次指爪甲上各一痏，立已，左取右，右取左。」「中」旁硃筆書一「大」字。硃筆眉批：「中指。」

前文注：「謂第二指厲兑穴也。手大指次指，謂商陽穴，手陽明井也。」硃筆眉批：「厲兑。商陽。」

「邪客於手足少陰太陰足陽明之絡，此五絡皆會於耳中，上絡左角。」墨筆眉批：「五絡。」

「五絡俱竭，令人身脈皆動，而形無知也，其狀若尸，或曰尸厥。」墨筆眉批：「尸厥。」硃筆眉批：「號太子之病卽此。」

「刺其足大指内側爪甲上，去端如韭葉。」注：「謂隱白穴，足太陰之井也。」硃筆眉批：「隱白。」「足太陰」旁硃筆書一「脾」字。

「後刺足心。」注：「謂涌泉穴，足少陰之井也。」硃筆眉批：「涌泉。」

「後刺足中指爪甲上，各一痏。」注：「謂第二指足陽明之井也，刺同前取厲兑穴法。」硃筆眉批：「足陽明井厲兑。」

「後刺手大指内側，去端如韭葉。」注：「謂少商穴，手太陰之井也。」硃筆眉批：「少商。」

「少陰鋭骨之端各一痏，立已。」注：「謂神門穴，在掌後鋭骨之端陷者中，手少陰之俞也。」硃筆眉批：「神門。」

「鬄其左角之髮方一寸燔治，飲以美酒一杯，不能飲者灌之，立已。」注：「左角之髮，是五絡血之餘，故鬄之，燔治，飲之以美酒也。酒者所以行藥勢，又炎上而内走於心，心主脈，故以美酒服之。」硃筆眉批：「前調經論『燔鍼刼刺』，此『燔』字注謂飲之美酒，恐有剩義。」

四時刺逆從論篇第六十四

「夏刺經脈，血氣乃竭，令人解㑊。」硃筆眉批：「解㑊。」

「刺傷人五藏必死，其動，則依其藏之所變，候知其死也。」注：「變，謂氣動變也。中心不至此，并爲逆從重文也。」硃筆圈掉注中「不」字。

標本病傳論篇第六十五

「謹察間甚，以意調之。」硃筆眉批：「間甚。」

「冬夜半，夏日中。」注：「謂正子午之時也。或言冬夏有異，非也。晝夜之半，事甚昭然。新校正云：按靈樞經：大氣入藏，病先發於心。」「甲乙經及並素問、靈樞二經之文，而病與藏兼舉之。」硃筆改注中「及」爲「乃」。

「胃病脹滿，五日少腹腰脊痛䯒痠。三日背䏶筋痛，小便閉，五日身體重。」注：「膀胱水府傳於脾也。新校正云：按靈樞經及甲乙經各云五日上之心。是膀胱傳心，爲相勝而身體重。今王氏言傳脾者誤也。」墨筆眉批：「王氏傳脾，未必爲誤。但傳字先分數耳。另病脹滿既傳腎，邪大作，水閉不行，汎濫横溢，不畏土，而土中皆水氣矣。故身重也，必於膀胱傳心。而身體重者，又當加一轉語云：膀胱勝心，心火不生脾土矣，故身重也。」

補註釋文黄帝内經素問卷之十

卷前有硃、墨兩色作圖如左：

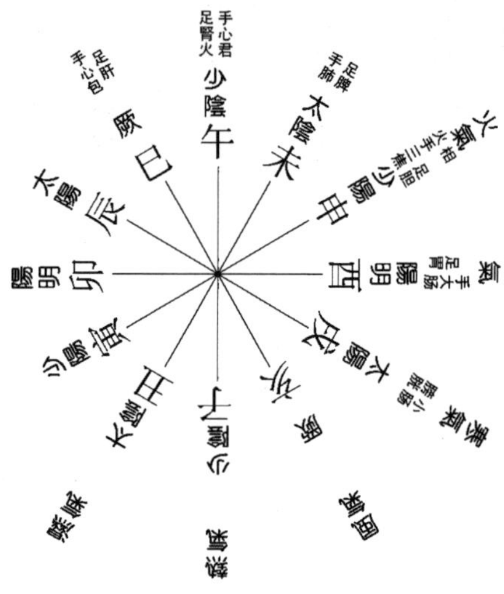

厥陰　風氣
少陰　熱氣
太陰　濕氣
少陽　相火
陽明　燥氣
太陽　寒氣

天元紀大論篇第六十六

「應天爲天符，承歲爲歲直，三合爲治。」硃筆眉批：「天府。歲直。天合。」

「君火以明，相火以位。」注：「君火在相火之右，但立名於君位，不立歲氣，故天之六氣，不偶其氣以行。君火之政，守位而奉天之命，以宣行火令爾。以名奉天，故曰君火；以守名位稟命，故五相火以位。」硃筆改注中「五」爲「曰」。

「臣聞之，甲己之歲，土運統之；乙庚之歲，金運統之；丙辛之歲，水運統之；丁壬之歲，木運統之；戊癸之歲，火運統之。」硃筆眉批：「此『統』字可不是今所謂『逢龍之化』。」

五運行大論篇第六十七

「岐伯曰：是明道也，此天地之陰陽也。」墨筆眉批：「天地之陰陽。」

「夫數之可數者，人中之陰陽也。」墨筆眉批：「人中之陰陽。」

「臣覽太始天元冊文，丹天之氣經于牛女戊分，黅天之氣經于心尾己分。」「戊分」旁硃筆書「奎壁」二字。「己分」旁硃筆書「角軫」二字。

「所謂戊己分者，奎壁、角軫，則天地之門戶也。」硃筆眉批：「六戊天門。六己地戶。」

「左右者，諸上見厥陰，左少陰右太陽；見少陰，左太陰右厥陰；見太陰，左少陽右少陰；見少陽，左陽明右太陰；見陽明，左太陽右少陽；見太陽，左厥陰右陽明。所謂面北而命其位，言其見也。」「見厥陰、見少陰、見太陰、見少陽、見陽明、見太陽」旁硃筆書「巳亥、子午、丑未、寅申、卯酉、辰戌。」硃筆眉批：「『見』字不醒。」

「上下相遘，寒暑相臨，氣相得則和，不相得則病。」注：「木火相臨，金水相臨，水木相臨，火土相臨，土金相臨，爲相得也。木土相臨，土水相臨，水火相臨，火金相臨，金木相臨，爲不相得也。上臨下爲順，下臨上爲逆。」「木土相臨、土水相臨、水火相臨、火金相臨、金木相臨。」旁硃筆書「甲辰、戊子、壬午、丙申、庚寅。」

「岐伯曰：以下臨上，不當位也。」注：「六位相臨，假令土臨火，火臨木，木臨水，水臨金，金臨土，皆爲以下臨上，不當位也。」「土臨火、火臨木、木臨水、水臨金、金臨土」旁硃筆書「戊午之類、丙寅之類、甲子類、壬申類、庚辰戌類。」

「岐伯曰：上者右行，下者左行，左右周天，餘而復會也。」注：「上，天也。下，地也。周天，謂天周地五行之位也。」「餘氣不加於君火，卻退一步加臨相火之上，是以每五歲已，退一位而右遷，故曰左右周天，餘而復會。」硃筆眉批：「餘氣不加君火。」

「脈法曰：天地之變，無以脈診。此之謂也。」硃筆眉批：「天地之變，無以脈診。」

「尺寸反者死。」注：「子午卯酉四歲有之。」墨筆眉批：「尺寸反死。」「子午、卯酉」旁硃筆書「少陰、陽明。」

「陰陽交者死。」墨筆眉批：「陰陽交死。」

「岐伯曰：東方生風，風生木。」注：「陽升風鼓，草木敷榮，故曰風生木也。此和氣之生化也。若風氣施化，則飄揚敷折，其爲變極則木拔草除也。運乘丁卯、丁丑、丁亥、丁酉、丁未、丁巳之歲，則風化不足。若乘壬申、壬午、壬辰、壬寅、壬子、壬戌之歲，則風化有餘於萬物也。」硃筆眉批：「王注所云：運中丁與壬合者，丁不足，壬有餘。癸與戊合者，癸不足，戊有餘。己與甲合者，己不足，甲有餘。乙與庚合者，乙不足，庚有餘。辛與丙合者，辛不足，丙有餘。」

「其在天爲玄。」注：「玄，謂玄冥也。丑之終，東方白。寅之初，天色反黑，太虛皆闇，在天爲玄象可見。」硃筆眉批：「亦擬議得。」

「神在天爲風。」注：「鳴紊啟泝，風之化也。振拉摧拔，風之用也。歲屬厥陰在上，則風化於天；厥陰在下，則風行於地。」「厥陰在上」旁硃筆書「巳亥」二字。「厥陰在下」旁硃筆書「寅申」二字。

「在藏爲肝。」注：「肝有二布葉一小葉，如木甲折之象也。」「乘丁歲，則肝藏及經絡先受邪而爲病也。膽府同。」墨筆眉批：「肝二布葉一小葉，如木甲折象。」硃筆眉批：「肝乘丁歲病。」

「酸傷筋。」注：「新校正云：詳注云靈樞經云，乃是素問宣明五氣篇於文。」硃筆改注中

「於」爲「之」。

「在藏爲心。」注：「心形如未敷蓮花，中有九空，以导引天真之气，神之宇也。」「乘癸歲，則心與經絡受邪而爲病，小腸府亦然。」墨筆眉批：「心形如未敷蓮花，中有九空。」硃筆眉批：「乘癸歲病。」

「其在天爲濕。」注：「言神化也。柔潤重澤，濕之化也。埃郁雲雨，濕之用也。歲屬太陰在上則濕化於天，太陰在下則濕化於地。」「太陰在上」旁硃筆書「丑未」二字。「太陰在下」旁硃筆書「辰戌」二字。

「在藏爲脾。」注：「形象馬蹄，内包胃脘，象土形也。」「乘己歲，則脾及經絡受邪而爲病。」墨筆眉批：「脾形似馬蹄。」硃筆眉批：「脾乘己歲病。」

「其在天爲燥。」注：「神化也。霧露清勁，燥之化也。肅殺凋零，燥之用也。歲屬陽明在上則燥化于天，陽明在下則操行於地者也。」「陽明在上」旁硃筆書「卯酉」二字。「陽明在下」旁硃筆書「子午」二字。

「在藏爲肺。」注：「肺之形似人肩，二布葉，數小葉，中有二十四空。」「乘乙歲，則肺與經絡受邪而爲病也。太陽府亦然。」墨筆眉批：「肺形似人肩。」硃筆眉批：「肺乘乙歲病。」

「其在天爲寒。」注：「神化也。凝慘冰雪，寒之化也。凜冽霜雹，寒之用也。歲屬太陽在上則寒化於天，太陽在下則寒行於地。」「太陽在上」旁硃筆書「辰戌」二字。「太陽在下」旁硃筆書「丑未」二字。

「在藏爲腎。」注：「腎藏有二，形如豇豆相并，而曲附于膂筋。」「乘辛歲，則腎藏及經絡受邪而爲病。膀胱府同。」墨筆眉批：「腎形似豇豆。」硃筆眉批：「腎乘辛歲病。」

「其不及，則己所不勝侮而乘之，己所勝輕而侮之。」注：「木餘則制土，輕忽於金。」「侮者，侮謂而凌忽之。」硃筆將注中「侮謂」改爲「謂侮」。

六微旨大論篇第六十八

「顯明之右，君火之位也；君火之右，退行一步，相火治之。」注：「日出謂之顯明，則卯地氣分春也。」「居熱之分，不行炎暑，君之德也。」墨筆眉批：「居熱之分，不行炎暑，君之德也。」

「相火之下，水氣承之。」硃筆眉批：「六承之氣。」

「土位之下，風氣承之。」注：「新校正云：按六元正紀大論云：太陰所至爲濕生，終爲注雨。則上位之下，風氣承之而爲雨也。」硃筆改注文中「上」爲「土」。

「岐伯曰：亢則害，承迺制，制則生化，外列盛衰，害則敗亂，生化大病。」硃筆眉批：「今人多講此六承之義，而說不成。」

「岐伯曰：木運臨卯，火運臨午，土運臨四季，金運臨酉，水運臨子，所謂歲會，氣之平也。」

硃筆眉批：「運字始終不明白。」

「帝曰：土運之歲，上見太陰。火運之歲，上見少陽、少陰。金運之歲，上見陽明。木運之歲，上見厥陰。水運之歲，上見太陽，奈何？岐伯曰：天之與會也。」注：「新校正云：詳土運之歲，上見太陰，己丑、己未也。火運之歲，上見少陽，戊寅、戊申也。上見少陰，戊子、戊午也。金運之歲，上見陽明，乙卯、乙酉也。木運之歲，上見厥陰，丁巳、丁亥也。水運之歲，上見太陽，丙辰、丙戌。內己丑、己未、戊午、乙酉，又爲太一天符。」「臨者太過不及，皆曰天符。」硃筆眉批：「五運主己戊乙丁丙不解。」墨筆眉批：「己丑、己未、戊午、乙酉太乙天符。」硃筆眉批：

「太過、不及皆天符。」

「岐伯曰：天符爲執法，歲位爲行令，太一天符爲貴人。」墨筆眉批：「歲位卽歲直。」

「甲子之歲，初之氣，天數始於水下一刻。」注：「新校正云：按戊辰、壬申、丙子、庚辰、甲申、戊子、壬辰、丙申、庚子、甲辰、戊申、壬子、丙辰、庚申歲同此。所謂辰申子歲氣會同，陰陽法以是爲三合。」硃筆眉批：「無甲子。」

「乙丑歲，初之氣，天數始於二十六刻。」注：「新校正云：按己巳、癸酉、丁丑、辛巳、乙酉、己丑、癸巳、丁酉、辛丑、乙巳、己酉、癸丑、丁巳、辛酉歲同，所謂巳酉丑歲氣會同也。」硃筆眉批：「無乙丑。」

「終於水下百刻。」注：「丑後之四刻。」「丑」旁硃筆書一「午」字。〔一〕

「丙寅歲，初之氣，天數始於五十一刻。」注：「新校正云：按庚午、甲戌、戊寅、壬午、丙戌、庚寅、甲午、戊戌、壬寅、丙午、庚戌、甲寅、戊午、壬戌歲同此。所謂寅午戌歲氣會同。」硃筆眉批：「無丙寅。」

「丁卯歲，初之氣，天數始於七十六刻。」注：「新校正云：按辛未、乙亥、己卯、癸未、丁亥、辛卯、乙未、己亥、癸巳、丁未、辛亥、乙卯、己未、癸亥歲同。此所謂卯未亥歲氣會同。」硃筆眉批：「無丁卯。」硃筆改注中「癸巳」爲「癸卯」。

「故氣有往復，用有遲速，四者之有，而化而變，風之來也。」注：「天地易位，寒暑移方，水

〔一〕案：「丑」字本不誤，然傅山所據刻本「丑」字略似「五」字，傅山據音近易訛之理推測「五」當作「午」，故有硃筆提示。

火易處，當動用時，氣之遲速往復，故不常在。雖不可究識意端，然微甚之用，而爲化爲變，風所由來也。人氣不勝，因而感之，故病生焉，風匪求勝於人也。」硃筆眉批：「『風匪求勝於人』，妙語。」

「帝曰：有期乎？岐伯曰：不生不化，靜之期也。」注：「人之其可見者，二也。」「然後舍小生化，歸於大化，以死後猶化變未已，故可見者二也。」硃筆眉批：「死後變化未已。奇。」

「帝曰：不生化乎？岐伯曰：出入廢則神機化滅，升降息則氣立孤危。」注：「出入，謂喘息也。升降，謂化氣也。夫毛羽倮鱗介，及飛走蚑行，皆生氣根於身中，以神爲動靜之主，故曰神機也。然金玉土石，鎔埏草木，皆生氣根於外，假氣以成立主特，故曰氣立也。」硃筆眉批：「如此分貼未穩，金玉草木亦有氣在中。」

「是以升降出入，無器不有。」注：「包藏生器者，皆謂生化之器，觸物然矣。夫竅横者，皆有出入去來之氣，竅豎者皆有陰陽升降之氣，往復於中。何以明之？則壁窗戶牖兩面伺之，皆承來氣衝擊於人，是則出入氣也。夫陽升則井寒，陰升則水暖，以物投井，及葉墜空中，翩翩不疾，皆升氣所礙也。虛管溉滿，捻上懸之，水固不泄，爲無升氣而不能降也；空瓶小口，頓溉不入，爲氣不出而不能入也。」硃筆眉批：「如此則出入升降，又自支其解矣。」

「由是觀之，升無所不降，降無所不升，無出則不入，無入則不出。夫羣品之中，皆出入升降不失常守，而云非化者，未之有也。有識無失，有情無情，去出入，已升降，而云存者，未之有也。故曰升降出入，無器不有。」硃筆改注中「失」爲「識」。

「四者之有，而貴常守。」注：「四者，謂出入升降也。有出入升降，則爲常守。」

「若非胎息道成，居常而生，則未之有屏出入息，泯升降氣而能存其生化者，故貴當守。」硃筆眉批：「是。」

氣交變大論篇第六十九

「岐伯曰：歲木太過，風氣流行，脾土受邪。民病飧泄食減，體重煩冤，腸鳴腹支滿，上應歲星。」硃筆眉批：「木過。」

「歲火太過，炎暑流行，金肺受邪。民病瘧，少氣欬喘，血溢血泄注下，嗌燥耳聾，中熱肩背熱，上應熒惑星。」硃筆眉批：「火過。」

「歲土太過，雨濕流行，腎水受邪。民病腹痛，清厥意不樂，體重煩冤，上應鎮星。甚則肌肉萎，足痿不收，行善瘈，脚下痛，飲發中滿食減，四支不舉。」硃筆眉批：「土過。」

「歲金太過，燥氣流行，肝木受邪。民病兩脇下少腹痛，目赤痛眥瘍，耳無所聞。」硃筆眉批：「金過。」

「歲水太過，寒氣流行，邪害心火。民病身熱煩心躁悸，陰厥上下中寒，譫妄心痛，寒氣早至，上應辰星。」硃筆眉批：「水過。」

「歲木不及，燥迺大行，生氣失應，草木晚榮，肅殺而甚，則剛木辟著，柔萎蒼乾，上應太白星。」硃筆眉批：「木不及。」

「歲火不及，寒迺大行，長政不用，物榮而下，凝慘而甚，則陽氣不化，迺折榮美，上應辰星。」硃筆眉批：「火不及。」

「歲土不及，風迺大行，化氣不令，草木茂榮，飄揚而甚，秀而不實，上應歲星。」硃筆眉批：「土不及。」

「復則收政嚴峻，名木蒼凋，胸脇暴痛，下引少腹，善大息，蟲食甘黃，氣客於脾，黅穀迺減，民食少失味，蒼穀迺損。」注：「金氣復木，故名木蒼凋。金入於土，母懷子也。故甘物黃物，蟲食其中。金入土中，故氣客於脾。金氣大來，與土仇復，故黅減實，穀不成也。」硃筆眉批：「金來復土而不無傷土，故黅不實。」

「歲金不及，炎火迺行，生氣迺用，長氣專勝，庶物以茂，燥爍以行，上應熒惑星。」硃筆眉批：「金不及。」

「復則寒雨暴至，迺零冰雹霜雪殺物，陰厥且格，陽反上行，頭腦戶痛，延及腦頂發熱，上應辰星。」注：「新校正云：詳不及之運，克我者行勝，我者之子來復，當來復之後，勝星減曜，復星明大。」次「我」字之下硃筆補入「所生」二字。

「歲水不及，濕迺大行，長氣反用，其化迺速，暑雨數至，上應鎮星。」硃筆眉批：「水不及。」

「帝曰：善。願聞其時也。岐伯曰：悉乎哉問也！木不及，春有鳴條律暢之化，則秋有霧露清涼之政，春有慘悽殘賊之勝，則夏有炎暑燔爍之復，其眚東。」「秋」、「慘悽」、「炎」旁硃筆書「金」、「金」、「火」三字。

「火不及，夏有炳明光顯之化，則冬有嚴肅霜寒之政，夏有慘淒凝冽之勝，則不時有埃昏大雨之復，其眚南。」「冬」、「慘悽」、「埃昏」旁硃筆書「水」、「水」、「土」三字。

「土不及，四維有埃雲潤澤之化，則春有鳴條鼓拆之政，四維發振拉飄騰之變，則秋有肅殺霖霪之復，其眚四維。」「鳴條」、「飄騰」、「肅殺」旁硃筆書「木」、「木」、「金」三字。

「金不及，夏有光顯鬱蒸之令，則冬有嚴凝整肅之應，夏有炎爍燔燎之變，則秋有冰雹霜雪之復，其眚西。」「顯鬱」、「嚴凝」、「夏有炎爍」、「則秋有冰」旁硃筆書「火」、「水」、「勝火」、「復水」等字。

「水不及，四維有湍潤埃雲之化，則不時有和風生發之應，四維發埃昏驟注之變，則不時有飄蕩振拉之復，其眚北。」「湍潤」、「和風」、「埃昏驟注」、「飄蕩振拉」旁硃筆書「土」、「土」、「土」、「木」等字。

「是謂議災與其德也，應近則小，應遠則大。」注：「大小謂喜慶及罰罪事。」硃筆眉批：「大小謂喜慶罰罪事，其然。」

「大常之二，其眚卽也。」注：「甚，謂政令大行也。發，謂起也，卽至也，金火有之。」「發謂」旁硃筆批：「文無『發』字。」

「小常之二，是謂臨視，省下之過與其德也。」「臨視」旁硃筆批：「微行也。」

「肖者瞿瞿，莫知其妙，閔閔之當，孰者爲良。」硃筆眉批：「此四句著此間與彼文義不同，當謂畏天之威與否，而知覺明昏異。」

「各從其動而復之耳。」注：「動必有復，察動以言復也。」硃筆眉批：「『動必有復』，注中妙語。」

五常政大論篇第七十

「敷和之紀，木德周行，陽舒陰布，五化宣平。」墨筆眉批：「木平。」

「升明之紀，正陽而治，德施周普，五化均衡。」墨筆眉批：「火平。」

「備化之紀，氣協天休，德流四政，五化齊脩。」墨筆眉批：「土平。」

「審平之紀，收而不爭，殺而無犯，五化宣明。」墨筆眉批：「金平。」

「靜順之紀，藏而勿害，治而善下，五化咸整。」墨筆眉批：「水平。」

「委和之紀，是謂勝生，生氣不政，化氣迺揚，長氣自平，收令迺早。」硃筆眉批：「六丁。」墨筆眉批：「木不及。」

「伏明之紀，是謂勝長，長氣不宣，藏氣反布，收氣自政，化令迺衡。」硃筆眉批：「六癸。」墨筆眉批：「火不及。」

「卑監之紀，是謂減化，化氣不令，生政獨彰，長氣整，雨迺愆，收氣平。」硃筆眉批：「六己。」墨筆眉批：「土不及。」

「從革之紀，是謂折收，收氣迺後，生氣迺揚。」硃筆眉批：「六乙。」墨筆眉批：「金不及。」

「涸流之紀，是謂反陽，藏令不舉，化氣迺昌，長氣宣布，蟄蟲不藏。」硃筆眉批：「六辛。」墨筆眉批：「水不及。」

「其果棗杏，其實濡肉，其穀黍稷。」「黍」旁硃筆書一「麥」字。

「發生之紀，是謂啓展，土疏泄，蒼氣達。」硃筆眉批：「六壬。」墨筆眉批：「木過。」

「大角與上商同。」注：「太過之木氣，與金化齊等。」硃筆眉批：「木極而金。」

「赫曦之紀，是謂蕃茂，陰氣內化，陽氣外榮。」硃筆眉批：「六戊。」墨筆眉批：「火過。」

「敦阜之紀，是謂廣化，厚德清靜，順長以盈。」硃筆眉批：「六甲。」墨筆眉批：「土過。」

「堅成之紀，是謂收引，天氣潔，地氣明，陽氣隨，陰治化。」硃筆眉批：「六庚。」墨筆眉批：「金過。」

「流衍之紀，是謂封藏，寒司物化，天地嚴凝，藏政以布，長令不揚。」硃筆眉批：「六丙。」墨筆眉批：「水過。」

「高者氣寒，下者氣熱。」硃筆眉批：「人性亦然。」

「故適寒涼者脹，之温熱者瘡，下之則脹已，汗之則瘡已，此腠理開閉之常，太少之異耳。」

注：「西北、東南，言其大也。夫以氣候驗之，中原地形所居者，悉以居高則寒，處下則熱。嘗試觀之，高山多雪，平川多雨，高山多寒，平川多熱，則高下寒熱可征見矣。中華之地，凡有高下之大者，東西、南北各三分也。其一者，自漢、蜀、江南至海也；二者，自漢、江北至平遥縣也；三者，自平遥北山北至蕃界北海也。故南分大熱，中分寒熱兼半，北分大寒。」硃筆眉批：「單説平遥縣不知何義？」

注：「然地上固有弓形川，蛇行川，月形川，地勢不同，生殺榮枯，地同而天異。」墨筆眉批：「弓形。蛇形。月形。」

「少陽司天，火氣下臨，肺氣上從，白起金用，草木眚。」硃筆眉批：「少陽司天。」

「陽明司天，燥氣下臨，肝氣上從，蒼起木用而立，土廼眚。」硃筆眉批：「陽明司天。」

「太陽司天，寒氣下臨，心氣上從，而火且明，丹起金廼眚。」硃筆眉批：「太陽司天。」

「厥陰司天，風氣下臨，脾氣上從，而土且隆，黄起水廼眚。」硃筆眉批：「厥陰司天。」

「少陰司天，熱氣下臨，肺氣上從，白起金用，草木眚。」硃筆眉批：「少陰司天。」

「太陰司天，濕氣下臨，腎氣上從，黑起水變。」硃筆眉批：「太陰司天。」

「根于外者亦五。」注：「謂五味五色類也。然木火土金水之形類，悉假外物色藏，乃能生化。外物既去，則生氣離絶，故皆是根於外也。」「色藏」旁硃筆書「已成」二字。

「太陽在泉，熱毒不生，其味苦，其治淡鹹，其穀黅秬。」注：「丑未歲氣化也。寒在地中與熱味化，故其歲物熱毒不生。木勝火，味故當苦也。」墨筆改注中末「也」字爲「者不化」三字。

「化淳則鹹守，氣專則辛化而俱治。」「化淳」旁硃筆書「少陽泉」三字。「氣專」旁硃筆書「厥陰泉」三字。

補註釋文黄帝内經素問卷之十一

卷前葉面有硃筆批文：「至眞要大論中『南北之政』注，不解其義之精微。」

六元正紀大論篇第七十一

「夫五運之化，或從五氣，或逆天氣。」次「五」字旁硃筆書一「天」字。

「帝曰：太陽之政奈何？岐伯曰：辰戌之紀也。太陽、大角、太陰、壬辰、壬戌。其運風，其化鳴紊啓拆。」「太陽」旁硃筆書一「天」字。「太陰」旁硃筆書一「泉」字。

「甲辰歲會。」注：「同天符。」「甲戌歲會。」注：「同天符。」墨筆眉批：「甲辰。甲戌。歲會同天符。」

「丙辰天符。丙戌天符。」墨筆眉批：「丙辰。丙戌。天符。」

「初之氣，地氣遷，氣廼大温，草廼早榮，民廼厲，温病廼作，身熱頭痛嘔吐，肌腠瘡瘍。」硃筆眉批：「『初之氣』頻語不得明白。」

「丁卯歲會。丁酉。其運風清熱。」墨筆眉批：「丁卯歲會。」

「癸卯。」注：「同歲會。」「癸酉。」注：「同歲會。」「其運熱寒雨。」墨筆眉批：「癸卯。癸酉。同歲會。」

「陽明少商、少陰，熱寒勝復同，同正商。乙卯天符。乙酉歲會。太一天符。」墨筆眉批：「乙卯天符。乙酉歲會。太一天符。」

「燥極而澤，其穀白丹，間穀命大者。」注：「命大者，謂前文大角商等氣之化者，間氣化生，故云間穀也。」硃筆眉批：「間穀。」

前文注：「新校正云：按玄珠云：歲谷與間穀者何？卽在泉爲歲穀，及在泉之左右間者皆爲歲穀。其司天及運間而化者，名間穀。又別有一名間穀者，是也。化不及，卽反所勝而生者，故名間穀。卽邪氣之化，又名並化之穀也，亦名間穀。與王注頗異。」「卽反所勝」旁硃筆批：「此近大角。」

「壬寅。」注：「同天符。」「壬申。」注：「同天符。」「其氣風鼓。」墨筆眉批：「壬寅。壬申。同天符。」

「戊寅天符。戊申天符。其運暑，其化暄囂鬱燠。」墨筆眉批：「戊寅。戊申。天符。」

「己丑太一天符。己未太一天符。其運雨風清。」墨筆眉批：「己丑。己未。太一天符。」

「辛丑。」注：「同歲會。」「辛未。」注：「同歲會。」「其運寒雨風。」墨筆眉批：「辛丑。辛未。同歲會。」

「戊子天符。戊午太一天符。其運炎暑。」墨筆眉批：「戊子天符。戊午太一天符。」

「庚子。」注：「同天符。」「庚午。」注：「同天符。」「同正商。其運涼勁。」墨筆眉批：「庚子。庚午。同天符。」

「丙子歲會。丙午。其運寒。」墨筆眉批：「丙子歲會。」

「凡此少陰司天之政，氣化運行先天，地氣肅，天氣明，寒交暑，熱加燥。」注：「新校正云：

詳此云寒交暑者，謂前歲終之氣少陽、太陽，歲初之氣。」「少陽、太陽」旁硃筆書「暑、寒」二字。

「初之氣，地氣遷，燥將去，寒廼始，蟄復藏，水廼冰，霜復降，風廼至。」「燥」旁硃筆書一「暑」字。

「丁巳天符。丁亥天符。其運風清熱。」墨筆眉批：「丁巳。丁亥。天符。」

「歧伯曰：風温春化同，熱曛昏火夏化同，勝與復同，燥清煙露秋化同。」「與」旁硃筆書一「暑」字。

「己巳。己亥歲。上厥陰木。中少宫土運。」注：「新校正云：詳至九月甲戌月，已得甲戌，方還正宫。」硃筆改注中「戌」爲「合」。

「乙酉。」注「太一天符。」「乙卯歲。」注「天符。」墨筆眉批：「太乙天符。」

「戊子。」注「天符。」「戊午歲。」注「太一天符。」「墨筆眉批：「太乙天符。」

「己丑。」注「太一天符。」「己未歲。」注「太一天符。」墨筆眉批：「太乙天符。」

「庚寅。庚申歲。上少陽相火。中大商金運。」注：「新校正云：詳庚寅歲爲正商得平氣，以上見少陽相火，下剋於金運，不能太過。庚甲之歲，申金佐之，乃爲去商。」硃筆改注中「甲」爲「申」。硃筆在注中「去」右加一豎線。

「癸巳。癸亥。上厥陰木。中少徵火運。」注：「新校正云：詳癸未正徵火氣平」云云。硃筆改文中「徵」爲「徵」，硃筆改注中「未」爲「巳」。

「歧伯曰：鬱極廼發，待時而作也。」注：「待，謂五及差分位也。」「及」旁硃筆書一「氣」字。

「雲横天山，浮游生滅，怫之先兆。」硃筆眉批：「怫。」
「火鬱之發，太虛腫翳，大明不彰。」硃筆眉批：「太虛加腫翳，『腫』字亦奇。」
「刻中大温，汗濡玄府，其廼發也，其氣四。」文中「中」旁墨筆書一「終」字。
「岐伯曰：太過者當其時，不及者歸其己勝也。」注：「冬雨、春涼、秋熱、冬寒之類，皆爲歸己勝也。」注中「寒」旁硃筆書一「濕」字。
「厥陰所至，爲風府，爲璺啓。」墨筆眉批：「璺啓。」
「少陰所至爲火府爲舒榮，太陰所至爲雨府爲員盈。」注：「物承土化，質皆盈滿。又雨界地緑，文見如環，爲員化明矣。」硃筆眉批：「『雨界地緑，文見如環』解『員』，顧無用此，而語實妙。」
「陽明所至，爲脅痛皴揭。」注：「身皮㲉象。」硃筆眉批：「㲉。」
「岐伯曰：悉乎哉問也！發表不遠熱，攻裏不遠寒。」硃筆眉批：「發表自可不遠熱，若攻裏則不定不遠寒，亦當通論。」
「岐伯曰：有故無殞，亦無殞也。」墨筆眉批：「有故無殞。」
「岐伯曰：木鬱達之，火鬱發之，土鬱奪之，金鬱泄之，水鬱折之。」墨筆眉批：「達。發。奪。泄。折。」
「帝曰：假者何如？岐伯曰：有假其氣，則無禁也。」注：「正氣不足，臨氣勝之，假寒熱温涼，以資四正之氣。」硃筆眉批：「正氣。臨氣。」
「所謂主氣不足，客氣勝也。」墨筆眉批：「主氣。客氣。」

刺法論篇第七十二（亡）

本病論篇第七十三（亡）

至眞要大論篇第七十四

「歧伯曰：厥陰司天爲風化」。注：「巳亥之歲，風高氣遠，雲飛物揚，風之化也。」「在泉爲酸化」。注：「寅申之歲，木司地氣，故物化從酸。」硃筆眉批：「巳亥司天，寅申司地，除了不筭。」

「陽明司天爲燥化。」注：「卯酉之歲，清切高明，霧露蕭瑟，操之化也。」硃筆改注中「操」爲「燥」。

「間氣爲藏化。」注：「陰凝而冷，庶物斂容，歲之化也。」硃筆改注中「歲」爲「藏」。

「帝曰：其主病何如？」注：「言采藥之歲也。」「歧伯曰：司歲備物則無遺主矣。」硃筆眉批：「采藥之妙。」

「厥陰在泉，則右不應；太陰在泉，則左不應。南政之歲，少陰司天，則寸口不應；厥陰司天，則右不應；太陰司天，則左不應。諸不應者，反其診則見矣。」硃筆眉批：「政之南北，注不明。惟甲己爲南政，餘皆北政。」

「帝曰：尺候何如？歧伯曰：北政之歲，三陰在下，則寸不應；三陰在上，則尺不應。」墨筆眉批：「北政。」

「南政之歲，三陰在天，則寸不應；三陰在泉，則尺不應。」墨筆眉批：「南政。」

「故曰：知其要者，一言而終；不知其要，流散無窮。此之謂也。」注：「要，謂知陰陽所在也。知則用之不惑，不知則尺寸之氣，沈浮小大，常三歲一差。欲求其意，猶遶樹問枝，雖白首區區，尚未知所詣，況其旬月而可知乎！」硃筆眉批：「『遶樹問枝』，亦譬得可笑。」

「天地之氣，內淫而病何如？岐伯曰：歲厥陰在泉，風淫所勝，則地氣不明，平野昧，草迺早秀。」墨筆眉批：「風淫於內。厥陰。」

「民病洒洒振寒，善呻數欠，心痛支滿，兩脇裏急，飲食不下，鬲咽不通，食則嘔，腹脹善噫，得後與氣，則快然如衰，身體皆重。」硃筆眉批：「得後與氣則快然如衰。」墨筆眉批：「『後與氣』下，復有『身體皆重』是病尚未已也。」

前文注：「新校正云：按甲乙經，洒洒振寒，善伸數欠，爲胃病。」「蓋厥陰在泉之歲，六王而剋脾胃，故病如是。」硃筆改注中「六」爲「木」。

「歲少陰在泉，熱淫所勝，則焰浮川澤，陰處反明。」墨筆眉批：「熱淫於內。少陰。」

「民病腹中常鳴，氣上衝胸，喘不能久立，寒熱皮膚痛，目瞑齒痛䪼腫。」墨筆眉批：「䪼。」

「歲太陰在泉，草乃早榮，濕淫所勝，則埃昏巖谷，黃反見黑，至陰之交。」墨筆眉批：「濕淫於內。太陰。」

「膕如結，腨如別。」墨筆眉批：「別。」

「歲少陽在泉，火淫所勝，則焰明郊野，寒熱更至。」墨筆眉批：「火淫於內。少陽。」

「歲陽明在泉，燥淫所勝，則霿霧清瞑。」墨筆眉批：「燥淫於內。陽明。」

「歲太陽在泉，寒淫所勝，則凝肅慘慄。」硃筆眉批：「寒淫於內。太陽。」

「熱淫于内，治以鹹寒，佐以甘苦，以甘收之，以苦發之。」注：「熱性惡寒，故治以寒也。熱之大盛甚於表者，以苦發之；不盡，復寒制之；寒制不盡，復苦發之，以酸收之。甚者再方，微者一方，可使必已。時發時止，亦以酸收之。」硃筆眉批：「惟熱不專帖一藏，故無藏氣論。」

「厥陰司天，風淫所勝，則太虛埃昏，雲物以擾，寒生春氣，流水不冰。」墨筆眉批：「風淫所勝。厥陰。」

「民病胃脘當心而痛。」「冷泄腹脹，溏泄瘕水閉，蟄蟲不去，病本于脾。」硃筆眉批：「六淫惟肺病二，餘四藏各一。脾。」

「少陰司天，熱淫所勝，怫熱至，火行其政。」墨筆眉批：「少陰。」

「民病胸中煩熱，嗌乾，右胠滿，皮膚痛，寒熱欬喘。」「肩背臂臑及缺盆中痛，心痛肺䐜，腹大滿，膨膨而喘欬，病本于肺。」硃筆眉批：「熱淫、火淫皆病肺。」

前文注：「謂甲子、丙子、戊子、庚子、壬子、甲午、丙午、戊午、庚午、壬午歲也。」「是歲民病集於右，蓋以小腸通心故也。」硃筆根批：「病集右以小腸通心，此注尚當細論。」

「太陰司天，濕淫所勝，則沉陰且布，雨變枯槁。」墨筆眉批：「濕淫所勝。太陰。」

「胕腫骨痛陰痺，陰痺者按之不得，腰脊頭項痛，時眩，大便難，陰氣不用，飢不欲食，欬唾則有血，心如懸，病本于腎。」硃筆眉批：「腎。」

「少陽司天，火淫所勝，則温氣流行，金政不平。」墨筆眉批：「火淫所勝。少陽。」

「民病頭痛，發熱，惡寒而瘧，熱上皮膚痛。」「煩心胸中熱，甚則鼽衄，病本于肺。」硃筆眉批：「肺。」

「陽明司天，燥淫所勝。則木廼晚榮，草廼晚生，筋骨内變。」墨筆眉批：「濕淫所勝。陽明。」

「民病左胠脇痛，寒清于中。」「目昧眥瘍，瘡痤癰，蟄蟲來見，病本于肝。」硃筆眉批：「肝。」

「太陽司天，寒淫所勝，則寒氣反至，水且冰，血變于中，發爲癰瘍。」墨筆眉批：「寒淫所勝。太陽。」

「民病厥心痛，嘔血血泄鼽衄，善悲，時眩仆。」「善噫嗌乾，甚則色炱，渴而欲飲，病本于心。」硃筆眉批：「心。」

「司天之氣，風淫所勝，平以辛涼，佐以苦甘，以甘緩之，以酸寫之。」注：「新校正云：按本論上文云：上淫天下，所勝平之。」硃筆改注中「天」爲「于」。

「歧伯曰：厥陰之勝，耳鳴頭眩，憒憒欲吐，胃鬲如寒，大風數舉，倮蟲不滋，胠脇氣并，化而爲熱。」「甚則嘔吐，鬲咽不通。」墨筆眉批：「巳亥。」

「少陰之勝，心下熱善飢，齊下反動，氣遊三焦，炎暑至，木廼津，草廼萎，嘔逆躁煩，腹滿痛，溏泄，傳爲赤沃。」墨筆眉批：「子午。」

「太陰之勝，火氣内鬱，瘡瘍於中，流散於外，病在胠脇，甚則心痛熱格，頭痛喉痺項强，獨勝則濕氣内鬱。」「飲發於中，胕腫於上。」墨筆眉批：「丑未。」

「少陽之勝，熱客於胃，煩心心痛，目赤欲嘔，嘔酸善飢，耳痛溺赤，善驚譫妄，暴熱消爍，草萎水涸，介蟲廼屈，少腹痛，下沃赤白。」墨筆眉批：「寅申。」

「陽明之勝，清發於中，左胠脇痛溏泄，内爲嗌塞，外發㿗疝，大涼肅殺，華英改容，毛蟲廼殃，胸中不便，嗌塞而欬。」墨筆眉批：「卯酉。」

「太陽之勝，凝溧且至，非時水冰，羽廼後化，痔瘧發，寒厥入胃，則内生心痛。陰中廼瘍，隱曲不利。」「寒入下焦。傳爲濡寫。」墨筆眉批：「辰戌。」

「帝曰：六氣之復何如？」注：「新校正云：按玄珠云：六氣分正化對化，厥陰正司於亥，對化於巳。少陰正司於午，對化於子。太陰正司於未，對化於丑。少陽正司於寅，對化於申。陽明正司於酉，對化於卯。太陽正司於戌，對化於辰。正司化令之實，對司化令之虚。對化勝而有復，正化勝而不復。」硃筆眉批：「正化。對化。」

「太陽之復，厥氣上行，水凝雨冰，羽蟲廼死，心胃生寒，胸膈不利，心痛否滿」「甚則入心，善忘善悲。」注：「雨水，謂雹也。」「太陽之復，與不相持，上濕下寒。」硃筆改注中「水」爲「冰」，「不」爲「上」。

「太陰之復，治以苦熱，佐以酸辛，以苦寫之，燥之泄之。」「泄」旁硃筆書一「滲」字。

「少陽之復，治以鹹冷，佐以苦辛，以鹹耎之，以酸收之，辛苦發之。發不遠熱，無犯温涼，少陰同法。」硃筆眉批：「此温涼不知單指藥性之温涼者，不知是爲春温秋涼。注似單謂春秋。」前文注：「不發汗以奪盛陽，則熱内淫于四支。」「發汗奪陽，故無留熱。故發汗者，雖熱生病夏月，及差亦用熱藥以發之。當春秋時，縱火熱勝，亦不得以熱藥發汗，汗不發而藥熱内甚，助病爲瘧，逆伐神靈，故曰無犯温涼。」「當春秋時，縱火熱勝，亦不得以熱藥發汗。」旁硃筆批：「此雖近理，然恐不得泥。」

「陽明司天，清復内餘，則欬衄嗌塞，心鬲中熱，欬不止而白血出者死。」墨筆眉批：「卯酉歲。」硃筆眉批：「白血。」墨筆眉批：「乙卯曾經三少年欬血。」

「岐伯曰：木位之主，其瀉以酸，其補以辛。火位之主，其瀉以甘，其補以鹹。土位之主，其瀉以苦，其補以甘。金位之主，其瀉以辛，其補以酸。水位之主，其瀉以鹹，其補以苦。」硃筆眉批：「木、金、水三位之瀉皆如本味，而火以甘、土以苦不同。」

「帝曰：陽明何謂也？岐伯曰：兩陽合明也。」注：「靈樞繫日月論曰：辰者三月，主左足之陽明，巳者四月，主右足之陽明，兩陽合於前，故曰陽明也。」硃筆眉批：「辰於卦爲夬。巳於卦爲乾。」

「帝曰：厥陰何也？岐伯曰：兩陰交盡也。」注：「靈樞繫日月論曰：戌者九月，主右足之厥陰，亥者十月，主左足之厥陰，兩陰交盡，故曰厥陰也。」硃筆眉批：「戌於卦爲剝，亥於卦爲坤。」

「故曰：近者奇之，遠者偶之，汗者不以奇，下者不以偶。」「汗者不以奇」硃筆旁批：「要偶。」「下者不以偶」硃筆旁批：「要奇。」

「病所遠而中道氣味之者，食而過之，無越其制度也。」硃筆眉批：「微乎！微乎！」

前文注：「假如病在腎而心之氣味，飼而冷足，仍急過之。不飼以氣味，腎藥淩心，心復益衰。餘上下遠近例同。」硃筆眉批：「解太拙。」

「參見曰病，復見曰病，未去而去曰病，去而不去曰病。」注：「參，謂參和諸氣來見。復見，謂再見已衰已死之氣也。去，謂王已而去者也。日行之度未出於差，是爲天氣未出。」硃筆改注中未「出」字爲「去。」

「大要曰：少陽之主，先甘後鹹；陽明之主，先辛後酸；太陽之主，先鹹後苦；厥陰之主，先酸後辛；少陰之主，先甘後鹹；太陰之主，先苦後甘。佐以所利，資以所生，是謂得氣。」硃筆眉批：「陽明、厥陰、太陰先皆如其味，少陽、少陰皆以甘，太陰以苦。又別一用甘，是泄苦以滲耶？」

「諸禁鼓慄，如喪神守，皆屬於火。諸痙項强，皆屬於濕。諸逆衝上，皆屬於火。諸脹腹大，皆屬於熱。諸躁狂越，皆屬於火。諸暴强直，皆屬於風。諸病有聲，鼓之如鼓，皆屬於熱。諸病胕腫，疼酸驚駭，皆屬於火。諸轉反戾，水液渾濁，皆屬於熱。諸病水液，澄澈清冷，皆屬於寒。諸嘔吐酸，暴注下迫，皆屬於熱。」墨筆眉批：「屬火者四，屬熱者四，屬濕、風、寒者各一。」

「故大要曰：謹守病機，各司其屬，有者求之，無者求之，盛者責之，虚者責之，必先五勝，疏其血氣，令其調達，而致和平。此之謂也。」注：「深乎聖人之言，理宜然也。」「溏泄而久，止發無恆，是無水也。」硃筆改注中「水」爲「火」。

「而先其所因，其始則同，其終則異，可使破積，可使潰堅，可使氣和，可使必已。」注：「夫大寒内結，稸聚疝瘕，以熱攻除。」「不救其虚，且攻其滿，藥入則減，藥過依然，故中滿下虚，其病常在。」墨筆眉批：「中滿下虚，其病常在。」

「久而增氣，物化之常也。氣增而久，夭之由也。」注：「夫入肝爲温，入心爲熱，入肺爲清，入腎爲寒，入脾爲至陰而四氣兼之，皆爲增其味而益其氣，故各從本藏之氣用爾。故久服黄連、苦參而反熱者，此其類也。餘味皆然。」墨筆眉批：「久服黄連、苦參而反熱。」

卷一百九十八　傅青主女科〔一〕（上）

帶下〔二〕

白帶下

夫帶下俱是濕症，而以帶名者，因其帶脈不能約束而病此患，〔三〕故以名之。然帶脈通於任督，〔四〕任督病而帶脈始病。帶脈者，所以約束胞胎之系也，帶脈無力，則難以提摯繫，必然胎胞不固。故曰：帶弱則胎易墜，帶傷則胎不牢，其信然與，〔五〕然而帶脈之傷，非獨跌閃挫氣已也。或行房而放縱，或飲酒而顛狂，雖無疼痛之苦，而有暗耗之害，則其氣不能化經水，而反變爲帶病矣。故病帶者，惟尼師、寡婦、出嫁之女多有之，而在室女則少也。況加之以脾氣之虛，肝氣之鬱，濕氣之侵，熱氣之逼，安得不成帶下之病哉！故婦人有終年累月下流白物，如涕如唾，不能禁止，甚則臭穢

〔一〕此篇以清道光七年（一八二七年）張鳳翔刻本爲底本，以道光二十五年（一八四五年）吳經采刻本、同治六年（一八六七年）瑞祥仁刻本、光緒七年（一八八一年）王正國刻本爲校本，由蔣天佑先生點校。此次修訂，由趙懷舟、王小芸據道光年太邑友文堂刻本與同治二年（一八六三年）王道平刻本重校。

〔二〕「帶下」，原無，據張本目錄補。

〔三〕「患」，吳本、王本均作「病」，瑞本亦作「患」。

〔四〕「然」，瑞本作「然」，吳本、王本均作「蓋」。

〔五〕「其信然與」，吳本、王本均無，瑞本有。

者，所謂白帶也。夫白帶者，乃濕盛而火衰，肝鬱而氣弱，則脾土受傷，濕土之氣下陷，是以脾精不守，而不能化榮血以爲經水，而反變成白滑之物，由陰門而直下，欲自禁而不可得也。治法：宜大補脾胃之氣，而稍佐以舒肝之品，使風木不閉塞於地中，則地氣自升騰於天上，脾氣健而濕氣消，自無白帶之患焉。方用完帶湯：

白朮一兩，土炒　山藥一兩，炒　人參二錢　白芍五錢，酒炒　車前子三錢，酒炒　蒼朮三錢，製　甘草一錢　陳皮五分　黑芥穗五分　柴胡六分。水煎服。二劑輕，四劑止，六劑則白帶全愈。

此方，脾、胃、肝三經同治之法，寓補於散之中，寄消於升之內。開提肝木之氣，則肝血不燥，何至下尅脾土？補益脾土之元，則脾氣不濕，何難分消水氣？至於補脾而兼以補胃者，由裏以及表也；脾非胃氣之强，則脾之弱不能旺，是補胃正所以補脾耳。

青帶下

婦人有帶下而色青者，甚則綠如綠豆汁，稠黏不斷，其氣腥臭，所謂青帶也。夫青帶乃肝經之濕熱，肝屬木，而木之色屬青，〔一〕帶下流如綠豆汁，明明是肝木之病矣。但肝木最喜水潤，〔二〕濕亦水之積，似濕非肝木之所惡，何以竟成青帶之症？不知水爲肝木之所喜，而濕實肝木之所惡，以濕爲土之氣故也。以所惡者合之所喜，必有違者矣。肝之性既違，則肝之氣必逆，氣欲上升而濕欲下降，兩相牽掣，以停住於中焦之間，而走於帶脈，遂從陰器而出，其色青綠者，正以其乘肝木之氣化也。

〔一〕「而木之色屬青」，吳本、王本作「木色屬青」，瑞本同底本。
〔二〕「但肝木最喜水潤」，瑞本、王本同底本，吳本作「但肝木最喜水滋潤」。

逆輕者熱必輕，而色青；逆重者熱必重，而色綠。似乎治青易，而治綠難，然而均無所難也。解肝木之火，利膀胱之水，則青綠之帶病均去矣。方用加減逍遥散：

茯苓五錢 白芍五錢，酒炒 甘草五錢，生用 柴胡一錢 陳皮一錢 茵陳三錢 梔子三錢，炒。水煎服。二劑而色淡，四劑而青綠之帶絶，不必過劑矣。

夫逍遥散之立法也，乃解肝鬱之藥耳，何以用之治青帶，若斯其神與？蓋濕熱留於肝經，因肝氣之鬱也，鬱則必逆，逍遥散最能解肝之鬱與逆，鬱逆之氣既解，則濕熱難留，而又益之以茵陳之利濕，梔子之清熱，肝氣得清，而青綠之帶又何自來？此方之所以奇而效捷也。倘僅以利濕清熱治青帶，而置肝氣於不問，安有止帶之日哉！

黄帶下

婦人有帶下而色黄者，宛如黄茶濃汁，其氣腥穢，所謂黄帶是也。夫黄帶乃任脈之濕熱也，然任脈本不能容水濕氣，安所得而入而化爲黄帶乎？不知帶脈横生，通於任脈，任脈直上走於唇齒。唇齒之間，原有不斷之泉，下貫於任脈以化精，使任脈無熱氣之繞，則口中之津液盡化爲精以入於腎矣。惟有熱邪存於下焦之間，則津液不能化精而反化濕也。夫濕者土之氣，實水之侵；熱者火之氣，實木之生。水色本黑，火色本紅，今濕與熱合，欲化紅而不能，欲返黑而不得，煎熬成汁，因變爲黄色矣。此乃不從水火之化，而從濕化也。所以世之人有以黄帶爲脾之濕熱，而單去治脾，而不得痊者，是不知眞水眞火合成丹邪、元邪，繞於任脈、胞胎之間，而化此黅色也，單治脾何能痊乎？法宜補任脈之虚，而清腎火之炎，則庶幾矣。方用易黄湯：

山藥一兩，炒 芡實一兩，炒 黄柏二錢，鹽水炒 車前子一錢，酒炒 白果十枚，碎。水煎。連服四劑，無不全愈。

此不特治黄帶方也，凡有帶病者，均可治之，而治帶之黄者，功更奇也。蓋山藥、芡實專補任脈之虚，又能利水；加白果引入任脈之中，更爲便捷，所以奏功之速也。至於用黄柏清腎中之火也，腎與任脈相通以相濟，解腎中之火，即解任脈之熱矣。

黑帶下

婦人有帶下而色黑者，甚則如黑豆汁，其氣亦腥，所謂黑帶也。夫黑帶者，乃火熱之極也。或疑火色惟紅，〔一〕何以成黑？謂爲下寒之極或有之，殊不知火極似水乃假象也。其症必然腹中疼痛，小便時如刀之刺，陰門必發腫，面色必發紅，日久必黄瘦，飲食必兼入，〔二〕口中必熱渴，飲以涼水，少覺寬快，此胃火太旺，與命門、膀胱、三焦之火，合而熬煎，所以熬乾而變爲炭色，斷是火熱之極之變，而非少有寒氣也。此等之症，不至發狂者，全賴腎水與肺金無病，其生生不息之氣，潤心濟胃以救之耳，所以但成黑帶之症。是火結於下，而不炎於上也。治法惟以泄火爲主，火熱退而濕自除矣。方用利火湯：

大黄三錢　白朮五錢，土炒　茯苓三錢　車前子二錢，酒炒　王不留行三錢　黄連三錢　梔子三錢，炒　知母二錢　石膏五錢，煅　劉寄奴三錢。水煎服。一劑而小便疼止而通利，二劑而黑帶變爲白，三劑而白亦少減，再三劑而全愈矣。

〔一〕「惟紅」，吳本、王本作「本紅」，瑞本同張本。

〔二〕「兼入」，瑞本作「嫌入」，爲是。吳本、王本同底本。

或謂此方過於迅利，殊不知火盛之時，用不得依違之法，譬如救火之焚，而少爲遷緩，則火勢延燃不盡不止。今用黄連、石膏、梔子、知母一派寒涼之品，入於大黄之中，則迅速掃除。而又得王不留行與劉寄奴之利濕甚急，則濕與熱俱無停住之機。佐白朮以輔土，〔二〕茯苓以滲濕，車前以利水，則火退水進，便成既濟之卦矣。

赤帶下

婦人有帶下而色紅者，似血非血，淋瀝不斷，所謂赤帶也。夫赤帶亦濕病，然濕是土之氣，宜見黄白之色，今不見黄白而見赤者，火熱之故也。火之色赤，故帶下亦赤耳。惟是帶脈繫於腰臍之間，近乎至陰之地，不宜有火，而今見火症，豈其路通於命門，而命門之火出而燒之耶？不知帶脈通於腎，而腎氣通於肝。婦人憂思傷脾，又加鬱怒傷肝，於是肝經之鬱火内熾，下尅脾土，脾土不能運化，而致濕熱之氣蘊於帶脈之間；而肝不藏血，亦滲於帶脈之内，皆由脾氣受傷，運化無力，而濕熱之氣隨氣下陷，同血俱下，所以似血非血之形象現於其色也。其實血與濕不能兩分之，世人以赤帶屬之心火，誤矣。治法須清其肝之火，而扶其脾之氣，則庶幾可愈。方用清肝止淋湯：

白芍一兩，醋炒 當歸一兩，酒洗 生地五錢，酒炒 阿膠三錢，白麪炒 粉丹皮三錢 黄柏二錢 牛膝二錢 香附一錢，酒炒 紅棗十枚 小黑豆一兩。水煎服。一劑而少止，二劑又少止，四劑全愈，十劑不再發。

此方但主補肝之血，全不利脾之濕者，以赤帶之爲病，火重而濕輕也。夫火之所以旺者，由於

〔二〕「輔」，吳本作「補」，較妥。瑞本、王本同底本。

血之衰，補血卽足以制火，且水與血合而成赤帶之症，竟不能辨其是濕非濕，則濕亦盡化而爲血矣。所以治血則濕亦除，又何必利濕之多事哉！此方之妙，妙在純於治血，而少加清火之味，故奏功獨奇，倘一利其濕，而反引火下行，轉難遽效矣。或問曰：先生前言助其脾土之氣，今但補其肝木之血何也？不知用芍藥以平肝，則肝氣得舒。肝氣舒自不尅土。脾不受尅，則脾土自旺。是平肝正所以扶脾耳，又何必加人參、白朮之品，以致累厥事哉！〔一〕

血崩

血崩昏暗

婦人有一時血崩，兩目黑暗，昏暈在地，不省人事者，人莫不謂火盛動血也。〔二〕然此火非實火，乃虚火耳。世人一見血崩，往往用止澁之品，雖亦能取效於一時，而虚火不用補陰之藥，〔三〕則易於冲擊，〔四〕恐隨止而隨發，以致經年累月不能全愈者有之。是止崩之藥不可獨用，必須於補陰之中，而行其止崩之法。方用固本止崩湯：

大熟地一兩，九蒸　白朮一兩，土炒焦　黄芪三錢，生用　當歸五錢，酒洗　黑薑二錢　人參三錢。水煎服。

〔一〕「厥」，瑞本有，吳本、王本無。
〔二〕「謂」，吳本作「以爲」，瑞本、王本同底本。
〔三〕「而虚火不用」，吳本、王本作「但不用」，瑞本同底本。
〔四〕「則易」，吳本、王本作「則虚火易」，瑞本同底本。

一劑而崩止，十劑不再發。倘畏藥味之重而減半，則力薄而不能止。

方妙在全不去止血，而惟去補血，〔一〕又不止補血，而更去補氣，〔二〕非惟補氣，而更去補火。〔三〕蓋血崩而至於黑暗昏暈，則血已盡去，僅存一線之氣以爲護持，若不急補其氣以生血，而先補其血而遺氣，則有形之血恐不能遽生，而無形之氣必且至盡散，此所以不先補血，而先補氣也。然單補氣則血又不易生，單補血而不補火，則血又必凝滯，而不能隨氣而速生。況黑薑引血歸經，是補中而又有收斂之妙，所以同補氣補血之藥而並用之耳。

年老血崩

婦人有年老而血崩者，其症亦與前血崩昏暗者同，人以爲老婦之虛耳，誰知是不慎房幃之故乎？夫婦人至五十歲之外，天癸匱乏，原宜閉關守寨，〔四〕不宜出陣戰爭。苟或適興，不過草草了事，尚不至腎火大動。倘興酣浪戰，亦如少年之好合，鮮不血室大開，崩決而墜矣。方用加減當歸補血湯：

當歸一兩，酒洗　黄芪一兩，生用　三七根末三錢　桑葉十四片。水煎服。一劑而血少止，四劑不再發。然必須斷慾，始除根，若再犯色慾，未有不重病者也。

夫補血湯，乃氣血兩補之神劑。三七根，乃止血之聖藥。加入桑葉者，所以滋腎之陰，又有收

〔一〕「去」，吴本、王本無，瑞本有。
〔二〕「去」，吴本、王本無，瑞本有。
〔三〕「去」，吴本、王本無，瑞本有。
〔四〕「寨」，吴本作「塞」，瑞本、王本作「寨」。

斂之妙耳。但老婦陰精既虧，用此方以止其暫時之漏，實有奇功，而不可責其永遠之績者，以補精之味尚少也。服此四劑後，再增入白朮五錢　熟地一兩　山藥四錢　麥冬三錢　北五味一錢。服百劑則崩漏之根可盡除矣。

少婦血崩

有少婦甫娠三月，卽便血崩，而胎亦隨墮，人以爲挫閃受傷而致血崩，誰知是行房不慎之過哉？夫少婦行房，亦事之常耳，何便血崩？蓋因其元氣衰弱，事難兩顧，一經行房洩精，則妊娠無所依養，遂致崩而且墮。凡婦人之氣衰，卽不耐久戰，若貪歡久戰，則必洩精太甚，氣每不能攝夫血矣。況氣弱而又娠，再加以久戰，内外之氣皆動，而血又何能固哉！其崩而墮也亦無怪其然也。治法自當以補氣爲主，而少佐以補血之品，斯爲得之。方用固氣湯：

人參一兩　白朮五錢，土炒　大熟地五錢，九蒸　當歸三錢，酒洗　白茯苓二錢　甘草一錢　杜仲三錢，炒黑　山萸肉二錢，蒸　遠志一錢，去心　五味子十粒，炒。水煎服。一劑而血止，連服十劑全愈。

此方固氣而兼補血，已去之血可以速生，將鋭之血可以盡攝。〔二〕凡氣虛而崩漏者，此方最可通治，非僅治小產之崩。其最妙者，不去止血，而止血之味，含於補氣之中也。

交感血出

婦人有一交合，則流血不止者。雖不至於血崩之甚，而終年累月不得愈，未免血氣兩傷，久則

〔二〕「鋭」，瑞本亦作「鋭」。吳本、王本均作「脱」，爲是。

恐有血枯經閉之憂矣。此等之病，成於經水正來之時，貪歡交合，精冲血管也。夫精冲血管，不過一時之傷，精出宜愈，何以久而流紅？不知血管最嬌嫩，斷不可精傷者也。〔二〕凡婦人之受孕也，必於血管已淨之時，方保無虞。倘經水正旺，彼欲湧出而精射之，則欲出之血反退而縮入，既不能受精而成胎，勢必至集精而化血。交感之際，淫氣觸動其舊日之精，則兩相感召，舊精欲出而血亦隨之而出。治法須通其胞胎之氣，引舊日之集精外出，而益之以補氣補精之藥，則血管之傷可以補完矣。方用引精止血湯：

人參五錢　白朮一兩，土炒　茯苓三錢，去皮　熟地一兩，九蒸　山萸肉五錢，蒸　黑薑一錢　黃柏五分　芥穗三錢　車前子三錢，酒炒。水煎。連服四劑愈，十劑不再發。

此方用參朮以補氣，用地萸以補精，精氣既旺，則血管流通。加入茯苓、車前以利水與竅，水利則血管亦利。又加黃柏爲引，以直入血管之中，〔三〕而引夙精出於血管之外。芥穗引敗血出於血管之內。黑薑以止血管之口。一方之中，實有調停曲折之妙，故能祛舊病而除陳疴，然必須慎房幃三月，破者始不至重傷，而補者始不至重損。否則，不過取目前之效耳。其慎之哉！宜寡慾。

鬱結血崩

婦人有懷抱甚鬱，口乾舌渴，嘔吐吞酸而血下崩者，人皆以火治之，時而效時而不效，其故何也？是不識爲肝氣之鬱結也。夫肝主藏血，氣結而血亦結，何以反至崩漏？蓋肝之性急，氣急則

〔二〕「斷不可精傷者也」，瑞本同，吳本、王本均作「斷不可以精傷」。
〔三〕「以」，瑞本有，吳本、王本均無。

其急更甚，〔一〕更急則血不能藏，故崩不免也。治法宜以開鬱爲主，若徒開其鬱而不知平肝，則肝氣太開，〔二〕肝火更熾，而血亦不能止矣。方用平肝開鬱止血湯：

白芍一兩，醋炒　白朮一兩，土炒　當歸一兩，酒洗　丹皮三錢　三七根三錢，研末　生地三錢，酒炒　甘草二錢　黑芥穗二錢　柴胡一錢。水煎服。一劑而嘔吐止，二劑而乾渴除，四劑而血崩愈。

方中妙在白芍之平肝，柴胡之開鬱，白朮利腰臍則血無積住之虞，荊芥通經絡則血有歸還之樂，丹皮又清骨髓之熱，〔三〕生地復清臟腑之炎，當歸、三七於補血之中以行止血之法，自然鬱結散而血崩止矣。

閃跌血崩

婦人有升高墜落，或閃挫受傷，以致惡血下流，有如血崩之狀者，若以崩治，非徒無益，而又害之也。蓋此症之狀，必手按之而疼痛，久之則面色痿黄，形容枯槁，乃是瘀血作祟，並非血崩可比。倘不知解瘀，而用補澁，則瘀血内攻，疼無止時，反致新血不得生，舊血無由化，死不能悟，豈不可傷哉！治法須行血以去瘀，活血以止疼，則血自止而愈矣。方用逐瘀止血湯：

生地一兩，酒炒　大黄三錢　赤芍三錢　丹皮一錢　當歸尾五錢　枳殻五錢，炒　龜板三錢，醋炙　桃仁十粒，泡炒，研。水煎服。一劑而疼輕，二劑而疼止，三劑而血亦全止，不必再服矣。

〔一〕「氣急」，瑞本同，吳本、王本均作「氣結」。
〔二〕「則肝氣太開」，瑞本同，吳本、王本均作「則肝氣大開」。
〔三〕「清」，傅山全書初版本作「消」，據友文堂本改。

此方之妙，妙於活血之中，而佐以下滯之品，故逐瘀如掃，而止血如神。或疑跌閃升墜，是由外而傷内，雖不比内傷之重，而既已血崩，則内之所傷亦不爲輕，何以只治其瘀，而不顧氣也？殊不知跌閃升墜，非由内傷以及外傷者可比，蓋本實不撥，去其標病可耳，故曰「急則治其標」。

血海太熱血崩

婦人有每行人道，經水卽來，一如血崩，人以爲胞胎有傷，觸之以動其血也，誰知是子宮血海，因太熱而不固乎？夫子宮卽在胞胎之下，而血海又在胞胎之上。血海者，衝脈也。衝脈太寒而血卽虧，衝脈太熱而血卽沸，血崩之爲病，正衝脈之太熱也。然既由衝脈之熱，則應常崩而無有止時，何以行人道而始來，果與肝木無恙耶？夫脾健則能攝血，肝平則能藏血，人未入房之時，君相二火寂然不動，雖衝脈獨熱，而血亦不至外馳。及有人道之感，則子宮大開，君相火動，以熱招熱，同氣相求，翕然齊動，以鼓其精房血海泛濫，有不能止遏之勢。肝欲藏之而不能，脾欲攝之而不得，故經水隨交感而至，若有聲應之捷，是惟火之爲恙也。〔二〕治法必須滋陰降火，以清血海而和子宮，則終身之病，可半載而除矣。然必絕慾三月而後可。方用清海丸：

大熟地一斤，九蒸　山萸十兩，蒸　山藥十兩，炒　丹皮十兩　北五味二兩，炒　麥冬肉十兩　白朮一斤，土炒　白芍一斤，酒炒　龍骨二兩　地骨皮十兩　乾桑葉一斤　玄參一斤　沙參十兩　石斛十兩。

右十四味，各爲細末，合一處，煉蜜丸，桐子大，早晚每服五錢，白滚水送下，半載全愈。

此方補陰而無浮動之慮，縮血而無寒涼之苦，日計不足，月計有餘，潛移默奪，子宮清涼而血

〔二〕「恙」，瑞本同，吳本、王本均作「病」。

海自固。倘不揣其本而齊其末，徒以髮灰、白礬、黄蓮炭、五棓子等藥末以外治其幽隱之處，山恐愈澁而愈流，而終必至於敗亡也。可不慎與！

鬼胎〔一〕

婦人鬼胎〔二〕

婦人有腹似懷妊，終年不產，甚至二三年不生者，此鬼胎也。其人必面色黄瘦，肌膚消削，腹大如斗。厥所由來，〔三〕必素與鬼交，或入神廟而興雲雨之思，或遊山林而起交感之念，皆能召祟成胎。幸其人不至淫蕩，見祟而有驚惶，遇合而生愧惡，則鬼祟不能久戀，一交媾而卽遠去，然淫妖之氣已結於腹，遂成鬼胎。其先尚未覺，迨後漸漸腹大，經水不行，内外相包，一如懷胎之狀，有似血臟之形，其實是鬼胎，而非臟也。治法必須以逐穢爲主。然人至懷胎數年不產，卽非鬼胎，亦必氣血衰微；況此非眞妊，則邪氣必旺，正不敵邪，〔四〕其虛弱之狀，必有可掬，烏可純用迅利之藥以袪蕩乎？必於補中逐之爲的也。方用蕩鬼湯：

人參一兩　當歸一兩　大黄一兩　雷丸三錢　川牛膝三錢　紅花三錢　丹皮三錢　枳殼一錢　厚朴一錢

〔一〕「鬼胎」，諸本無，據底本目錄補。
〔二〕「婦人鬼胎」，諸本作「鬼胎」，今據原底本目錄改爲「婦人鬼胎」。
〔三〕「厥」，瑞本、王本均同，吳本作「揆」。
〔四〕「敵」，傅山全書初版本作「適」，據友文堂本改。

小桃仁三十粒。水煎服。一劑而腹必大鳴，可瀉惡物半桶，再服一劑，又瀉惡物而愈矣。斷不可復用三劑也。蓋雖補中用逐，未免迅利，多用恐傷損元氣。

此方用雷丸以祛穢，又得大黄之掃除，且佐以厚朴、紅花、桃仁等味，皆善行善攻之品，何邪之尚能留腹中，而不盡逐下也哉！尤妙在用參、歸以補氣血，則邪去而正不傷。若單用雷丸、大黄以迅下之，必有氣脱血崩之患矣。倘或知是鬼胎，如室女、寡婦輩，邪氣雖盛，而眞氣未漓，可用岐天師新傳紅花霹靂散：

紅花半斤　大黄五兩　雷丸三兩。水煎服。亦能下胎，然未免太於迅利，過傷氣血，不若蕩鬼湯之有益無損之爲愈也。抑在人臨症之時，〔一〕斟酌而善用之耳。

室女鬼胎

女子有在家未嫁，月經忽斷，腹大如妊，面色乍赤乍白，六脈乍大乍小，人以爲血結經閉也，誰知是靈鬼憑身乎？夫人之身正，則諸邪不敢侵；其身不正，則諸邪自來犯。或精神恍惚而夢裏求親，或眼目昏花而對面相狎，或假托親屬而暗處貪歡，或明言仙人而静地取樂。其始則驚詫爲奇遇而不肯告人，其後則羞赧爲淫褻而不敢告人，日久年深，腹大如斗，有如懷妊之狀，一身之精血，僅足以供腹中之邪，則邪日旺而正日衰，勢必至經閉而血枯。後雖欲導其經，而邪據其腹，則經亦難通；欲生其血，而邪食其精，則血實難長。醫以爲胎，而實非眞胎；又以爲瘕，而亦非瘕病。往往因循等待，非因羞憤而亡其生，卽成勞瘵而終不起，至死不悟，不重可悲哉！治法似宜補正以

〔一〕「抑」，瑞本有，吳本、王本均無。

祛邪，然邪不先去，補正亦無益也。必須先祛邪而後補正，斯爲得之。方用蕩邪散：

雷丸六錢　桃仁六十粒　當歸一兩　丹皮一兩　甘草四錢。水煎服。一劑必下惡物半桶，再服調正湯治之：

白朮五錢　蒼朮五錢　茯苓三錢　陳皮一錢　貝母一錢　薏米五錢。水煎。連服四劑，則脾胃之氣轉，而經水漸行矣。

前方蕩邪，後方補正，實有次第。或疑身懷鬼胎，必大傷其血，所以經閉，今既墜其鬼胎矣，自當大補其血，乃不補血，而反補胃氣何故？蓋鬼胎中人，其正氣大虛可知，氣虛則血必不能驟生，欲補血必先補氣，是補氣而血自然生也。用二朮以補胃陽，陽氣旺則陰氣難犯，尤善後之妙法也。倘重用補陰之品，則以陰招陰，吾恐鬼胎雖下，而鬼氣未必不再侵，故必以補陽爲上策，而血自隨氣而生也。

調經

經水先期

婦人有先期而經來者，其經水甚多，人以爲血熱之極也，誰知是腎中水火太旺乎？夫火太旺則血熱，水太旺則血多，此有餘之病，非不足之症也。似宜不藥有喜，但過於有餘，則子宮太熱，亦難受孕，更恐有爍乾男精之慮。過者損之，謂非既濟之道乎？然而火不可任其有餘，而水斷不可使之不足。治之法，但少清其熱，而不必洩其水也。方用清經散：

丹皮三錢　地骨皮五錢　白芍三錢，酒炒　大熟地三錢，九蒸　青蒿二錢　白茯苓一錢　黄柏五分，鹽水浸炒。水煎服。二劑而火自平。

此方雖是清火之品，然仍是滋水之味，火洩而水不與俱洩，損而益也。又有先期經來只一二點者，人以爲血熱之極也，誰知腎中火旺而陰水虧乎？夫同是先期之來，何以分虚、實之異？蓋婦人之經最難調，苟不分別細微，用藥鮮克有效。先期者，火氣之冲；多寡者，水氣之驗。故先期而來多者，火熱而水有餘也；先期而來少者，火熱而水不足也。倘一見先期之來，俱以爲有餘之熱，但洩火而不補水，或水火兩洩之，有不更增其病者乎！治之法，不必洩火，只專補水，水既足而火自消矣，亦既濟之道也。方用兩地湯：

大生地一兩，酒炒　元參一兩　白芍藥五錢，酒炒　麥冬肉五錢　地骨皮三錢　阿膠三錢。水煎服。四劑而經調矣。

此方之用地骨、生地，能清骨中之熱。骨中之熱，由於腎經之熱，清其骨髓，則腎氣自清，而又不損傷胃氣，〔二〕此治之巧也。況所用諸藥，又純是補水之味，水盛而火自平理也。此條與上條參觀，斷無誤治先期之病矣。

經水後期

婦人有經水後期而來多者，人以爲血虚之病也，誰知非血虚乎？蓋後期之多少，實有不同，不可執一而論。蓋後期而來少，血寒而不足；後期而來多，血寒而有餘。夫經本於腎，而其流五臟六

〔二〕「胃」，傅山全書初版本作「腎」，據友文堂本改。

臓之血皆歸之，故經來而諸經之血盡來附益，以經水行而門啟，不遑迅闔，諸經之血乘其隙而皆出也。但血既出矣，則成不足。治法宜於補中温散之，不得曰後期者俱不足也。方用温經攝血湯：

大熟地一兩，九蒸　白芍一兩，酒炒　川芎五錢，酒洗　白朮五錢，土炒　柴胡五分　五味子三分　肉桂五分，去粗，研　續斷一錢。水煎服。三劑而經調矣。

此方大補肝腎脾之精與血，加肉桂以祛其寒，柴胡以解其鬱。是補中有散，而散不耗氣；補中有洩，而洩不損陰。所以補之有益，而温之收功也。此調經之妙藥，而攝血之仙丹也。凡經來後期者俱可用。〔一〕倘元氣不足，加人參一二錢亦可。

經水先後無定期

婦人有經來斷續，或前或後無定期，人以爲氣血之虚也，誰知是肝氣之鬱結乎？夫經水出諸腎，而肝爲腎之子，肝鬱則腎亦鬱矣，腎鬱而氣必不宣，前後之或斷或續，正腎之或通或閉耳。或曰：肝氣鬱而腎氣不應，未必至於如此者。殊不知子母關切，子病而母必有顧復之情，肝鬱而腎不無繾綣之誼。肝氣之或開或閉，卽腎氣之或去或留，相因而致，又何疑焉！治法宜舒肝之鬱，卽開腎之鬱也。肝腎之鬱既開，而經水自有一定之期矣。方用定經湯：

兔絲子一兩，酒炒　白芍一兩，酒炒　當歸一兩，酒洗　大熟地五錢，九蒸　山藥五錢，炒　白茯苓三錢　芥穗二錢，炒黑　柴胡五分。水煎服。二劑而經水淨，四劑而經調定矣。

此方舒肝腎之氣，非通經之藥也；補肝腎之精，非利水之品也。肝腎之氣舒而精通，肝腎之精

〔一〕「俱」，瑞本同，吳本、王本均作「皆」。

旺而水利，不治之治正妙於治也。

經水數月一行

婦人有數月一行經者，每以爲常，亦無或先或後之異，亦無或多或少之殊，人莫不以爲異，而不知非異也。蓋無病之人，氣血兩不虧損耳。夫氣血既不虧損，何以數月而一行經也？婦人之中，亦有天生仙骨者，經水必一季一行，蓋以季爲數，而不以月爲盈虚也。眞氣内藏，則坎中之眞陽不損。倘加以煉形之法，一年之内，便易飛騰。無如世人不知，見經水不應月來，誤認爲病，妄用藥餌，本無病而治之成病，是治反不如其不治也。山聞異人之教，特爲闡揚，使世人見此等行經，不必妄行治療，萬勿疑爲氣血之不足，而輕一試也。雖然天生仙骨之婦人，世固不少，而嗜慾損夭之人，亦復甚多，又不可不立一療救之方以輔之。方名助仙丹：

白茯苓五錢　陳皮五錢　白朮三錢，土炒　白芍三錢，酒炒　山藥三錢，炒　兔絲子二錢，酒炒　杜仲一錢，炒黑　甘草一錢。河水煎服。四劑而仍如其舊，不可再服也。

此方平補之中，實有妙理。健脾益腎而不滯，解鬱清痰而不洩，不損天然之氣血，便是調經之大法，何得用他藥以通經哉！

年老經水復行

婦人有年五十外，或六七十歲，而忽然行經者，或下紫血塊，或如紅血淋，人或謂老婦行經，是還少之象，誰知是血崩之漸乎？夫婦人至七七之外，天癸已竭，又不服濟陰補陽之藥，如何能精滿化經一如少婦？然經不宜行而行者，乃肝不藏、脾不統之故也。非精過洩而動命門之火，即氣鬱甚而發龍雷之炎，〔一〕二火交發，而血乃奔矣，有似行經而實非經也。此等之症，非大補肝與脾之氣與血，〔二〕而血安能驟止？方用安老湯：

人參一兩　黄芪一兩，生用　大熟地一兩，九蒸　白朮五錢，土炒　當歸五錢，酒洗　山萸五錢，蒸　阿膠一錢，蛤粉炒　黑芥穗一錢　甘草一錢　香附五分，酒炒　木耳炭一錢。水煎服。一劑減，二劑尤減，四劑全減，十劑愈。

此方補益肝脾之氣，氣足自能生血而攝血。尤妙大補腎水，水足而肝氣自舒，肝舒而脾自得養。肝藏之而脾統之，又安有洩漏者？又何慮其血崩哉！

經水忽來忽斷時疼時止

婦人有經水忽來忽斷，時疼時止，寒熱往來者，人以爲血之凝也，誰知是肝氣不舒乎？夫肝屬木而藏血，最惡風寒。婦人當行經之際，腠理大開，適逢風之吹、寒之襲，則肝氣爲之閉塞，而經水之道路亦隨之而俱閉。由是腠理經絡，各皆不宣，而寒熱之作，由是而起。其氣行於陽分則生熱，其氣行於陰分則生寒，然此猶感之輕者也。倘外感之風寒更甚，則内應之熱氣益深，往往有熱入血室而變爲如狂之症，一似遇鬼之狀者。但今之往來寒熱，〔三〕是風寒未甚，而熱未深耳。治法宜補肝中之血，通其鬱而散其風，則病隨手而效。所謂「治風先治血，血和風自滅」，此其一也。方用加

〔一〕「炎」，吳本作「火」，瑞本、王本作「炎」。
〔二〕上二「與」字，瑞本有，吳本、王本均無。
〔三〕「但今之」，瑞本同，吳本、王本均作「若但」。

味四物湯：

大熟地一兩，九蒸　白芍五錢，酒炒　當歸五錢，酒洗　川芎三錢，酒洗　白朮五錢，土炒　粉丹皮三錢　元胡一錢，酒炒　甘草一錢　柴胡一錢。水煎服。

此方用四物以滋脾胃之陰血；用柴胡、白芍、丹皮以宣肝經之風鬱；用甘草、白朮、元胡以利腰臍而和腹疼。入於表裏之間，通乎經絡之内，用之得宜，自奏功如響也。

經水未來腹先疼

婦人有經前腹痛數日，而後經水行者，其經來多是紫黑塊，人以爲寒極而然也，誰知是熱極而火不化乎？夫肝屬木，而其中有火，舒則通暢，鬱則不揚，經欲行而肝不應，則抑拂其氣而疼生。然經滿則不能内藏，而肝中之鬱火焚燒，内逼經出，則其火亦因之而怒洩。其紫黑者，水火兩戰之象也；其成塊者，火煎成形之狀也。經失其爲經者，正鬱火内奪其權耳。治法似宜大洩肝中之火，然洩肝之火，而不解肝之鬱，則熱之標可去，而熱之本未除也，其何能益？方用宣鬱通經湯：

白芍五錢，酒炒　當歸五錢，酒洗　丹皮五錢　山梔子三錢，炒　白芥子二錢，炒，研　柴胡一錢　香附一錢，酒炒　川鬱金一錢，醋炒　黄芩一錢，酒炒　生甘草一錢。水煎。連服四劑，下月斷不先腹疼而後行經矣。

此方補肝之血，而解肝之鬱；利肝之氣，而降肝之火。所以奏功之速，其在斯與！〔一〕

〔一〕「其在斯與」，瑞本有，吳本、王本無。

行經後小腹疼痛

婦人有少腹疼於行經之後者，〔二〕人以爲氣血之虛也，誰知是腎氣之涸乎？夫經水者，乃天一之眞水也，滿則溢而虛則閉，亦其常耳，何以虛能作疼哉？蓋腎水一虛，則水不能生木，而肝木必尅脾土；木土相爭，則氣必逆，故爾作疼。治法必須以舒肝氣爲主，而益之以補腎之味，則水足而肝氣益安，肝氣安而逆氣自順，又何疼痛之有哉？方用調肝湯：

山藥五錢，炒　阿膠三錢，白麪炒　當歸三錢，酒洗　白芍三錢，酒炒　山萸肉三錢，蒸熟　巴戟一錢，鹽水浸　甘草一錢。水煎服。

此方平調肝氣，既能轉逆氣，又善止鬱疼。經後之症，以此方調理最佳，不特治經後腹疼之症也。

經前腹痛吐血

婦人有經水未行之前一二日，忽然腹疼而吐血，人以爲火熱之極也，誰知是肝氣之逆乎？夫肝之性最急，宜順而不宜逆，順則氣安，逆則氣動。血隨氣爲行止，氣安則血安，氣動則血動，亦勿怪其然也。或謂經逆在腎不在肝，何以隨血妄行，竟至從口而上出也？是肝不藏血之故乎？抑腎不納氣而然乎？殊不知少陰之火，急如奔馬，得肝火而直沖而上，其勢最捷，反經而爲血，亦至便也。正不必肝不藏血，始成吐血之症。但此等吐血，與各經之吐血有不同者。蓋各經之吐血，由内

〔二〕「婦人有少腹疼」：瑞本同，吳本作「婦人有小腹疼」，王本作「婦人自少腹疼」。以底本爲妥。

傷而成；經逆而吐血，乃內溢而激之使然也。其症有絕異，而其氣逆則一也。治法似宜平肝以順氣，而不必益精以補腎矣。雖然經逆而吐血，雖不大損夫血，而反覆顛倒，未免太傷腎氣，必須於補腎之中，以用順氣之法，〔二〕始爲得當。方用順經湯：

當歸五錢，酒洗　大熟地五錢，九蒸　白芍二錢，酒炒　丹皮五錢　白茯苓三錢　沙參三錢　黑芥穗三錢。

水煎服。一劑而吐血止，二劑而經順，十劑不再發。

此方於補腎調經之中，而用引血歸經之品，是和血之法，實寓順氣之法也。肝不逆，而腎氣自順，腎氣既順，又何經逆之有哉？

經水將來臍下先疼痛

婦人有經水將來三、五日前，而臍下作疼，狀如刀刺者。其寒熱交作，所下如黑豆汁，人莫不以爲血熱之極，誰知是下焦寒濕相爭之故乎？夫寒濕乃邪氣也。婦人有衝、任之脈，居於下焦；衝爲血海，任主胞胎，爲血室，均喜正氣相通，最惡邪氣相犯。經水由二經而外出，而寒濕滿二經而內亂，兩相爭而作疼痛。邪愈盛而正氣日衰，寒氣生濁，而下如豆汁之黑者，見北方寒水之象也。治法，利其濕，而温其寒，使衝、任無邪氣之亂，而臍下自無疼痛之疚矣。方用温臍化濕湯：

白朮一兩，土炒　白茯苓三錢　山藥五錢，炒　巴戟肉五錢，鹽水浸　扁豆三錢，炒搗　白果十枚，搗碎　建蓮子三十枚，不去心。

水煎服。然必須經未來前十日服之。四劑而邪氣去，而經水調，兼可種子。

〔二〕「以」，瑞本有，吳本、王本無。

此方君白朮以利腰臍之氣，〔一〕用巴戟、白果以通任脈，扁豆、山藥、蓮子以衛衝脈。所以寒濕掃除，而經水自調，而可受妊矣。倘疑腹疼爲熱疾作祟，〔二〕而妄用寒涼，則衝、任虚冷，血海變爲冰海，血室反成冰室，無論難於生育，而疼痛之止，又安有日哉！

經水過多

婦人有經水過多，行後復行，面色痿黄，身體倦怠而困乏之甚者，〔三〕人以爲血熱有餘之故，誰知是血虚而不歸經乎？夫血旺始經多，血虚當經縮，今曰血虚，而反經多，是何言與？殊不知血歸於經，雖旺而經亦不多；血不歸經，雖衰而經亦不少。世之人見經水過多，謂是血之旺也，此治之所以多錯耳。倘經多果是血旺，自是健壯之體，須當一行即止，精力如常，何至一行後而再行，而困乏無力耶？惟經多是血之虚，故再行而不勝其困乏，血損精散，骨中髓空，所以不能色華於面也。治法宜大補血而引之歸經，又寧有行後復行之病哉！〔四〕方用加減四物湯：

大熟地一兩，九蒸　白芍三錢，酒炒　當歸五錢，酒洗　川芎二錢，酒洗　白朮五錢，土炒　黑芥穗三錢　山萸三錢，蒸　續斷一錢　甘草一錢。水煎服。四劑而血歸經矣。十劑之後加人參三錢，再服十劑，下月行經適可而止矣。

夫四物湯乃補血之神品。加白朮、荆芥，補中有利；加山萸、續斷，止中有行；加甘草以調

〔一〕「君」，瑞本同，吴本、王本作「用」。
〔二〕「作祟」，瑞本有，吴本、王本無。
〔三〕「之」，瑞本同，吴本、王本作「愈」。
〔四〕「寧」，瑞本同，吴本、王本作「安」。

和諸品，使之各得其宜。所以血足而歸經，歸經而血自靜矣。

經前洩水

婦人有未經之前，〔一〕洩水三日，而後行經者，人以爲血旺之故，誰知是脾氣之虛乎？夫脾統血，脾虛則不能攝血矣。且脾屬濕土，脾虛則土不實，土不實而濕更甚，所以經水將動，而脾先不固，脾經所統之血，欲流注於血海，而濕氣乘之，所以先洩水而後行經也。調經之法，不在先治其水，而在先治其血，抑不在先治其血，而在先補其氣。蓋氣旺而血自能生，抑氣旺而濕自能除，且氣旺而經自能調矣。方用健固湯：

人參五錢　白茯苓三錢　白朮一兩，土炒　巴戟五錢，鹽水浸　薏苡仁三錢，炒。水煎。連服十劑，而經前不洩水矣。

此方補脾氣以固脾血，則血攝於氣之中矣。脾氣日盛，自能運化其濕，濕既化爲烏有，自然經水調和矣，又何能經前作洩哉？〔二〕

經前大便下血

婦人有行經之前一日，大便先出血者，人以爲血崩之症，誰知是經流於大腸乎？夫大腸與行經之路，各有分別，何以能入乎？其中不知胞胎之系，上通心而下通腎，心腎不交，則胞胎之血兩無

〔一〕「未經」，瑞本同。吳本、王本作「經未來」，似文理順。
〔二〕「又何能經前作洩哉」，瑞本同。吳本、王本均作「又何至經前洩水哉」，爲是。

所歸，而心腎二經之氣不來照攝，聽其自便，所以血不走小腸而走大腸也。治法若單止大腸之血，則愈止而愈多；若擊動三焦之氣，則更拂亂而不可止。蓋經水之妄行，原因心腎之不交，今不使水火之既濟，而徒治其胞胎，則胞胎之氣無所歸，而血安有歸經之日？故必大補其心與腎，使心腎之氣交，而胞胎之氣自不散，則大腸之血自不妄行，而經自順矣。方用順經兩安湯：

當歸五錢，酒炒　白芍五錢，酒炒　大熟地五錢，九蒸　山萸肉二錢，蒸　人參三錢　白朮五錢，土炒　麥冬五錢，去心　黑芥穗二錢　巴戟肉一錢，鹽水浸　升麻四分。水煎服。二劑而大腸血止，而經從前陰出矣。三劑而經止，而兼可受妊矣。

此方乃大補心、肝、腎三經之藥，全不去顧胞胎，而胞胎有所歸者，以心腎之氣交也。蓋心腎虛則其氣兩分，心腎足則其氣兩合，心與腎不離，而胞胎之氣聽命於二經之攝，又安有妄動之形哉？然則心腎不交，補心腎可也，又何兼補夫肝木耶？不知肝乃腎之子、心之母也，補夫肝則肝氣往來於心腎之間，自然上引心而下入於腎，下引腎而上入於心，不啻介紹之助也。此使心腎相交之一大法門，不特調經而然也，學者其深思諸。〔一〕

年未老經水斷

經云：「女子七七而天癸絕。」有年未至七七，而經水先斷者，人以爲血枯經閉也，誰知是心肝脾之氣鬱乎？使其血枯，安能久延於人世？醫見其經水不行，妄謂之血枯耳，其實非血之枯，乃經之閉也。且經原非血也，乃天一之水，出自腎之中，是至陰之精，而有至陽之氣，故其色赤紅

〔一〕「諸」，瑞本、王本同，吳本作「之」。

似血，而實非血，所以謂之天癸。世人以經爲血，此千古之誤，牢不可破。倘果是血，何不名之曰血水，而曰經水乎？古昔聖賢，創呼經水之名者，原以水出於腎，乃癸干之化，故以名之。無如世人沿襲而不深思其旨，皆以血視之。然則經水早斷，似乎腎水衰涸，吾以爲心肝脾氣之鬱者，蓋以腎水之生，原不由於心肝脾，而腎水之化，實有關於心肝脾。使水位之下，無土氣以承之，則水濫滅火，腎氣不能化；火位之下，無水氣以承之，則火炎鑠金，腎氣無所生；木位之下，無金氣以承之，則木妄破土，腎氣無以成。倘心肝脾有一經之鬱，則其氣不能入於腎之中，腎之氣即鬱而不宣矣。況心肝脾之俱鬱，即腎氣眞足而無虧，尚有茹而難吐之勢，矧腎氣之本虛，又何能盈滿而化經水而外洩耶？《經》曰「亢則害」，此之謂也。此經之所以閉塞，有似乎血枯，而實非血枯耳。治法必須散心肝脾之鬱，而大補其腎之水，仍大補其心肝脾之氣，則精溢而經水自通矣。方用益經湯：

大熟地一兩，九蒸　白朮一兩，土炒　山藥五錢，炒　當歸五錢，酒洗　白芍三錢，酒炒　生棗仁三錢，搗碎　丹皮二錢　沙參三錢　柴胡一錢　杜仲一錢，炒黑　人參二錢。水煎。連服八劑而經通矣。服三十劑而經不再閉，兼可受孕。

此方心肝脾腎四經同治藥也。妙在補以通之，散以開之耳。倘徒補則鬱不開而生火，徒散則氣益衰而耗精，設或用攻堅之劑、辛熱之品，則非徒無益，而又害之矣。

種子〔一〕

身瘦不孕

婦人有瘦怯身軀，久不孕育，一交男子，卽臥病終朝，人以爲氣虚之故，誰知是血虚之故乎？或謂血藏於肝，精涵於腎，交感乃洩腎之精，與血虚何與？殊不知肝氣不開，則精不能洩，腎精既洩，則肝氣亦不能舒。以腎爲肝之母，母既洩精，不能分潤以養其子，則木燥乏水，而火且暗動以鑠精，則腎愈虚矣。況瘦人多火，而又洩其精，則水益少，而火益熾。水雖制火，而腎精空乏，無力以濟，成火在水上，〔二〕所以倦怠而臥也。此等之婦，偏易動火，然此火因貪慾而出於肝木之中，又是虚燥之火，而絶非眞火也。且不交合則已，交合又偏易走洩。此陰虚火旺，不能受孕，卽偶爾受孕，必致逼乾男子之精，隨種而隨消者有之。治法必須大補腎水，而平肝木，水旺則血旺，血旺則火消，便成水在火上之卦矣。方用養精種玉湯：

大熟地一兩，九蒸　當歸五錢，酒洗　白芍五錢，酒炒　山萸肉五錢，蒸熟。水煎服。三月便可身健受孕，斷可種子。

此方之用，不特補血，而純於塡精。精滿則子宫易於攝精，血足則子宫易於容物，皆有子之道也。惟是貪慾者多，節慾者少，往往不驗。服此者果能節慾三月，心靜神清，自無不孕之理。否則，

〔一〕「種子」，諸本無，據底本目錄補。

〔二〕「成火在水上」，瑞本同，吳本作「便成火在水上之卦」，王本作「成火在水上之卦」。以吳本爲是。

不過身體壯健而已矣，勿咎方之不靈也。

胸滿不思食不孕

婦人有飲食少思，胸膈滿悶，終日倦怠思睡，一經房事，呻吟不已，人以爲脾胃之氣虛也，誰知是腎氣之不足乎？夫氣宜升騰，〔二〕不宜消降。升騰於上焦，則脾胃易於分運；降陷於下焦，則脾胃難於運化。人乏水穀之養，則精神自爾倦怠，脾胃之氣可升而不可降也明甚。然則脾胃之氣，雖充於脾胃之中，實生於兩腎之内。無腎中之水氣，則胃之氣不能騰；無腎中之火氣，則脾之氣不能化。惟有腎之水火二氣，而脾胃之氣始能升騰而不降也。然則補脾胃之氣，可不急補腎中水火之氣乎！治法必以補腎氣爲主，但補腎而不兼補脾胃之品，則腎之水火二氣，不能提於至陽之上也。方用並提湯：

大熟地一兩，九蒸　巴戟一兩，鹽水浸　白朮一兩，土炒　人參五錢　黄芪五錢，生用　山萸肉三錢，蒸　枸杞二錢　柴胡五分。水煎服。三月而腎氣大旺，再服一月，未有不能受孕者。

此方補氣之藥多於補精，似乎以補脾胃爲主矣。孰知脾胃健而生精自易，是補脾胃之氣與血，正所以補腎之精與水也。又益以補精之味，則陰氣自足，陽氣易升，自爾騰越於上焦矣。陽氣不下陷，則無非大地陽春，〔三〕隨遇皆是化生之機，安有不受孕之理與？

〔二〕「氣」，瑞本、王本均同底本，吴本作「腎」。按文義，似作「腎氣」爲妥。
〔三〕「大地」，瑞本、王本同底本，吴本作「天地」。均通。

下部冰冷不孕

婦人有下身冰冷，非火不煖，交感之際，陰中絕無温熱之氣，人以爲天分之薄也，誰知是胞胎之寒之極乎？夫寒冰之地，不生草木；重陰之淵，不長魚龍。今胞胎既寒，何能受孕？雖男子鼓勇力戰，其精甚熱，直射於子宫之内，而寒冰之氣相逼，亦不過茹之於暫，而不能不吐之於久也。夫猶是人也，此婦之胞胎何以寒涼至此，豈非天分之薄乎？非也。蓋胞胎居於心腎之間，上繫於心，而下繫於腎，胞胎之寒涼，乃心腎二火之衰微也。故治胞胎者，必須補心腎二火而後可。方用温胞飲：

白朮一兩，土炒　巴戟一兩，鹽水浸　人參三錢　杜仲三錢，炒黑　兔絲子三錢，酒浸炒　山藥三錢，炒　芡實三錢，炒　肉桂二錢，去粗，研　附子三分，製　補骨脂二錢，鹽水炒。水煎服。一月而胞胎熱。

此方之妙，補心而即補腎，温腎而即温心，心腎之氣旺，則心腎之火自生；心腎之火生，則胞胎之寒自散。原因胞胎之寒，以至茹而即吐，而今胞胎既熱矣，尚有施而不受者乎？若改湯爲丸，朝夕吞服，尤能攝精，斷不至有伯道無兒之歎也。

胸滿少食不孕

婦人有素性恬淡，〔一〕飲食少用平和，〔二〕多食則難受，〔三〕或作嘔洩，胸膈脹滿，久不受孕，人以爲

〔一〕「淡」，傅山全書初版本作「談」，據友文堂本改。
〔二〕「少用」，瑞本同，吳本、王本均作「少則」。以底本爲是。
〔三〕「多食」，瑞本同，吳本、王本均作「多則」。以底本爲是。

賦禀之薄也，誰知是脾胃虛寒乎？夫脾胃之虛寒，原因心腎之虛寒耳。蓋胃土非心火不能生，脾土非腎火不能化，心腎之火衰，則脾胃失生化之權，卽不能消水穀以化精微矣。既不能化水穀之精微，自無津液以灌溉於胞胎之中，欲胞胎有温煖之氣以養胚胎，必不可得。總然受胎，〔二〕而帶脈無力，亦必墮落，此脾胃虛寒之咎，故無玉麟之毓也。治法可不急温補其脾胃乎？然脾之母，原在腎之命門；胃之母，原在心之包絡。欲温補脾胃，必須補二經之火。蓋母旺子必不弱，母熱子必不寒，此子病治母之義也。方用温土毓麟湯：

巴戟一兩，去心，酒浸　覆盆子一兩，酒浸蒸　白朮五錢，土炒　人參三錢　懷山藥五錢，炒　神麯一錢，炒。

水煎服。一月可以種子矣。

此方之妙，温補脾胃，而又兼補命門與心包絡之火，藥味不多，而四經並治。命門心包之火旺，則脾與胃無寒冷之虞矣。子母相顧，一家和合，自然飲食多而善化，氣血旺而能任，帶脈有力，不慮落胎，安有不玉麟之育哉？

少腹急迫不孕

婦人有少腹之間，自覺有緊迫之狀，急而不舒，不能生育，此人人之所不識也，誰知是帶脈之拘急乎？夫帶脈繫於腰臍之間，宜弛而不宜急。今帶脈之急者，由於腰臍之氣不利也；而腰臍之氣不利者，由於脾胃之氣不足也。脾胃氣虛則腰臍之氣閉，腰臍之氣閉，則帶脈拘急。遂致牽動胞胎，精卽直射於胞胎，胞胎亦暫能茹納，而力難負載，必不能免小產之虞。況人多不能節慾，安得

〔二〕「總然受胎」，瑞本、王本同底本，吳本作「縱然受孕」。

保其不墜乎？此帶脈之急，所以不能生子也。治法宜寬其帶脈之急。而帶脈之急，不能遽寬也，宜利其腰臍之氣。而腰臍之氣不能遽利也，必須大補其脾胃之氣與血。而腰臍可利，帶脈可寬，自不難於孕育矣。方用寬帶湯：

白朮一兩，土炒　巴戟肉五錢，酒浸　補骨脂一錢，鹽水炒　人參三錢　麥冬三錢，去心　杜仲三錢，炒黑　大熟地五錢，九蒸　肉蓯蓉三錢，洗淨　白芍三錢，酒炒　當歸二錢〔一〕　五味三分，炒　建蓮子二十粒，不去心。水煎服。四劑少腹無緊迫之狀，服一月卽受胎。

此方之妙，脾胃兩補而又利其腰臍之氣，自然帶脈寬舒，可以載物而勝任矣。或疑方中用五味、白芍之酸收，不增帶脈之急，而反得帶脈之寬，殊不可解。豈知帶脈之急，由於氣血之虛，蓋血虛則縮而不伸，氣虛則攣而不達。用芍藥之酸以平肝木，則肝木不尅脾；用五味之酸以生腎水，則腎能益帶。似相礙而實相濟也，何疑之有！

嫉妬不孕

婦人有懷抱素惡，不能生子者，人以爲天心厭之也，誰知是肝氣鬱結乎？夫婦人之有子也，必然心脈流利而滑，脾脈舒徐而和，腎脈旺大而鼓指，始稱喜脈，未有三部脈鬱而能生子者也。若三部脈鬱，而肝氣必因之而更鬱，肝氣鬱，則心腎之脈必致鬱之極而莫解。蓋子母相依，鬱必不喜，喜必不鬱也。其鬱而不能成胎者，以肝木不舒，必下尅脾土而致塞；脾土之氣塞，則腰臍之氣必不利，腰臍之氣不利，必不能通任脈而達帶脈，則帶脈之氣亦塞矣。帶脈之氣既塞，則胞胎之門必閉，

〔一〕吳本、王本更有「酒洗」二字，瑞本同底本。

精卽到門，亦不得其門而入矣，其奈之何哉！治法必解四經之鬱，以開胞胎之門則幾矣。方用開鬱種玉湯：

白芍一兩，酒炒　香附三錢，酒炒　當歸五錢，酒洗　白朮五錢，土炒　丹皮三錢，酒洗　茯苓三錢，去皮　花粉〔二〕。水煎服。一月則鬱結之氣開矣，〔三〕鬱開則無非喜氣之盈腹，而嫉妬之心亦可以一易，自然兩相合好，結胎於頃刻之間矣。

此方之妙，解肝氣之鬱，宣脾氣之困，而心腎之氣亦因之而俱舒，所以腰臍利而任、帶通達，不必啟胞胎之門，而胞胎自啟矣，不特治嫉妬者也。

肥胖不孕

婦人有身體肥胖，痰涎甚多，不能受孕者，人以爲氣虛之故，誰知是濕盛之故乎？夫濕從下受，乃言外邪之濕也。而肥胖之濕，實非外邪，乃脾土之内病也。然脾土既病，不能分化水穀，以養四肢，宜其身軀瘦弱矣，何以能肥胖乎？不知濕盛者多肥胖，肥胖者多氣虛，氣虛者多痰涎，外似健壯，而内實虛損也。内虛則氣必衰，氣衰則不能行水，而濕停於腸胃之間，不能化精而化涎矣。夫脾本濕土，又因痰多，愈加其濕，脾不能受熱，必津潤於胞胎，而日積月累，則胞胎竟變爲汪洋之水窟矣。且肥胖之婦，内肉必滿，遮隔子宮，不能受精，此必然之勢也。況又加以水濕之盛，卽男子甚健，陽精直達子宮，而其水勢滔滔泛濫可畏，亦遂化精成水矣，又何能成妊哉？治法必須以

〔二〕吳本只有「一錢」字，瑞本、王本作「二錢」。
〔三〕「矣」，傅山全書初版本作「奂」，據友文堂本改。

洩水化痰爲主，然徒洩水化痰，而不急補脾胃之氣，則陽氣不旺，濕痰不去，人先病矣，烏望其茹而不吐乎！方用加味補中益氣湯：

人參三錢　黃芪三錢，生用　柴胡一錢　甘草一錢　當歸三錢，酒洗　白朮一兩，土炒　升麻四分　陳皮五分　茯苓五錢　半夏三錢，製。水煎服。八劑而痰涎盡消，再十劑而水濕利，子宮涸出，易於受精而成孕矣。其在於昔，則如望洋觀海，而至於今，則是馬到成功也，快哉！

此方之妙，妙在提脾氣而升於上，作雲作雨，則水濕反利於下行；助胃氣而消於下，爲津爲液，則痰涎轉易於上化。不必用消化之品以損其肥，而肥自無礙；不必用濬決之味以開其竅，而竅自能通。陽氣充足，自能攝精，濕邪散除，自可受種，肥胖不孕之足慮乎！

骨蒸夜熱不孕

婦人有骨蒸夜熱，遍體火焦，口乾舌燥，咳嗽吐沫，難於生子者，人以爲陰虛火動也，誰知是骨髓内熱乎？夫寒陰之地，固不生物，而乾旱之田，豈能長養？然而骨髓與胞胎何相關切，而骨髓之熱，即能使人不嗣，此前賢之所未言者也。山一旦創言之，不幾爲世俗所駭乎！而要知，〔二〕不必駭也。此中實有其理焉。蓋胞胎爲五臟外之一臟耳，以其不陰不陽，所以不列於五臟之中。所謂不陰不陽者，以胞胎上繫於心包，下繫於命門。繫心包者，通於心，心者陽也；繫命門者，通於腎，腎者陰也。是陰中之有陽，陽中之有陰。所以善於變化，〔三〕或生男，或生女，俱從此出，然必

〔二〕「知」，瑞本、王本同，吳本作「之」。
〔三〕「善」，瑞本同，吳本、王本作「通」。

其陰陽協和，〔二〕不偏不枯，始能變化生人，否則否矣。況胞胎既通於腎，而骨髓亦腎之所化也。骨髓熱，由於腎之熱。腎熱而胞胎亦不能不熱。且胞胎非骨髓之養，則嬰兒無以生骨。骨髓過熱，則骨中空虛，惟存火烈之氣，又何能成胎？治法必須清骨中之熱。然骨熱由於水虧，必補腎之陰，則骨熱除，珠露有滴濡之喜矣。「壯水之主，以制陽光」，此之謂也。方用清骨滋腎湯：

地骨皮一兩，酒洗　丹皮五錢　沙參五錢　麥冬五錢，去心　玄參五錢，酒洗　五味子五分，炒研　白朮三錢，土炒　石斛二錢。水煎。連服三十劑，而骨熱解；再服六十劑，自受孕。

此方之妙，補腎中之精，涼骨中之熱，不清胞胎而胞胎自無大熱之患矣。〔三〕然陰虛內熱之人，原易受妊，今因骨髓過熱，所以受精而變燥，以致難於育子，本非胞胎之不能受精，所以稍補其腎，以殺其火之有餘，而益其水之不足，便易種子耳。

腰酸腹脹不孕

婦人有腰酸背楚，胸滿腹脹，倦怠欲臥，百計求嗣，不能如願，人以爲腰腎之虛也，誰知是任、督之困乎？夫任脈行於前，督脈行於後，然皆從帶脈之上下而行也。故任脈虛則帶脈墜於前，督脈虛則帶脈墜於後，雖胞胎受精，亦必小產。況任、督之脈既虛，而疝瘕之症必起，疝瘕礙胞胎而外障，則胞胎縮於疝瘕之內，往往精施而不能受，雖餌以玉燕，亦何益哉！治法必須先去其疝瘕之病，而補其任、督之脈，則提挈天地，把握陰陽，呼吸精氣，包裹成形，力足以勝任而無虞矣。外

〔二〕「其」，瑞本同，吳本、王本均無。

〔三〕「大」，瑞本同。吳本、王本均作「太」，爲是。

無所障，内有所容，安有不能生育之理？方用升帶湯：

白朮一兩，土炒　人參三錢　沙參五錢　肉桂一錢，去粗研　荸薺粉三錢　鱉甲三錢，炒　茯苓三錢　半夏一錢，製　神麴一錢，炒。水煎。連服三十劑，而任、督之氣旺；再服三十劑，而疝瘕之症除。

此方利腰臍之氣，正升補任、督之氣也，任、督之氣升，而疝瘕自有難容之勢。況方中有肉桂以散寒，荸薺以祛積，鱉甲之攻堅，茯苓之利濕，有形自化於無形，而滿腹皆升騰之氣矣，何至受精而再墜乎哉！

便澁腹脹足浮腫不孕

婦人有小水艱澁，腹脹脚腫，不能受孕者，人以爲小腸之熱也，誰知是膀胱之氣不化乎？夫膀胱原與胞胎相近，膀胱病而胞胎亦病矣。然水濕之氣，必走膀胱，而膀胱不能自化，必得腎氣相通，而始能化水以出陰器。倘膀胱無腎氣之通，則膀胱之氣化不行！水濕之氣，必且滲入胞胎之中，而成汪洋之勢矣。汪洋之田，又何能生物也哉？治法必須壯腎氣，以分消胞胎之濕，益腎火以達化膀胱之水。使先天之本壯，則膀胱之氣化；胞胎之濕除，而汪洋之田化成雨露之階矣。〔二〕水化則膀胱利，火旺則胞胎煖，安有布種而不發生者哉？方用化水種子湯：

巴戟一兩，鹽水浸　白朮一兩，土炒　茯苓五錢　人參三錢　兔絲子五錢，酒炒　芡實五錢，炒　車前二錢，酒炒　肉桂一錢，去粗，研。水煎服。二劑而膀胱之氣化；四劑而艱澁之症除；又十劑而虚脹脚腫之形消；再服六十劑，腎氣大旺，胞胎温煖，易於受胎而生育矣。

〔二〕「階」，瑞本亦作「階」，王本作「壞」，吳本作「壤」，以吳本爲是。

此方利膀胱之水，全在補腎中之氣，煖胞胎之氣，全在壯腎中之火。至於補腎之藥，多是濡潤之品，不以濕而益助其濕乎！然方中之藥，〔一〕妙於補腎之火，而非補腎之水。尤妙於補火而無燥烈之虞，利水而非蕩滌之猛，所以膀胱氣化，胞胎不濕，而發榮長養無窮與！

〔一〕「然」，瑞本、王本同，吳本無。

卷一百九十九　傅青主女科（下）

妊娠〔一〕

妊娠惡阻

婦人懷娠之後，惡心嘔吐，思酸解渴，見食憎惡，困倦欲臥，人皆曰妊娠惡阻也，誰知肝血亦燥乎？〔二〕夫婦人受妊，本於腎氣之旺也，腎旺是以攝精。然腎一受精而成娠，則腎水生胎，不暇化潤於化臟。〔三〕而肝爲腎之子，日食母氣以舒，一日無津液之養，則肝氣迫索，而腎水不能應，則肝益急，肝急則火動而逆也。肝氣既逆，是以嘔吐惡心之症生焉。嘔吐縱不至太甚，而其傷氣則一也。氣既受傷，則肝血愈耗，世人用四物湯治胎前諸症者，正以其能生肝之血也。然補肝以生血，未爲不佳，但生血而不知生氣，則脾胃衰微，不勝頻嘔，〔四〕山恐氣虛則血不易生也。〔五〕故於平肝補血之中，加以健脾開胃之品，以生陽氣，則氣能生血，尤益胎氣耳。或疑氣逆而用補氣之藥，不益助其

〔一〕「妊娠」，諸本俱無，據原底本目錄補。
〔二〕「亦」，瑞本同，吳本、王本作「太」。
〔三〕「化臟」，吳本、王本均作「五臟」。瑞本作「肝臟」，爲是。
〔四〕「嘔」，瑞本、王本同，吳本作「嘔吐」。
〔五〕「山恐」，吳本作「恐」，瑞本作「猶恐」，王本同張本。

逆乎？不知妊娠惡阻，其逆不甚，且逆是因虚而逆，非因邪而逆也。因邪而逆者，助其氣則逆增；因虚而逆者，補其氣則逆轉。況補氣於補血之中，則陰足以制陽，又何慮其增逆乎？宜用順肝益氣湯：

人參一兩　當歸一兩，酒洗　蘇子一兩，炒研　白朮三錢，土炒　茯苓二錢　熟地五錢，九蒸　白芍三錢，酒炒　麥冬三錢，去心　陳皮三分　砂仁一粒，炒研　神麯一錢，炒。水煎服。一劑輕，二劑平，三劑全愈。

此方平肝則肝逆除，補腎則肝燥息，補氣則血易生。凡胎病而少帶惡阻者，俱以此方投之，無不安。最有益於胎婦，其功更勝於四物焉。

妊娠浮腫

妊娠有至五個月，肢體倦怠，飲食無味，先兩足腫，漸至遍身頭面俱腫，人以爲濕氣使然也，誰知是脾肺氣虚乎？夫妊娠雖有按月養胎之分，其實不可拘於月數，總以健脾補肺爲大綱。蓋脾統血，肺主氣，胎非血不蔭，非氣不生，脾健則血旺而蔭胎，肺清則氣旺而生子。苟肺衰則氣餒，氣餒則不能運氣於皮膚矣；脾虚則血少，血少則不能運血於肢體矣。氣與血兩虚，脾與肺失職，所以飲食難消，精微不化，勢必至氣血下陷，而不能升舉，而濕邪即乘其所虚之處，積而成浮腫症，非由脾肺之氣血虚而然耶？治法當補其脾之血與肺之氣，不必祛濕，而濕自無不去之理。方用加減補中益氣湯：

人參五錢　黄芪三錢，生用　柴胡一錢　甘草一分　當歸三錢，酒洗　白朮五錢，土炒　茯苓一兩　升麻三

分　陳皮三分。水煎服。四劑即愈，十劑不再犯。〔一〕

夫補中益氣湯之立法也，原是升提脾肺之氣，似乎益氣而不補血，然而血非氣不生，是補氣即所以生血。觀當歸補血湯之君黃芪，〔二〕則較著彰明矣。況濕氣乘脾肺之虛而相犯，未便大補其血，恐陰太盛而招陰也。只補氣而助以利濕之品，則氣升而水尤易散，而血亦隨之而生矣。然則何以重用茯苓而至一兩，不幾以利濕爲君乎？嗟嗟！濕症而不以此藥爲君，將以何者爲君乎？況重用茯苓於補氣之中，雖曰滲濕，而仍是健脾清肺之意。且凡利水之品，多是耗氣之藥，而茯苓與參朮合，實補多於利，所以重用之以分濕邪，即以補氣血耳。

妊娠少腹疼

妊婦小腹作疼，胎動不安，如有下墮之狀，人只知帶脈無力也，誰知是脾腎之虧乎？夫胞胎雖繫於帶脈，而帶脈實關於脾腎，脾腎虧損則帶脈無力，胞胎即無以勝任矣。況人之脾腎虧損者，非飲食之過傷，即色慾之太甚。脾腎虧則帶脈急，胞胎所以有下墜之狀也。然則胞胎之系，通於心與腎，而不通於脾，補腎可也，何故補脾？然而腎爲後天之先天。〔三〕脾非先天之氣不能化，腎非後天之氣不能生；補腎而不補脾，則腎之精何以遽生也？是補後天之脾，正所以補先天之腎也；補先後二天之脾與腎，正所以固胞胎之氣與血。脾腎可不均補乎？方用安奠二天湯：

〔一〕「犯」，瑞本、王本同，吳本作「發」。

〔二〕「之君黃芪」，瑞本同，吳本、王本作「用黃芪爲君」。

〔三〕「然而腎爲後天之先天」，吳本、瑞本、王本均作「然脾爲後天，腎爲先天」，爲是。

人參一兩〔二〕　熟地一兩，九蒸　白朮一兩，土炒　山藥五錢，炒　山萸五錢，蒸，去核　炙草一錢　杜仲三錢，炒黑　枸杞二錢　扁豆〔三〕炒，去皮。水煎服。一劑而疼止，二劑而胎安矣。

夫胎動乃脾腎雙虧之症，非大用參、朮、熟地補陰補陽之品，斷不能挽回於頃刻。世人往往畏用參朮，或少用以冀建功，所以寡效。此方正妙在多用也。

妊娠口乾咽痛

妊婦至三四個月，自覺口乾舌燥，咽喉微痛，無津以潤，以至胎動不安，甚則血流如經水，人以爲火動之極也，誰知是水虧之甚乎？夫胎也者，本精與血之相結而成，逐月養胎，古人每分經絡，其實均不離腎水之養。故腎水足而胎安；腎水虧而胎動。雖然，腎水又何能動胎？必腎經之火動，而胎始不安耳。然而火之有餘，仍是水之不足，所以火炎而胎必動，補水則胎自安，亦既濟之義也。惟是腎水不能遽生，必須滋補肺金，金潤則能生水，而水有逢源之樂矣。水既有本，則源泉混混矣，而火又何難制乎？再少加以清熱之品，則胎自無不安矣。方用潤燥安胎湯：

熟地一兩，九蒸　生地三錢，酒炒　山萸五錢，蒸　麥冬五錢，去心　五味二錢，炒　阿膠二錢，蛤粉炒　黄芩一錢，酒炒　益母二錢。水煎服。二劑而燥息，再二劑而胎安，連服十劑，而胎不再動矣。

此方專塡腎中之精，而兼補肺，然補肺仍是補腎之意。故腎經不乾燥，則火不能灼胎，焉有不安之理乎！

〔二〕吳本、王本更有「去蘆」二字，瑞本同底本。
〔三〕吳本、王本均有「五錢」二字，瑞本同底本。

妊娠吐瀉腹疼

妊婦上吐下瀉，胎動欲墮，腹疼難忍，急不可緩，此脾胃虛極而然也。夫脾胃之氣，虛則胞胎無力，必有崩墜之虞。況又上吐下瀉，則脾與胃之氣，因吐瀉而愈虛，欲胞胎之無恙也得乎？然胞胎疼痛，而究不至下墜者何也？全賴腎氣之固也。胞胎繫於腎，而連於心，腎氣固則交於心，其氣通於胞胎，此胞胎之所以欲墜而不得也。且腎氣能固，則陰火必來生脾；心氣能通，則心火必來援胃。脾胃雖虛而未絕，則胞胎雖動而不墮耳，可不急救其脾胃乎？然脾胃當將絕而未絕之時，只救脾胃，而難遽生，更宜補其心腎之火，使之生土，則兩相接續，而胎自固而安矣。方用援土固胎湯：

人參一兩　白朮二兩，土炒　山藥一兩，炒　肉桂二錢，去粗，研　製附子五分　續斷三錢　杜仲三錢，炒黑　山萸一兩，蒸，去核　枸杞三錢　兔絲子三錢，酒炒　砂仁三粒，炒研　炙草一錢。水煎服。一劑而洩止，二劑而諸病盡愈矣。

此方救脾胃之土十之八，救心腎之火十之二也，救火輕於救土者，豈以土欲絕而火未甚衰乎？非也！蓋土崩非重劑不能援，火衰雖小劑而可助。〔一〕熱藥多用，必有太燥之虞，不比溫甘之品也。況胎動係土衰，而非火弱，何用太熱？妊娠忌桂附，是恐傷胎，豈可多用小熱之品計之以錢，大熱之品計之以分者？不過用以引火，而非用以壯火也。其深思哉！

〔一〕「小劑」，瑞本、王本均同底本，吳本作「劑小」。

妊娠子懸脇疼

妊婦有懷抱憂鬱，以致胎動不安，兩脇悶而疼痛，如弓上弦，人止知是子懸之病也，誰知是肝氣不通乎？夫養胎半係於腎水，然非肝血相助，則腎水實有獨力難支之勢，故保胎必滋腎水。而肝血斷不可不顧，使肝氣不鬱，則肝之氣不閉，而肝之血必旺，自然灌溉胞胎，合腎水而並協養胎之力。今肝氣因憂鬱而閉塞，則胎無血蔭，腎難獨任，而胎安得不上升以覔食？此乃鬱氣使然也。莫認爲子之欲自懸，而妄用泄子之品則得矣。治法宜開肝氣之鬱結，補肝血之燥乾，則子懸自定矣。方用解鬱湯：

人參一錢　白朮五錢，土炒　白茯苓三錢　當歸一兩，酒洗　白芍一兩，酒炒　枳殼五分，炒　砂仁三粒，炒研　山梔子三錢，炒　薄荷二錢。水煎服。一劑而悶痛除，二劑而子懸定，至三劑而全安。去梔子，再多服數劑，不復發。

此乃平肝解鬱之聖藥，鬱開則木不尅土，肝平則火不妄動。方中又有健脾開胃之品，自然水精四布，而肝與腎有潤澤之機，則胞胎自無乾燥之患，又何慮上懸之不愈哉！

妊娠跌損

妊婦有失足跌損，致傷胎元，腹中疼痛，勢如將墮者，人只知是外傷之爲病也，誰知有内傷之故乎？凡人内無他症，胎元堅固，即或跌撲閃挫，依然無恙。惟内之氣血素虧，故畧有閃挫，胎便不安，若止作閃挫外傷治，斷難奏功，且恐有因治而反墮者，可不慎與！必須大補氣血，而少加以行瘀之品，則瘀散胎安矣。但大補氣血之中，又宜補血之品多於補氣之藥，則無不得之。方用救損安胎湯：

當歸一兩，酒洗　白芍三錢，酒炒　生地一兩，酒炒　白朮五錢，土炒　炙草一錢　人參一錢　蘇木三錢，搗碎　乳香一錢，去油　沒藥一錢，去油。水煎服。一劑而疼痛止，二劑而勢不下墜矣，不必三劑也。

此方之妙，妙在既能去瘀而不傷胎，又能補氣補血而不凝滯，固無通利之害，亦痊跌閃之傷，有益無損，大建奇功，即此方與！然不特治懷孕之閃挫也，即無娠閃挫亦可用之。

妊娠小便下血病名胎漏

妊婦有胎不動，腹不疼，而小便中時常有血流出者，人以爲血虛胎漏也，誰知氣虛不能攝血乎？夫血只能蔭胎，而胎中之蔭血，必賴氣以衛之。氣虛下陷，則蔭胎之血亦隨氣而陷矣。然則氣虛下陷，而血未嘗虛，似不應與氣同陷也。而不知氣乃血之衛，血賴氣以固，氣虛則血無憑依，無憑依必燥急，燥急必生邪熱。血寒則靜，血熱則動，動則外出，而莫能遏，又安得不下流乎？倘氣不虛而血熱，則必大崩，而不止些微之漏矣。治法宜補其氣之不足，而洩其火之有餘，則血不必止而自無不止矣。方用助氣補漏湯：

人參一兩　白芍五錢，酒炒　黄芩三錢，酒炒黑　生地三錢，酒炒黑　益母草一錢　續斷二錢　甘草一錢。水煎服。一劑而血止，二劑再不漏矣。

此方用人參以補陽氣，用黄芩以洩陰火。火洩則血不熱，而無欲動之機；氣旺則血有依，而無可漏之竅。氣血俱旺而和協，自然歸經而各安其所矣，又安有漏洩之患哉！

妊娠子鳴

妊婦懷胎至七八個月，忽然兒啼腹中，腰間隱隱作痛，人以爲胎熱之過也，誰知是氣虚之故乎？夫兒之在胞胎也，全憑母氣以化成，母呼兒亦呼，母吸兒亦吸，未嘗有一刻之間斷。至七八個月，則母氣必虚矣，兒不能隨母之氣以爲呼吸，必有迫不及待之勢。母子原相依爲命，子失母之氣，則拂子之意而啼於腹中，似可異而究不必異，病名子鳴，氣虚甚也。治宜大補其氣，使母之氣與子氣和合，則子之意安，而啼亦息矣。方用扶氣止啼湯：

人參一兩　黄芪一兩，生用　麥冬一兩，去心　當歸五錢，酒洗　橘紅五分　甘草一錢　花粉〔二〕。水煎服。

一劑而啼即止，二劑不再啼。

此方用人參、黄芪、麥冬以補肺氣，使肺氣旺則胞胎之氣亦旺，胞胎之氣旺，則胞中之子氣有不隨母之氣以爲呼吸者？未之有也。

妊娠腰腹疼渴汗燥狂

婦人懷妊，有口渴汗出，大飲冷水，而煩躁發狂，腰腹疼痛，以致胎欲墮者，人莫不謂火盛之極也，抑知是何經之火盛乎？此乃胃火炎熾，煎胞胎之水，以致胞胎之水涸，〔三〕胎失所養，故動而不安耳。夫胃爲水穀之海，多氣多血之經，所以養五臟六腑者，蓋萬物皆生於土，土氣厚而物始生，

〔二〕吳本、瑞本、王本均有「一錢」二字。
〔三〕「水」，傅山全書初版本作「火」，據友文堂本改。

土氣薄而物必死。然土氣之所以能厚者，全賴火氣之來生也，胃之能化水穀者，亦賴火氣之能化也。今胃中有火，宜乎生土，何以火盛而反致害乎？不知無火難以生土，而火多又能爍水；雖土中有火土不死，然亦必有水方不燥。使胃火太旺，必致爍乾腎水；土中無水，則自潤不足，又何以分潤胞胎？土爍之極，火勢炎蒸，犯心越神，兒胎受逼，安得不下墜乎？經所謂「二陽之病發心脾」者，正此義也。治法必須洩火滋水，使水氣得旺，則火氣自衰，火衰而胎狂燥渴自定矣。方用息焚安胎湯：

生地一兩，酒炒　青蒿五錢　白朮五錢，土炒　茯苓三錢　人參三錢　知母二錢　花粉二錢。水煎服。一劑而狂少平，二劑而狂大定，三劑而火盡解，胎亦安矣。

此方藥料頗重，恐人慮不勝而不敢全用，又不得不再爲囑之：懷胎而火勝若此，非大劑何以能蠲？火不息則狂不止，而胎能安耶？況藥料雖多，均是滋水之味，益而無損，勿過慮也。

妊娠中惡

婦人懷子在身，痰多吐涎，偶遇鬼神祟惡，忽然腹中疼痛，胎向上頂，人疑爲子懸之病也，誰知是中惡而胎不安乎？大凡不正之氣，最易傷胎，故有孕之婦，斷不宜入廟燒香與避靜陰寒之地，如古洞幽岩，皆不可登。蓋邪祟多在神宇潛踪，幽陰岩洞，亦其往來遊戲之所，觸之最易相犯，不可不深戒也。況孕婦又多痰涎，眼目易眩。目一眩，如有妄見，此招祟之因痰而起也。人云：「怪病每起於痰。」其信然與！治法似宜以治痰爲主，然治痰必至耗氣，氣虛而痰難消化，胎必動搖。必須補氣以生血，補血以活痰，再加以清痰之品，則氣血不虧，痰亦易化矣。方用消惡安胎湯：

當歸一兩，酒洗　白芍一兩，酒炒　白朮五錢，土炒　茯苓五錢　人參三錢　甘草一錢　陳皮五分　花粉三

錢　蘇葉一錢　沉香一錢，研末。

此方大補氣血，輔正邪自除之義也。

妊娠多怒墮胎

婦人有懷妊之後，未至成形，或已成形，其胎必墮，人皆曰氣血衰微，不能固胎也，誰知是性急怒多、肝火大動而不靜乎？夫肝本藏血，肝怒則不藏，不藏則血難固。蓋肝雖屬木，而木中實寄龍雷之火，所謂相火是也。相火宜靜而不宜動，靜則安，動則熾，況木中之火，又易動而難靜者也。人生在世，無日非動靜之時，即無日非動火之時，尤加大怒，則火益動矣。火動而不可止遏，則火勢飛揚，不能生氣化胎，而反食氣傷精矣。精傷則胎無所養，勢必不墜而不已，經所謂「少火生氣，壯火食氣」〔一〕，使氣生夫血，而血清其火，則庶幾矣。方用利氣洩火湯：

人參三錢　白朮一兩，土炒　甘草一錢　熟地五錢，九蒸　當歸三錢，酒洗　白芍五錢，酒炒　芡實三錢，炒　黄芩二錢，酒炒。水煎服。六十劑而胎不墜矣。

此方名雖利氣，而實補氣也。然補氣而不加以洩火之品，則氣旺而火不能平，必反害其氣也，故加黄芩於補氣之中以洩火。又有熟地、歸、芍以滋肝而壯水之主，則血不燥而氣得和，怒氣息而火自平，不必利氣而氣無不利，即無往而不利矣。

〔一〕吴本、王本更有「正此義也。治法宜平其肝中之火，利其腰臍之氣」十九字，底本、瑞本無，顯然脱文，當補入爲是。

小産〔一〕

行房小産

妊婦因行房顛狂，遂致小産，血崩不止，人以爲火動之極也，誰知是氣脱之故乎。大凡婦人之懷妊也，賴腎水以蔭胎。水源不足，則火易沸騰；加以久戰不已，則火必大動；再至興酣顛狂，精必大洩；精大洩則腎水益涸，而龍雷相火益熾；水火兩病，胎不能固而墮矣。胎墮而火猶未息，故血隨火而崩下，有不可止遏之勢。人謂火動之極，亦未爲大誤也。但血崩本於氣虚，火盛本於水虧，腎水既虧，則氣之生源涸矣。氣源既涸，而氣有不脱者乎？此火動是標，而氣脱是本也。經云「治病必求其本」，本固而標自立矣。若只以止血爲主，而不急固其氣，則氣散不能速回，而血何由止？不大補其精，則水涸不能遽長，而火且益熾。不揣其本而齊其末，山未見有能濟者也。〔二〕方用固氣填精湯：

人參一兩　黄芪一兩，生用　白朮五錢，土炒　大熟地一兩，九蒸　當歸五錢，酒洗　三七三錢，研末冲　芥穗二錢，炒黑。

水煎服。一劑而血止，二劑而身安，四劑則全愈。

此方之妙，妙在不去清火，而惟去補氣補精，其奏功獨神者，以諸藥温潤能除大熱也。蓋熱是虚故補氣自能攝血，補精自能止血，意在本也。

〔一〕「小産」，諸本均無，據底本目録補入。
〔二〕「有」，瑞本、王本同底本，吳本作「其」。

跌閃小產

妊婦有跌撲閃挫，遂致小產，血流紫塊，昏暈欲絶者，人皆曰瘀血作祟也，誰知是血室損傷乎？夫血室與胞胎相連，如唇齒之相依。胞胎有傷，則血室亦損，唇亡齒寒，理有必至也。然胞胎傷損而流血者，其傷淺；血室傷損而流血者，其傷深。傷之淺者，疼在腹；傷之深者，暈在心。同一跌撲損傷，而未小產與已小產，治各不同。未小產而胎不安者，宜顧其胎，而不可輕去其血也；已小產而血大崩，宜散其瘀，而不可重傷其氣。蓋胎已墮，血既脱，而血室空虚，惟氣存耳，倘或再傷其氣，安保無氣脱之憂乎？經云：「血爲營，氣爲衛。」使衛有不固，則營無依而安矣。故必補氣以生血，新血生而瘀血自散矣。方用理氣散瘀湯：

人參一兩　黄芪一兩，生用　當歸五錢，酒洗　茯苓三錢　紅花一錢　丹皮三錢　薑炭五錢。水煎服。一劑而流血止，二劑而昏暈除，三劑而全安矣。

此方用人參、黄芪以補氣，氣旺則血可攝也。用當歸、丹皮以生血，血生則瘀難留也。用紅花、黑薑以活血，血活則暈可除也。用茯苓以利水，水利則血易歸經也。

大便乾結小產

妊婦有口渴煩躁，舌上生瘡，兩唇腫裂，大便乾結，數日不得通，以致腹疼小產者，人皆曰大腸之火熱也，誰知是血熱爍胎乎？夫血所以養胎也，温和則胎受其益，太熱則胎受其損，如其熱以爍之，則兒在胞胎之中，若有探湯之苦，難以存活，則必外越下奔，以避炎氣之逼迫，欲其胎之不墜也得乎？然則血蔭乎胎，則血必虚耗。血者陰也，虚則陽亢，亢則害矣。且血乃陰水所化，血日蔭胎，取給刻不容緩，而火熾陰水不能速生以化血，所以陰虛火動，陰中無非火氣，血中亦無非火氣矣。兩火相合，焚逼兒胎，此胎之所以下墜也。治法宜清胞中之火，補腎中之精，則可已矣。或疑兒已下墜，何故再顧其胞血不蔭胎，何必大補其水？殊不知火動之極，以致胎墜，則胞中純是一團火氣，此火乃虛火也，實火可洩，而虛火宜於補中清之，則虛火易散，而眞火可生。倘一味清涼以降火，全不顧胞胎之虛實，勢必至寒氣逼入胃中，生氣蕭索矣。胃乃二陽資養五臟者也，胃陽不生，何以化精微以生陰水乎？有不變爲勞瘵者幾希矣！方用加減四物湯：

熟地五錢，九蒸　白芍三錢，生用　當歸一兩，酒洗　川芎一錢　山梔子一錢，炒　山萸二錢，蒸，去核　山藥三錢，炒　丹皮〔二〕。水煎服。四五劑而全愈矣。

畏寒腹疼小產〔三〕

妊婦有畏寒腹疼，因而墮胎者，人只知下部太寒也，誰知是氣虛不能攝胎乎？夫人生於火，亦養於火，而非氣不充。氣旺則火旺，氣衰則火衰矣。人之所以坐胎者，受父母先天之眞火也。先天之眞火，即先天之眞氣以成之。故胎成於氣，亦攝於氣，氣旺則胎牢，氣衰則胎墜，胎日加長而氣日加衰，安得不墮哉？況又遇寒氣外侵，則内之火氣更微，火氣微則長養無資，此胎之不能不墮也。使當其腹疼之時，即用人參、乾薑之類，補氣祛寒，則可以疼止而胎安，無如人拘於妊娠之藥，禁而不敢用，因致墜胎，而僅存幾微之氣，不急救氣尚有何法？方用黃芪補氣湯：

〔二〕瑞本作「一錢」，王本作「三錢」，吳本同底本。瑞本爲是。

〔三〕「畏」，傅山全書初版本作「胃」，據友文堂本與文意改。

黄芪二兩，生用　當歸一兩，酒洗　肉桂五分，去粗皮，研。水煎服。五劑愈矣。

倘認定是寒，大用辛熱，全不補氣與血，恐過於燥熱，反致亡陽而變危矣。

大怒小產

妊婦有大怒之後，忽然腹疼吐血，因而墮胎，及墜胎之後，腹疼仍未止者，人以爲肝之怒火未退也，誰知是血不歸經而然乎？夫肝所以藏血者也，大怒則血不能藏，宜失血而不當失胎，〔一〕何爲失血而胎亦隨墮乎？不知肝性最急，血門不閉，其血直搗於胞胎；胞胎之系，通於心腎之間；肝血來冲，必斷絶心腎之路；胎因心腎之路斷，胞胎失水火之養，所以墮也。胎既墮矣，而腹疼如故者，蓋因心腎未援，欲續無計，彼此痛傷，肝氣欲歸於心而心不受，欲歸於腎而腎不納，故血猶未静，而疼無已也。治法宜引肝之血，仍入於肝，而腹疼自已矣。然徒引肝之血，而不平肝之氣，則氣逆而不易轉，即血逆而不易歸也。方用引氣歸血湯：

白芍五錢，酒炒　當歸五錢，酒洗　白朮三錢，土炒　甘草一錢　黑芥穗三錢　丹皮三錢　薑炭五分　香附五分，酒炒　麥冬三錢，去心　鬱金一錢，醋炒。水煎服。

此方名爲引氣，其實仍是引血也，引血亦所以引氣，氣歸於肝之中，血亦歸於肝之内，氣血兩歸，而腹疼自止矣。

〔一〕「失胎」，瑞本同。吳本、王本作「墜胎」。

血虛難產

妊娠有腹疼數日，不能生產，人皆曰氣虛力弱，不能送子出產門，誰知是血虛膠滯，胞中無血，兒難轉身乎？夫胎之成，成於腎臟之精；而胎之養，養於五臟六腑之血。故血旺則子易生，血衰則子難產，所以臨產之前，宜用補血之藥，補血而血不能遽生，則必更兼補氣以生之；然不可純補其氣也，恐陽過於旺，則血仍不足，偏勝之害，必有升而無降，亦難產之漸也。防微杜漸，其惟氣血兼補乎！使氣血並旺，則氣能推送，而血足以濟之，是汪洋之中，自不難轉身也，又何有膠滯之患乎？方用送子丹：

生黃芪一兩　當歸一兩，酒洗　麥冬一兩，去心　熟地五錢，九蒸　川芎三錢。水煎服。二劑而生矣，且無橫生倒產之患。

此補血補氣之藥也。〔二〕二者相較，補血之味多於補氣之品，蓋補氣止用黃芪一味，其餘無非補血之品。血旺氣得所養，氣生血得所依。胞胎潤澤，自然易產。譬如舟遇水淺之處，雖大用人力，終難推行，忽逢春水泛濫，舟自躍躍欲行，再得順風以送之，有不揚帆而迅行者乎？

〔一〕「難產」，諸本均無，據底本目錄增補。
〔二〕「氣」，傅山全書初版本脫，據友文堂本與文意補。

交骨不開難產

妊婦有兒到產門，竟不能下，此危急存亡之時也，人以爲胞胎先破，水乾不能滑利也，誰知是交骨不開之故乎？蓋產門之上，原有骨二塊，兩相鬬合，名曰交骨。未產之前，其骨自合，若天衣之無縫；臨產之際，其骨自開，如開門之見山。婦人兒門之肉，原自斜生，皮亦横長，實可寬可窄，可大可小者也。苟非交骨連絡，則兒門必然大開，可以手入探取胞胎矣。此交骨爲兒門之下關，實婦人鎖鑰之鍵。此骨不閉，則腸可直下，此骨不開，則兒難降生。然而交骨之能開能合者，氣血主之也。血旺而氣衰，則兒雖向下，而兒門不開；氣旺而血衰，則兒門可開，而兒難向下。是氣所以開交骨、血所以轉兒身也。欲生產之順利，非大補氣血不可。然交骨之閉甚易，而交骨之開甚難。臨產而交骨不開者，多由於產前貪慾洩精太甚，精洩則氣血失生化之本而大虧矣。氣血虧則無以運潤於兒門，而交骨粘滯不開矣。故欲交骨之開，必須於補氣、補血之中，而加開骨之品。兩相合治，自無不開之患，不必催生，而兒自迅下，母子俱無恙矣。方用降子湯：

當歸一兩　人參五錢　川芎五錢　紅花一錢　川牛膝三錢　柞木枝一兩。水煎服。一劑兒門必響亮一聲，交骨開解，而兒乃降生矣。

此方用人參以補氣，芎、歸以補血，紅花以活血，牛膝以降下，柞木枝以開關解骨。君臣佐使，同心協力，所以取效如神，在用開於補之中也。然單用柞木枝亦能開骨，但不補氣與血，恐開而難合，未免有下部中風之患，不若此方之能開能合之爲神妙也。至於兒未臨門之時，萬不可先用柞木以開其門，然用降子湯亦正無妨，以其能補氣血耳。若欲單用柞木，必須候到門而後可。

脚手先下難產

妊婦生產之際，有脚先下而兒不得下者，有手先下而兒不得下者，人以爲横生倒產至危之症也，誰知是氣血兩虚之故乎？夫兒在胞胎之中，兒身正坐，男面向後，女面向前，及至生時，則頭必旋轉而向下生，此天地造化之奇，非人力所能勉强者。雖然先天與後天原並行而不悖，天機之動，必得人力以濟之，所謂人力者，非產母用力之謂也，謂產母之氣與血耳。產母之氣血足，則胎必順；產母之氣血虧，則胎必逆。順則易生，逆則難產。氣血既虧，母身必弱，子在胞中亦必弱，胎弱無力，欲轉頭向下而不能，此胎之所以有脚手先下者也。當是之時，急用針刺兒之手足，則兒必痛而縮入，急用轉天湯以救順之：

人參二兩　當歸二兩，酒洗　川芎一兩　川牛膝三錢　升麻四分　附子一分，製。水煎服。一劑而兒轉身矣，再二劑自然順生。

此方之妙，用人參以補氣之虧，用芎、歸以補血之虧，人人皆知其義。若用升麻，又用牛膝、附子，恐人未識其妙也。蓋兒已身斜，非用提挈則頭不易轉，然轉其身，非用下行則身不易降，升麻、牛膝並用，而又用附子者，欲其無經不達，使氣血迅速以催生也。

氣逆難產

婦人有生產數日，而胎不下者，服催生之藥皆不見效，人以爲交骨之難開也，誰知是氣逆不行而然乎？夫交骨不開，固是難產；然兒頭到產門而不能下者，方是交骨不開之故，故自當用開骨之劑。若兒頭尚未到產門，乃氣逆不行，兒身難轉耳，非交骨不開之故也。若開其交骨，則兒門大開，兒頭未轉而向下，必致變症非常，是兒門萬萬不可輕開也。大凡生產之時，切忌坐草太早，若兒未轉頭，原難驟生，乃早於坐草，產婦見兒許久不下，未免心懷恐懼，恐則神怯，怯則氣下而不能升；氣既不升，則上焦閉塞，而氣乃逆矣；上氣既逆，而上焦必脹滿，而氣益難行矣。氣沮滯於上下之間，不利氣而徒催生，則氣愈逆而胎愈閉矣。治法但利其氣，兒自轉身而下矣。方用舒氣散：

人參一兩　當歸一兩，酒洗　川芎五錢　白芍五錢，酒炒　紫蘇梗三錢　牛膝三錢　陳皮一錢　柴胡八分　葱白七寸。水煎服。一劑而逆氣轉，兒卽下矣。

此方利氣而實補氣，蓋氣逆由於氣虛，氣虛易於恐懼，補其氣而恐懼自定，恐懼定而氣逆者，將莫知其何以定也，何必開交骨之多事乎哉！

子死產門難產

婦人有生產三四日，兒已到產門，交骨不開，兒不得下，子死而母未亡者，服開骨之藥不驗，當有死亡之危。今幸而不死者，正因其子死而胞胎下墜，子母離開，母氣已收，未至同子氣俱絶也。治但救其母，而不必顧其子矣。然死子在產門，塞其下口，亦有致母死亡之道。宜用推送之法，補血以生水，補氣以生血，使氣血兩旺，而死子可出，而存母命也。倘徒用降子之劑以墜之，則死子未必下，而母氣先脱矣，非救援之善者也。山親見此等之症，常用救母丹，活人頗多，故誌之。

人參一兩　當歸二兩，酒洗　川芎一兩　益母草一兩　赤石脂一錢　芥穗三錢，炒黑。水煎服。一劑而死子下矣。

此方用芎、歸以補血，人參以補氣，氣旺血旺，則上能升而下能降，氣能推而血能送。況益母又善下死胎，石脂能下瘀血，自然一湧而出，無少阻滯矣。

子死腹中難產

婦人有生產六七日，胞衣已破，而子不見下，人以爲難產之故也，誰知是子已死於腹中乎？夫兒死於兒門之邊易辨，而死於腹中難識。蓋兒已到產門之邊未死者，頭必能伸能縮；已死者，必然不動，即以手推之，亦必不動如故。若係未死，用手少拔其兒之髮，兒必退入，故曰易辨。若兒死在腹中，何從而知之？然實有可辨而知之者。凡子死腹中，而母可救者，產母之面必無煤黑之氣，是子死而母無死氣也；子死腹中，而母難救，產母之面必有烟燻之氣，是子死而母亦無生機也。以此辨死生，斷斷不爽也。既知兒死腹中，不能用藥以降之，危道也。若用霸道以洩之，亦危道也。蓋生產至六七日矣，其母之氣，必甚困乏，烏能勝霸道之治。如用霸道以强逐其死子，恐死子下而母亦立亡矣。必須仍補其母，使母之氣血旺，而死子自下也。方用療兒散：

人參一兩　當歸二兩，酒洗　川牛膝五錢　鬼臼三錢，研水飛　乳香二錢，去油。水煎服。一劑死子下而母生矣。

凡兒之降生，必先轉其頭。原因其母氣血之虛，以致兒不能轉頭以向下，世人用催生之藥，以耗兒之氣血，則兒之氣不能通達，反致閉悶而死於腹中，此實庸醫殺之也。所以難產之疾，斷斷不可用催生之藥，只宜補氣補血以壯其母，而全活嬰兒之命正無窮也。此方救兒死之母，仍大補氣血，所以救其本也，誰知救本即所以催生哉！

正産〔一〕

正産胞衣不下

産婦有兒已下地，而胞衣留滯於腹中，二三日不下，心煩意躁，時欲昏暈，人以爲胞衣之蒂未斷也，誰知是血少乾枯，粘連於腹中乎？世人見胞衣不下，未免心懷疑懼，恐其沖之於心，而有死亡之兆。然而胞衣究何能上沖於心也？但胞衣不下，瘀血未免難行，恐有血暈之虞耳。治法仍宜大補其氣血。使生血以送胞衣，則胞衣自然潤滑，潤滑則易下；生氣以助生血，則血生自然迅速，尤易催墮也。方用送胞湯：

當歸二兩，酒洗　川芎五錢　益母草一兩　乳香一兩，不去油　沒藥一兩，不去油　芥穗三錢，炒黑。麝香五厘，研，另冲。水煎服。立下。

此方以芎、歸補其氣血，以荆芥引血歸經，用益母、乳香等藥逐瘀而下胞衣。新血既生，則舊血難存，氣旺上升，而瘀濁自降，尚有留滯之苦哉！夫胞衣是包兒之一物，非依於子，即依於母，子生而不隨子俱下，以子之不可依也，故留滯於腹，若有回顧其母之心。母胞雖已生子，而其蒂間之氣原未遽絶，所以留連欲脱而未脱，往往有存腹六七日不下，而竟不腐爛者，正以其尚有生氣也。可見胞衣留腹不能殺人，補之而自降耳。或謂胞衣既有生氣，補氣補血則胞衣亦宜堅牢，何以補之而反降也？不知子未下，補則益於子；子已下，補則益於母。益子而胞衣之氣連，益母而胞衣之

〔一〕「正産」，諸本均無，據底本目録增補。

氣脱。此胞胎之氣，開通則兩合，閉則兩開矣。故大補氣血而胞衣反降也。〔一〕

有婦人子下地五六日，而胞衣留於腹中，百計治之，竟不能下，而又絕無昏暈煩躁之狀，人以爲瘀血之粘連也，誰知是氣虛不能推送乎？夫瘀血在腹，斷無不作祟之理，有則必然發暈，今安然無恙，是血已淨矣。血淨宜清氣升而濁氣降，今胞衣不下，是清氣下降而難升，遂至濁氣上浮而難降。然濁氣上升，又必有煩躁之病，今亦安然者，是清濁之氣兩不能升也。然則補其氣，不無濁氣之上升乎？不知清升而濁降者，一定之理，未有清升而濁亦升者也。苟能於補氣之中，仍分其清濁之氣，則升清正所以降濁也。方用補中益氣湯：

人參三錢　生黄芪一兩　柴胡三分　炙草一分　當歸五錢　白朮五分，土炒　升麻三分　陳皮二分　萊菔子五分，炒研。水煎服。一劑而胞衣自下矣。

夫補中益氣湯，乃提氣之藥也，並非推送之劑，何以能降胞衣如此之速也？然而濁氣之不降者，由於清氣之不升也，提其氣則清升而濁降，濁氣降則腹中所存之物，即無不隨濁氣而盡降，正不必再用推送之法也。況又加萊菔子數分，能理濁氣，不至兩相扞格，所以奏功之奇也。

正産氣虛血暈

婦人甫産兒後，忽然眼目昏花，嘔惡欲吐，中心無主，或神魂外越，恍若天上行雲，人以爲惡血冲心之患也，誰知是氣虛欲脱而然乎？蓋新産之婦，血必盡傾，血室空虛，止存幾微之氣。倘其人陽氣素虛，不能生血，心中之血，前已蔭胎，胎墮而心中之血亦隨胎而俱墮，心無血養，所賴者，

〔一〕「氣血」，瑞本、王本均同底本，吳本作「血氣」。

幾微之氣以固之耳。今氣又虚而欲脱，而君心無護，所剩殘血欲奔回救主，而血非正血，不能歸經，内庭變亂，而成血暈之症矣。治法必須大補氣血，斷不可單治血暈也。或疑血暈是熱血上冲，而更補其血，不愈助其上冲之勢乎？不知新血不生，舊血不散，補血以生新血，正活血以逐舊血也。然血有形之物，難以速生，氣乃無形之物，易於迅發，補氣以生血，尤易於補血以生血耳。方用補氣解暈湯：

人參一兩　生黄芪一兩　當歸一兩，不酒洗　黑芥穗三錢　薑炭一錢。水煎服。一劑而暈止，二劑而心定，三劑而血生，四劑而血旺，再不暈矣。

此乃解暈之聖藥。用參、芪以補氣，使氣壯而生血也；用當歸以補血，使血旺而養氣也。氣血兩旺，而心自定矣。用荆芥以引血歸經，〔二〕用薑炭以行瘀引陽，瘀血去而正血歸，不必解暈而暈自解矣。

一方之中，藥止五味，而其奏功之奇而大如此，幾其神乎！〔三〕

正產血暈不語

産婦有子方下地，卽昏暈不語，此氣血兩脱也，本在不救，然救之得法，亦有能生者。山得岐天師秘訣，何敢隱而不宣乎？當斯之時，急用銀針刺其眉心，得血出則語矣。然後以人參一兩煎湯灌之，無不生者。卽用黄芪二兩、當歸一兩，名當歸補血湯，煎湯一碗灌之，亦得生。萬不可於二

〔二〕「荆芥」，瑞本同，吴本、王本作「荆芥炭」。
〔三〕「幾其神乎」，瑞本同，吴本、王本作「其神矣乎」。

方之中，輕加附子。蓋附子無經不達，反引氣血之藥走而不守，不能專注於胞胎，不若人參、歸、芪直救其氣血之絕，聚而不散也。蓋產婦昏暈，全是血室空虛，無以養心，以致昏暈。舌爲心之苗，心既無主，而舌又安能出聲耶？夫眉心之穴，上通於腦，下通於舌，而其系則連於心。刺其眉心，則腦與舌俱通，而心之清氣上升，則瘀血自然下降矣。然後以參、芪、當歸之能補氣生血者，煎湯灌之，則氣與血接續，又何至於死亡乎？雖單用參、芪、當歸，亦有能生者，然終不若先刺眉心之爲更妙。世人但知灸眉心之法，不知刺更勝於灸。蓋灸法緩而刺法急，緩則難於救絕，急則易於回生，所謂「急則治其標，緩則治其本」者此也。

正產敗血攻心暈狂

婦人有產後二三日發熱，惡露不行，敗血攻心，狂言呼叫，甚欲奔走，拏提不定，人以爲邪熱在胃之過，誰知是血虛心不得養而然乎？夫產後之血，盡隨胞胎而外越，則血室空虛，臟腑皆無血養，只有心中之血，尚存幾微，以護心君，而臟腑失其所養，皆欲取給於心。心包爲心君之宰相，攔絕各臟腑之氣不許入心，始得心神安靜，是護心者，全藉心包之力也。使心包亦虛，不能障心，而各臟腑之氣，遂直入於心，以分取乎心血。心包情急，既不能內顧其君，又不能外禦乎衆，於是大聲疾呼，號鳴勤王，而其迹象反近於狂悖，有無可如何之勢。故病狀似熱而實非熱也。治法須大補心中之血，使各臟腑分取以自養，不得再擾乎心君，則心君泰然，而心包亦安矣。方用安心湯：

當歸二兩　川芎一兩　生地五錢〔一〕　丹皮五錢　生蒲黃二錢　乾荷葉一片引。水煎服。一劑而狂定，

〔一〕吳本、王本多一「炒」字，瑞本同底本。

惡露亦下矣。

此方用芎、歸以養血，何以又用生地、丹皮之凉血？似非産後所宜。不知惡露所以奔心，原因虚熱相犯，於補中凉之，而凉不爲害。况益之以荷葉，七竅相通，引邪外出，不惟内不害心，且佐蒲黄以分解乎惡露也。但只可暫用以定狂，不可多用以取咎也。謹之愼之。

正産腸下

産婦腸下，亦危症也。人以爲兒門不關之故，誰知是氣虚下陷而不能收乎？夫氣虚下陷，自宜用升提之藥以提其氣矣。然新産之婦，恐有瘀血在腹，一旦提氣，並瘀血而升騰於上，則冲心之患，又恐變出非常，是氣又不可竟提也。氣既不可竟提，而氣又下陷，將用何法以治之哉？蓋氣之下陷者，因氣之虚也。但補其氣，則氣旺而腸自升舉矣。惟是補氣之藥，少則氣力薄而難以上升，必須以多爲貴，則陽旺力强，斷不能降而不升矣。方用補氣升腸飲：

人參一兩〔一〕　生黄芪一兩　當歸一兩，酒洗　白朮五錢，土炒　川芎二錢，酒洗　升麻一分。水煎服。一劑而腸升矣。

此方純於補氣，全不去升腸，即如用升麻一分，亦不過引氣而升耳。蓋升麻之爲用，少則氣升，多則血升也，不可不知。又方用萆麻仁四十九粒，搗塗頂心以提之，腸升即刻洗去，時久則恐吐血。此亦升腸之一法也。

〔一〕吳本、王本更有「去蘆」二字，瑞本同底本。

產後〔一〕

產後少腹疼

婦人產後少腹疼痛，甚則結成一塊，按之甚疼，〔二〕一人以爲兒枕之疼也，誰知是瘀血作祟乎？夫兒枕者，前人謂兒頭枕之物也。兒枕之不疼，豈兒生不枕而反疼？是非兒枕可知矣。既非兒枕，何故作疼？乃是瘀血未散，結作成團而作疼耳。凡此等之症，多是壯健之婦，血之有餘，而非血之不足也。似乎可用破血之藥，然血活則瘀自除，血結則瘀作祟。若不補血，而反敗血，雖瘀血可消，畢竟耗損難免，不若於補血之中，以行逐瘀之法，則氣血不耗，而瘀亦盡消矣。方用散結定疼湯：

當歸一兩，酒洗　川芎五錢，酒洗　丹皮二錢　益母草三錢　黑芥穗二錢　乳香一錢，去油　山楂十粒〔三〕　桃仁七粒，泡去皮尖。炒研。水煎服。一劑而疼止而愈，不必再劑也。

此方逐瘀於補血之中，消塊於生血之內，妙在不專攻疼病而疼病止。彼世人一見兒枕之疼，動用元胡、蘇木、蒲黃、靈脂之類以化塊，又何足論哉！

婦人產后少腹疼病，按之卽止，人亦以爲兒枕之疼也，誰知是血虛而然乎？夫產後亡血過多，血室空虛，原能腹疼，十婦九然。但疼有虛實之分，不可不辨，如燥糖觸體光景，是虛疼非實疼也。

〔一〕「產後」，諸本均無，據底本目錄增補。
〔二〕「甚」，瑞本同，吳本、王本作「愈」。
〔三〕吳本、王本更有「炒黑」二字，瑞本同底本。

大凡虛疼宜補，而產後之虛疼尤宜補焉。惟是血虛之疼，必須用補血之藥，而補血之味，多是潤滑之品，恐與大腸不無相礙。然產後血虛，腸多乾燥，潤滑正相宜也，何礙之有？方用腸寧湯：

當歸一兩，酒洗　熟地一兩，九蒸　人參三錢　麥冬三錢，去心　阿膠三錢，蛤粉炒　山藥三錢，炒　續斷二錢　甘草一錢　肉桂二分，去粗，研。水煎服。一劑而疼輕，二劑而疼止，多服更宜。

此方補氣補血之藥也。然補氣而無太鬱之憂，〔一〕補血而無太滯之患，氣血既生，不必止疼而疼自止矣。

產後氣喘

婦人產後氣喘，最是大危之症，苟不急治，立刻死亡，人只知是氣血之虛也，誰知是氣血兩脫乎？夫既氣血兩脫，人將立死，何又能作喘？然此血將脫而氣猶未脫也。血脫欲留，而氣不能留挽乎血之脫，而氣反上喘。如人與賊鬬，而力不勝賊之强，又不肯自安於不鬬，乃召號同志，以求鄰人之助，故呼聲而喘作。其症雖危，而可救處，正在能作喘也。蓋肺主氣，喘則肺氣似盛，而不知實肺氣之衰也。當是之時，血將脫而萬難驟生，望肺氣之相救甚急，若赤子之望慈母。然而肺因血失止存幾微之氣，自顧尚且不暇，又何能提挈乎血？氣不與血俱脫者幾希矣。是救血必須補氣也。方用救脫活母湯：

人參二兩　當歸一兩，酒洗　熟地一兩，九蒸　枸杞子五錢　山萸五錢，蒸，去核　麥冬一兩，去心　阿膠二錢，蛤粉炒　肉桂一錢，去粗，研　黑芥穗二錢。水煎服。一劑而喘輕，二劑而喘減，三劑而喘定，四劑而

〔一〕「而」，傅山全書初版本脫，據友文堂本補。

全愈矣。

此方用人參以接續元陽，然徒補其氣，而不補其血，則陽燥而狂，雖回生於一時，亦旋得旋失之道。即補血而不補其肝腎之精，則本原不固，陽氣又安得而續乎！所以又用熟地、山萸、枸杞之類，以大補其肝腎之精，而後大益其肺氣，則肺氣健旺，升提有力矣。特慮新產之後，用補陰之藥膩滯不行，又加肉桂以補命門之火，使火氣有根，助人參以生氣，而且能運化地黃之類，以化精微。〔二〕若過於助陽，萬一血隨陽動，瘀而上行，亦非保全之策。更加荊芥以引血歸經，則肺氣安而喘速定，治幾其神乎！

產後惡寒身顫

婦人產後惡寒惡心，身體顫，發熱作渴，人以爲產後傷寒也，誰知是氣血兩虛、正不敵邪而然乎？大凡人之氣不虛，則邪斷難入，產婦失血既多，則氣必大虛，氣虛則皮毛無衛，邪原易入，正不必戶外之風來襲體也，即一舉一動，風即可乘虛而入之。然產後之婦，風易入而亦易出，凡有外邪之感，俱不必祛風。況產婦之惡寒者，寒由內生也；發熱者，熱由內弱也，身顫者，顫由氣虛也。治其內寒，而外寒自散；治其內弱而外熱自解；壯其元陽而身顫自除。方用十全大補湯：

人參三錢　白朮三錢，土炒　茯苓三錢，去皮　甘草一錢，炙　川芎一錢，酒洗　當歸三錢，酒洗　熟地五錢，九蒸　白芍二錢，酒炒　黃芪一兩，生用　肉桂一錢，去粗，研。水煎服。一劑而諸病悉愈。

此方但補氣與血之虛，而不去散風與邪之實，正以正足而邪自除也，況原無邪氣乎！所以奏功

〔二〕「以化精微」，瑞本同，吳本、王本作「以化精生血」。

之捷也。

産後惡心嘔吐

婦人産後，惡心欲嘔，時而作吐，人皆曰胃氣之寒也，誰知是腎氣之寒乎？夫胃爲腎之關，胃之氣寒，則胃氣不能行於腎之中；腎之氣寒，則腎氣亦不能行於胃之内。是腎與胃，原不可分而兩之也。〔一〕惟是産後失血過多，必致腎水乾涸，腎水涸應腎火上炎，當不至胃有寒冷之虞，何故腎寒而胃亦寒乎？蓋新産之餘，水乃遽然涸去，虚火尚不能生；火既不生，而寒之象自現。治法宜補其腎中之火矣。然火無水濟，則火在水上，未必不致成火動陰虚之症，〔二〕必須於水中補火，腎中温胃，〔三〕而後腎無太熱之患，胃有既濟之歡也。方用温腎止嘔湯：

熟地五錢，九蒸　巴戟一兩，鹽水浸　人參三錢　白朮一兩，土炒　山萸五錢，蒸，去核　炮薑一錢　茯苓二錢，去皮　白蔻一粒，研　橘紅五分，薑汁洗。水煎服。一劑而嘔吐止，二劑而不再發，四劑而全愈矣。

此方補腎之藥多於治胃之品，然而治腎仍是治胃也。所以腎氣升騰，而胃寒自解，不必用大熱之劑温胃袪寒也。

〔一〕「原不可」，瑞本同，吳本、王本作「不可」。
〔二〕「不致成」，瑞本同，吳本、王本作「不成」。
〔三〕「腎中温胃」，瑞本、王本均同底本，吳本作「腎中補胃」。

產後血崩

少婦產後半月，血崩昏暈，目見鬼神，人皆曰惡血冲心也，誰知是不慎房幃之過乎？夫產後業踰半月，氣血雖不比其初產之二三日，而新氣血初生尚未全復，卽血路已淨，〔一〕而胞胎之損傷未痊，斷不可輕於一試，以重傷其門戶。無奈少嬌之婦，氣血初復，不知愼養，慾心大動，貪合圖歡，以致血崩昏暈，目見鬼神，是心腎兩傷，不特胞胎門戶已也。明明是既犯色戒，又加酣戰，以致大洩其精，精洩而神亦隨之而欲脫。此等之症，乃自作之孽，多不可活，然於不可活之中，而思一急救活之法，舍大補其氣與血，别無良法也。方用救敗求生湯：

人參二兩　當歸二兩，酒洗　白朮二兩，土炒　九蒸熟地一兩　山萸五錢，蒸〔二〕　山藥五錢，炒　棗仁五錢，生用　附子一分或一錢，自製。水煎服。一劑而神定，二劑而暈止，三劑而血亦止矣。倘一服見效，連服三四劑，減去一半，再服十劑，可慶更生。

此方補氣以回元陽於無何有之鄉，陽回而氣回，自可攝血以歸神，生精而續命矣。

產後手傷胞胎淋漓不止

婦人有生產之時，被穩婆手入產門，損傷胞胎，因而淋漓不止，欲少忍須臾而不能，人謂胞破不能再補也，而孰知不然？夫破傷皮膚，尚可完補，豈破在腹内者，獨不可治療？或謂破在外，

〔一〕「卽血路」，瑞本、王本均同底本。吳本作「卽血露」，爲是。
〔二〕「山萸五錢蒸」，瑞本、王本均同底本，吳本無。

可用藥外治以生皮膚，破在內，雖有靈膏，無可救補耳。然破之在內者，外治雖無可施力，安必其內治不可奏功乎？試思瘡傷之毒，大有缺陷，尚可服藥以生肌肉，此不過收生不謹，小有所損，並無惡毒，何難補其缺陷也？方用完胞飲：

人參一兩　白朮一兩，土炒　茯苓三錢，去皮　生黃芪五錢　當歸一兩，酒洗〔二〕　川芎五錢　桃仁十粒，泡炒研　紅花一錢　益母草三錢　白芨末一錢。　用猪、羊胞一個，〔三〕先煎湯，後煎藥。饑服。十劑全愈。

夫胞損宜用補胞之藥，何以反用補氣血之藥也？蓋生產本不可手探試，而穩婆竟以手探胞胎，以致傷損，則難產必矣。難產者，因氣血之虛也。產後大傷氣血，是虛而又虛矣。因虛而損，復因損而更虛，若不補其氣與血，而胞胎之破，何以奏功乎？今之大補其氣血者，不啻饑而與之食、渴而與之飲也。則精神大長，氣血再造，而胞胎何難補完乎？所以旬日之內便成功也。

產後四肢浮腫

產後四肢浮腫，寒熱往來，氣喘咳嗽，胸膈不利，口吐酸水，兩脇疼痛，人皆曰敗血流於經絡，滲於四肢，以致氣逆也，誰知是肝腎兩虛，陰不得出之陽乎？夫產後之婦，氣血大虧，自然腎水不足，腎火沸騰。然水不足則不能養肝，而肝木大燥，木中乏津。木燥火發，腎火有黨，子母兩焚，火焰直沖而上尅肺金。金受火刑，力難制肝，而咳嗽喘滿之病生焉。肝火既旺，而下尅脾土，土受木刑，力難制水，而四肢浮腫之病出焉。然而肝木之火旺，乃假象，而非眞旺也。假旺之氣，若盛

〔二〕「酒洗」，瑞本同，吳本、王本作「酒炒」。
〔三〕「用猪、羊胞」，諸本同底本。按理，「用猪或羊胞」一爲當。

而實不足，故時而熱，時而寒，往來無定，乃隨氣之盛衰以爲寒熱。而寒非眞寒，熱亦非眞熱，是以氣逆於胸膈之間而不舒耳。兩脇者，肝之部位也。酸者，肝之氣味也。吐酸脇疼痛，皆肝虛而腎不能榮之象也。治法宜補血以養肝，補精以生血，精血足而氣自順，而寒熱咳嗽浮腫之病悉退矣。

方用轉氣湯：

人參三錢　茯苓三錢，去皮　白朮三錢，土炒　當歸五錢，酒洗　白芍五錢，酒炒　熟地一兩，九蒸　山萸三錢，蒸　山藥五錢，炒　芡實三錢，炒　故紙一錢，鹽水炒　柴胡五分。水煎服。三劑效，十劑痊。

此方皆是補血補精之品，何以名爲轉氣耶？不知氣逆由於氣虛，乃是肝腎之氣虛也。補肝腎之精血，即所以補肝腎之氣也。蓋虛則逆，旺則順，是補即轉也。氣轉而各症盡愈。陰出之陽，則陰陽無扞格之虞矣。

產後肉線出

婦人有產後水道中，出肉線一條，長二三尺，動之則疼痛欲絕，人以爲胞胎之下墜也，誰知是帶脈之虛脱乎？夫帶脈束於任、督之間，任脈前而督脈後。二脈有力，則帶脈堅牢；二脈無力，則帶脈崩墜。產後亡血過多，無血以養任、督，而帶脈崩墜，力難升舉，故隨溺而隨下也。帶脈下垂，每每作痛於腰臍之間，況下墜者，而出於產門之外，其失於關鍵也更甚，安得不疼痛欲絕乎？

方用兩收湯：

人參一兩　白朮二兩，土炒　川芎三錢，酒洗　九蒸熟地二兩　山藥一兩，炒　山萸四錢，蒸　芡實五錢，炒　扁豆五錢，炒　巴戟三錢，鹽水浸　杜仲五錢，炒黑　白果十枚，搗碎。水煎服。一劑而收半，二劑而全收矣。

此方補任、督而仍補腰臍者，蓋以任、督連於腰臍也。補任、督而不補腰臍，則任、督無助，而帶脈何以升舉？惟兩補之，則任、督得腰臍之助，帶脈亦得任督之力而收矣。

產後肝痿

婦人產後，陰戶中垂下一物，其形如帕，或有角，或二岐，人以爲產頽也，誰知是肝痿之故乎？夫產後何以成肝痿也？蓋因產前勞役過傷，又觸動怪怒，以致肝不藏血，血亡過多，故肝之脂膜隨血崩墜，其形似子宮而實非子宮也。若是子宮之下墜，狀如茄子，只到產門，而不能越出於產門之外。惟肝之脂膜，往往出產門外者，至六七寸許，且有粘席乾落一片如手掌大者。如是子宮墜落，人立死矣，又安得治而復生乎？治法宜大補其氣與血，而少加升提之品，則肝氣旺而易生，肝血旺而易養，肝得生養之力，而脂膜自收，方用收膜湯：

生黃芪一兩　人參五錢　白朮五錢，土炒　白芍五錢，酒炒〔一〕　當歸三錢，酒洗　升麻一錢。水煎服。一劑卽收矣。

或疑產後禁用白芍，恐伐生氣之原，何以頻用之而奏功也？是未讀仲景之書者。嗟乎！白芍之在產後不可頻用者，恐其收斂乎瘀也，而謂伐生氣之源則誤矣。況病之在肝者，尤不可以不用，且用之於大補氣血之中，在芍藥亦忘其爲酸收矣，又何能少有作祟者乎？矧脂膜下墜，正藉酸收之力，〔二〕助升麻以提升氣血，所以奏功之捷也。

〔一〕「酒炒」，吳本、王本作「酒炒焦」，瑞本作「酒洗」。
〔二〕「力」，瑞本、王本均同底本，吳本作「功」。

產後氣血兩虚乳汁不下

婦人產後，絕無點滴之乳，人以爲乳管之閉也，誰知是氣與血之兩涸乎？夫乳乃氣血之所化而成也。無血固不能生乳汁，無氣亦不能生乳汁，然二者之中，血之化乳，又不若氣之所化爲尤速。新產之婦，血已大虧，血之自顧不暇，〔二〕又何能以化乳？乳全賴氣之力以行血而化之也。今產後數日，而乳不下點滴之汁，其血少氣衰可知。氣旺則乳汁旺，氣衰則乳汁衰，氣涸則乳汁亦涸，必然之勢也。世人不知大補氣血之妙，而一味通乳，豈知無氣則乳無以化，無血則乳無以生，不幾向饑人而乞食、貧人而索金乎？治法宜補氣以生血，而乳汁自下，不必利竅以通乳也。方名通乳丹：

人參一兩　生黄芪一兩　當歸二兩，酒洗　麥冬五錢，去心　木通三分　桔梗三分　七孔猪蹄二個，去爪殼。

水煎服。二劑而乳如泉湧矣。

此方專補氣血以生乳汁，正以乳生於氣血也。產後氣血涸而無乳，非乳管之閉而無乳者可比，不去通乳而名通乳丹，亦因服之乳通而名之。今不通乳而乳生，即名爲生乳丹亦可。

產後鬱結乳汁不通

少壯之婦，於生產之後，或聞丈夫之嫌，或聽翁姑之誶，遂致兩乳脹滿疼痛，乳汁不通，人以爲陽明之火熱也，誰知是肝氣之鬱結乎？夫陽明屬胃，乃多氣多血之府也，乳汁之化原屬陽明，然陽明屬土，壯婦產後雖云亡血，而陽明之氣，實未盡衰，必得肝木之氣以相通，始能化成乳汁，未

〔二〕「血之」，瑞本同，吳本、王本均作「血本」。

可全責之陽明也。蓋乳汁之化，全在氣而不在血，今產後數日，宜其有乳，而兩乳脹滿作痛，是欲化乳而不可得，非氣鬱而何？明明是羞憤成鬱，土木相結，又安能化乳而成汁也。治法宜大舒其肝木之氣，而陽明之血氣自通，而乳亦通矣，不必專去通乳也。方名通肝生乳湯：

白芍五錢，醋炒　當歸五錢，酒洗　白朮五錢，土炒　熟地三分　甘草三分　麥冬五錢，去心　通草一錢　柴胡一錢　遠志一錢。水煎服。一劑即通，不必再服也。

女科補遺〔一〕

產後以補氣血爲主

方用：

人參三錢　當歸一兩　川芎五錢　荆芥一錢，炒黑　益母草一錢。水煎服。

有風加柴胡五分。有寒加肉桂五分。血不淨加炒山楂十个。血暈加炮薑五分。衂血加麥冬二錢。夜熱加地骨皮五分。有食加谷芽、山楂。有痰加白芥子少許。餘不必胡加。

胎漏胎動

此症氣血兩不足之故。

方用：

〔一〕　此部分錄自王道平校刻本，原附於男科後，今移置於此。

人參二錢　白朮五錢　杜仲一錢　枸杞一錢　山藥二錢　歸身三錢　茯苓二錢　熟地五錢　麥冬二錢　山萸二錢　五味子五分　甘草一錢。水煎服。

此方不寒不熱，安胎之聖藥也。胎動爲熱，不動爲寒。

子懸

此乃胎熱子不安，身欲立起於胞中，若懸起之象。倘以氣盛治之立死矣。方用：

人參二錢　白朮五錢　茯苓二錢　白芍五錢　黃芩一錢　歸身二錢　杜仲一錢　熟地一兩　生地一錢。水煎服。

此皆利腰臍之藥，少加黃芩，胎得寒而自定。

白帶

產前無帶也，有則難產之兆，即幸而順生，產後必有血暈之事。方用：

黑豆三合。水三碗，煎湯二碗，入白果十个、紅棗十个，再煎一碗，入熟地一兩、山萸四錢、茯苓三錢、澤瀉二錢、丹皮二錢、薏仁四錢、山藥四錢。加水二碗，煎服。

一劑止，二劑永不白矣。亦通治婦人白帶，無不神效。

產婦氣喘腹痛

此症少陰受其寒邪，而在内之眞陽，必逼越於上焦，上假熱而下眞寒也。方用平喘祛寒湯：

人參三錢　麥冬三錢　白朮五錢　肉桂二錢　吳萸一錢。一劑喘定，二劑痛止。必微涼頓服。

產婦嘔吐下痢

此腎水泛溢，因腎水之衰也。〔一〕急用補陽之藥，入於補陰之中，引火歸源，水自下行矣。方用：

熟地一兩　山萸五錢　人參五錢　白朮一兩　茯苓一兩　附子一錢　肉桂三分　車前子一錢。水煎服。

血崩

方用：

歸身一錢，酒炒　生地錢二分　蒲黄三分，酒炒　木通五分　地榆三分，酒洗　丹皮五分，酒炒　白朮一錢　橘紅七分　三七根五分　香附五分，童便浸　薑三片。酒一杯，水一杯，煎九分，空心服。

產後大喘大汗

此乃邪入於陽明，寒變爲熱，故大喘大汗。平人得此病，當用白虎湯，而產後氣血大虛何可乎！方用補虚降火湯：

麥冬一兩　人參五錢　元參五錢　桑葉十四片　蘇子五分。水煎服。

此方以麥冬、人參補氣，元參降火，桑葉止汗，蘇子定喘，助正而不攻邪，邪退而不損正，實有奇功。

〔一〕「腎水」，據中醫常理，恐係「腎火」之訛。

産後亡陽發狂

大抵亡陽之症，用藥汗止便有生機。宜先止汗而後定狂。方用收汗湯：

人參三兩　桑葉三十片　麥冬二兩　元參一兩　青蒿五錢。水煎服。

一劑汗止，二劑狂定，後改人參、麥冬、五味子、當歸、川芎調理。此方祇可救亡陽之急症，一時權宜之計，二劑後必須改方。

産門症

方用：

黄柏三錢，炒　輕粉五分　兒茶二錢　冰片五分　麝香三分　蚯蚓糞三錢　白薇三錢　乳香三錢，炒，去油　鉛粉三錢　潮腦三錢。共爲細末，調匀擦瘡。

此方治産門瘡最效。亦通治諸瘡。

打死胎

用細磁片爲細末。或黄酒、或温水調下，三錢即出。

卷二百　産後編〔一〕（上）

産後總論

凡病起於血氣之衰，脾胃之虚，而産後尤甚。是以丹溪先生論産後，必大補氣血爲先，雖有他症，以末治之，斯言盡治産之大旨，若能擴充立方，則治産可無過矣。夫産後憂驚勞倦，氣血暴虚，諸症乘虚易入。如有氣毋專耗散，有食毋專消導，熱不可用芩、連，寒不可用桂、附。寒則血塊停滯，熱則新血崩流。至若中虚外感，見三陽表症之多似可汗也，在産後而用麻黄，則重竭其陽；見三陰裏症之多似可下也，在産後而用承氣，則重亡陰血耳。耳聾脇痛，乃腎虚惡露之停，休用柴胡；譫語出汗，乃元弱似邪之症，非同胃實。厥由陽氣之衰，無分寒熱，非大補不能回陽而起弱；痙因陰血之虧，不論剛柔，非滋榮不能舒筋而活絡。乍寒乍熱，發作無期，症似瘧也，若以瘧治，遷延難愈。言論無倫，神不守舍，病似邪也，若以邪治，危亡可待。去血過多，而大便燥結，肉蓯蓉加於生化，非潤腸成氣之能通；〔二〕去汗過多，而小便短澁，六君子倍加參芪，必生津助液之可利。加參生化湯頻服，救産後之危；長生活命丹屢用，甦絶穀之人。癩疝脱肛，多是氣虚下陷，補

〔一〕此篇以清光緒七年（一八八一年）王正國刻本爲底本，以道光二十五年（一八四五年）吴經采刻本、同治六年（一八六七年）瑞祥仁刻本爲校本，由蔣天佑先生點校。此次修訂，由趙懷舟、王小芸據道光年太邑友文堂刻本與同治二年（一八六三年）王道平刻本重校。

〔二〕「成氣」，吴本、瑞本均作「承氣」，爲是。

中益氣湯之方。口噤拳攣，乃因血燥類風，加參生化之劑。產戶入風而痛甚，服宜羌活養榮湯；玉門傷涼而不閉，洗宜蝣兒黄硫散。怔忡驚悸，生化湯加以定志；似邪恍惚，安神丸助以歸脾。因氣而悶滿虚煩，生化湯加木香爲佐；因食而噯酸惡食，六君子加神麴、麥芽爲良。蘇木、莪朮大能破血；青皮、枳殻最消滿脹，一應耗氣破血之劑，汗吐宣下之法，止可施諸壯實，豈宜用於胎產？大抵新產後，先問惡露如何？塊痛未除，不可遽加參、朮；腹中痛止，補中益氣無疑。至若亡陽脱汗、氣虚喘促，頻服加參生化湯，是從權也。又如亡陰火熱、血崩厥暈，速煎生化原方，是救急也。王太僕云：「治下補下治以急緩，緩則道路達而力微，急則氣味厚而力重。」故治產當遵丹溪而固本，服法宜效太僕以頻加。凡付生死之重寄，須着意於極危，欲求俯仰之無虧，用存心於愛物。此雖未盡產症之詳，然所聞一症〔二〕皆援近鄉治驗爲據，亦未必無小補云。

產前後方症宜忌〔三〕

正產

正產者，有腹或痛或止，腰脇酸痛，或勢急而胞未破，名弄胎，服八珍湯加香附自安；有胞破數日，而痛尚緩，亦服上藥俟之。

〔二〕「一症」，吴本作「諸症」，爲是。瑞本同底本。
〔三〕此標題原書漏刻，據目錄補。

傷産〔一〕

傷産者，〔二〕胎未足月，有所傷動。或腹痛腹痛；〔三〕或服催生藥太早；或産母努力太過，逼兒錯路，不能正産。故臨月必舉動從容，不可多睡、飽食、飲酒。但覺腹中動轉，即正身仰臥，待兒轉順。與其臨時費力，不如先時慎重。

調産

調産者，産母臨月，擇穩婆，辦器用，備參藥。産時不可多人喧閙，二人扶身，或憑物站。心煩用滚水調白蜜一匙，獨活湯更妙；或饑，服糜粥少許，勿令饑渴。有生息未順者，只説有雙胎或胞衣不下，勿令産母驚恐。

催生

催生者，因坐草太早，困倦難産。用八珍湯，稍佐以香附、乳香以助血氣。胞衣早破，漿水已乾，〔四〕亦用八珍湯。

〔一〕「傷産」，吴本同，瑞本作「小産」。
〔二〕「傷産」，吴本同，瑞本作「小産」。
〔三〕「或腹痛腹痛」，吴本作「或腹痛或臍痛」。瑞本作「或腹痛臍痛」。爲是。
〔四〕「漿水」，吴本、瑞本均作「漿血」。

凍産

凍産者，天寒血氣凝滯，不能速生。故衣裳宜厚，産室宜煖，背心下體尤要。

熱産

熱産者，暑月宜温涼得宜，若産室人衆，熱氣蒸逼，致頭痛、面赤、昏暈等症。宜飲清水少許以解之。然風雨陰涼，亦當避之。

横産

横産者，見居母腹，頭上足下，産時則頭向下，産母若用力逼之，胎轉至半而横。當令産母安然仰卧，令其自順。穩婆以中指挾其肩，勿使臍帶羈紵。〔一〕用催生藥，努力卽生：

當歸　紫蘇各三錢。長流水煎服，卽下。

一方用：好京墨磨服之，卽下。

一方用：敗筆頭一個，火煅，以藕節自然汁調服之，卽下。

一方用：益母草六兩，濃煎，加童便一大杯，調服卽下。

〔一〕「紵」，吴本、瑞本均作「絆」，較妥。「臍」，傅山全書初版本作「劑」，據友文堂本及文意改。

盤腸産

盤腸產者，產則子腸先出，然後生子，其腸或未卽收。以萆麻子四十九粒，研碎，塗頭上，腸收急急洗去，遲則有害。又方止用四十粒，去皮，研爲膏，塗頂中，收卽拭之。如腸燥，以磨刀水潤之。再用磁石煎湯服之，須陰陽家用過有驗者。

難産

難產者，交骨不開，不能生產也。服加味芎歸湯，良久卽下：

小川芎一兩　當歸一兩　敗龜板一個，酒炙　婦人娶灰〔一〕一握，須用生過男者，〔二〕爲末。水一鍾，煎七分服。

死産

死產者，子死腹中也。驗母舌青黑，其胎已死，先川平胃散一服，〔三〕酒水各一鍾，煎八分，投朴硝煎服，卽下。用童便亦好。後用補劑調理。

〔一〕「娶灰」，吳本、瑞本均作「髮灰」，爲是。

〔二〕「須用生過男者」，吳本、瑞本均作「須用生過男女者」，爲是。

〔三〕「先川」，吳本、瑞本均作「先用」，爲是。

下胞

胎衣不下，用滚酒送下失笑散一劑；或益母丸、或生化湯送鹿角灰一錢；或以產母髮入口作吐。胎衣卽出。有氣虚不能送出者，腹心脹痛，單用生化湯：

全當歸一兩　川芎三錢　白朮一錢　香附一錢。加人參三錢更妙。用水煎服。

一方用：萆麻子二兩　雄黄二錢。研膏塗足下湧泉穴。衣下急速洗去。

平胃散：

南蒼朮米泔水浸炒　厚朴薑炒　陳皮　炙草各二錢。共爲粗末。或水煎貳酒煎，〔一〕煎成時加朴硝二錢，再煎一二沸，温服。

失笑散：

五靈脂　蒲黄，俱研爲細末。每服三錢，熱酒下。

斷臍

斷臍，必以綿裹咬斷爲妙。如遇天寒，或因難產，母子勞倦。宜以大麻油紙燃，徐徐燒斷，以助元氣。雖兒已死，令煖氣入臍，多得生，切勿以刀斷之。

滑胎散臨月常服數劑，以便易生。

當歸三、五錢　川芎五、七錢　杜仲二錢　熟地三錢　枳殼七分　山藥二錢。水二鍾，煎八分。食前温

〔一〕「貳」：吳本、瑞本均作「或」，爲是。

服。如氣體虚弱人，加人參、白朮，隨宜服之。如便實多滯者，加牛膝二錢。

治産秘驗良方：治横生逆産，至數日不下，一服即下。有未足月，忽然胎動，一服即安。或臨月先服一服，保護無虞。〔一〕更能治胎死腹中，及小産傷胎無乳者，一服即如原體：

全當歸　川芎各一錢五分　川貝母一錢，去心　荊芥穗　黄芪各八分　厚朴薑炒　蘄艾　紅花各七分　兔絲子一錢二分　白芍一錢二分，冬月不用　枳殼六分，麪炒〔二〕　羌活六分，麪炒〔三〕　甘草五分。上十三味，〔四〕只用十二味，不可加減。安胎去紅花；催生去蘄艾。用水鍾半，〔五〕薑二片爲引，熱服。渣用水一鍾，煎半鍾熱服。如不好，再用水一鍾，煎半鍾，服之即效，不用二劑。

催生兔腦丸：治横生逆産神效。

臘月兔腦髓一個　母丁香一個　乳香一錢，另研　麝香一分。　兔腦爲丸，芡實大，陰乾，密封。用時以温酒送下一丸。

奪命丹：臨産未産時，目反口噤，面黑唇青，口中吐沫，命在須臾。若臉面微紅，子死母活，急用：　蛇退　蠶故子燒灰不存性　髮灰一錢　乳香五分。共爲細末。酒下。

加味芎歸湯治子宫不收，産門不閉。

人參二錢　黄芪一錢　川芎一錢　當歸二錢　升麻八分　炙草四分　五味子十五粒。再不收，加半夏八

〔一〕「虞」，傅山全書初版本作「慮」，據友文堂本改。
〔二〕「麪炒」，吳本、瑞本均作「麩炒」，爲是。
〔三〕「麪炒」，吳本、瑞本均作「麩炒」，爲是。
〔四〕「上」，瑞本同，吳本作「以上」。
〔五〕「水」，吳本、瑞本均作「井水」。

分

白芍八分，酒炒。

新產治法

生化湯先連進二服。若胎前素弱，婦人見危症、熱症墮胎，不可拘貼數，服至病退乃止。若產時勞甚，血崩形脱，卽加人參三四錢在内，頻服無虞。若氣促，亦加人參。加參於生化湯者，血塊無滯，不可以參爲補而弗用也。有治產不用當歸者，見偏之甚。此方處置萬全，必無一失。世以四物湯治產。地黄性寒滯血，芎藭微酸無補，伐傷生氣，誤甚。

產後用藥十誤

一因氣不舒，而誤用耗氣順氣等藥，反增飽悶。陳皮用至五分。禁枳實、厚朴。

二因傷食，〔一〕而誤用消導，反損胃氣，至絶穀。禁枳殼、大黄、蓬、稜、麯、朴。

三因身熱，而誤用寒涼，必致傷胃增熱。〔二〕禁芩、連、梔、柏、升、紫。〔三〕

四因日内未曾服生化湯，勿用參、芪、朮，以至塊痛不消。

五毋用地黄以滯惡露。

六毋獨用枳殼、牛膝、枳實以消塊。

〔一〕「食」，傅山全書初版本作「氣」，據友文堂本改。

〔二〕「傷胃」，吳本、瑞本均作「損胃」。

〔三〕「紫」，瑞本同。吳本作「柴」，爲是。

七便秘毋用大黃、芒硝。

八毋用蘇木、稜、蓬以行塊；芎藥能伐氣，不可用。

九毋獨用山楂湯以攻塊定痛，而反損新血。

十毋輕服濟坤丹以下胎下胞。

產後危疾諸症，當頻服生化湯，隨症加減，照依方論。

產後寒熱

凡新產後，榮衛俱虛，易發寒熱，身痛腹痛，決不可妄投發散之劑。當用生化湯爲主，稍佐發散之藥。產後脾虛，易於停食，以致身熱，世人見有身熱，便以爲外感，遽然發汗，速亡甚矣。當於生化湯中，加扶脾消食之藥。大抵產後先宜補血，次補氣，若偏補氣，而專用參芪，非善也。產後補虛，用參、芪、芎、歸、白朮、陳皮、炙草。熱輕則用茯苓淡滲之藥，其熱自除；重則加乾薑。或云：大熱而用薑何也？曰：此熱非有餘之熱，乃陰虛內生熱耳。蓋乾薑能入肺分，利肺氣，又能入肝分，引衆藥生血，然必與陰血藥同用之。產後惡寒發熱腹痛者，當主惡血，若腹不痛，非惡血也。

產後寒熱，口眼歪斜，此乃氣血虛甚，以大補爲主。左手脈不足，補血藥多於補氣藥；右手脈不足，補氣藥多於補血藥。切不可用小續命等發散之藥。

胎前患傷寒疫症瘧疾墮胎等症

胎前或患傷寒、疫症、瘧疾熱久，必致墮胎，墮後愈增熱，因熱消陰血，而又繼產失血故也。

治者甚勿妄論傷寒瘧疫未除，〔一〕誤殺梔子豉湯、〔二〕紫、〔三〕芩、連、柏等藥。雖或往來潮熱，大小便秘，五苓、乘氣等藥，〔四〕斷不可用。只重産輕邪，大補氣血，頻服生化湯。如形脱氣脱，加生脈散，以防血暈。蓋川芎味辛能散，乾薑能除虚火熱，雖有便秘、煩渴等症，只多服生化湯，自津液生而二便通矣。若熱用寒劑，愈虚中氣，誤甚。

産後諸症治法

血塊

此症勿拘古方，妄用蘇木、蓬、稜以輕人命，其一應散血方、破血藥，俱禁用。雖山楂性緩，亦能害命，不可擅用。惟生化湯，係血塊聖藥也。

生化湯原方：

當歸八錢　川芎三錢　桃仁十四粒，去皮尖，研　黑薑五分　炙草五分。用黄酒、童便各半，煎服。

又益母丸、鹿角灰，就用生化湯送下一錢。外用烘熱衣服，煖和塊痛處。雖大暑亦要和煖塊痛處，有氣不運而暈迷厥，切不可妄説惡血搶心，只服生化湯爲妙。俗有生地、牛膝行血，山稜、蓬

〔一〕「甚」，瑞本同。吴本作「慎」，爲是。
〔二〕「殺」，吴本、瑞本均作「投」，爲是。
〔三〕「紫」，吴本、瑞本均作「柴」，爲是。
〔四〕「乘氣」，吴本、瑞本均作「承氣」，爲是。

朮敗血，山楂、沙糖消塊，〔一〕蘄艾、椒酒定痛，反致昏暈等症，切不可妄用。二三四日內，覺痛減可揉，乃虛痛也，宜加參生化湯。

如七日內，或因寒涼食物，結塊痛甚者，加入肉桂八分於生化湯內。如血塊未消，不可加參、芪用之，則痛不止。總之，慎勿用峻利藥，勿多飲薑、椒、艾、酒；頻服生化湯，行氣助血，外用熱衣以煖腹。如用紅花以行之，蘇木、牛膝以攻之，則誤。其胎氣脹，用烏藥、香附以順之，枳殼、厚朴以舒之；甚有青皮、枳實、蘇子以下氣定喘；芩、連、梔子、黄柏以退熱除煩；至於血結更甚，反用承氣湯下之而愈結；汗多小便短濇，反用五苓散通之而愈秘，非徒無益，而害有益也。〔二〕凡兒生下，或停血不下，半月外尚痛；或外加腫毒高寸許；或身熱減飲食倦甚。必用生化湯加三稜、蓬朮、肉桂等攻補兼治，其塊自消。如虛甚食少泄瀉，只服此帖定痛，且健脾胃進食止瀉，然後服消塊湯。

加味生化湯治血塊日久不消，半月後方可用之。

川芎一錢　當歸三錢　肉薑〔三〕四分　桃仁十五粒　三稜六分，醋炒　元胡六分　肉桂六分　炙草四分。

血暈

分娩之後，眼見黑花，頭眩昏暈，不省人事者。一因勞倦甚而氣竭神昏；二因大脫血而氣欲

〔一〕「塊」，傅山全書初版本作「魂」，據友文堂本與文意改。
〔二〕「而害有益也」，吳本、瑞本均作「而又害之也」，爲是。
〔三〕「肉薑」，吳本同。瑞本作「黑薑」，爲是。

絕；三因痰火乘虛泛上而神不守。當急服生化湯二三帖，外用韮菜細切，納有嘴瓶中，用滾醋二鍾冲入瓶内，急冲産母鼻中，即醒。若偏信古方，認爲惡血搶心，而輕用散血之劑，認爲疫火，〔一〕而用無補消降之方，〔二〕誤甚矣。

如暈厥，牙關緊閉，速煎生化湯，挖開口，〔三〕將鵝毛探喉，酒盞盛而灌之。如灌下腹中漸温煖，不可拘帖數。外用熱手在單衣上，從心揉按至腹，常熱火煖之，一二時，服生化湯四帖完，即神清。始少緩藥方，進粥，服至拾服而安。故犯此者，連灌藥火煖，不可棄而不救。若在冬月，婦人身欠煖，亦有大害。臨産時，必預煎生化湯，預燒稱錘、硬石子，候兒下地，連服二三帖。又産婦枕邊，行醋韮投醋瓶之法，〔四〕決無暈症。又兒生時，合家不可喜子而慢母，産母不可顧子忘倦，又不可産訖即卧，或忿怒逆氣，皆致血暈，慎之慎之。

加味生化湯治産后三等血暈症。

川芎三錢　當歸六錢　黑薑四分　桃仁十粒　炙草五分　荆芥四分，炒黑　大棗。水煎服。

勞倦甚而暈，及血崩氣脱而暈，並宜速灌兩服。如形色脱，或汗出而脱，皆急服一帖，即加人參三四錢，一加肉桂四分，決不可疑參爲補而緩服。痰火乘虛泛上而暈，方内加橘紅四分。虛甚，加人參二錢。肥人多痰，再加竹瀝七分、薑汁少許。總不可用稜、朮破血等方。其血塊痛甚，兼送益母丸，或鹿角灰，或元胡散，或獨勝散。上消血塊方，服一服即效，不必易方從權救急。

〔一〕「疫火」，吳本作「痰火」。瑞本作「痰火喘促」，爲是。
〔二〕「而用無補消降」，吳本同，瑞本作「而用消降」。
〔三〕「挖開口」，瑞本同，吳本作「撬開口」，爲是。
〔四〕「行醋」，瑞本同，吳本作「用醋」。

加參生化湯治産後形色脱暈，或汗多脱暈。

人參三錢，有倍加至五錢者　川芎二錢　當歸五錢　炙草四分　桃仁十粒　炮薑四分　大棗。水煎服。

脈脱、形脱將絶之症，必服此方，加參四五錢，頻頻灌之。産後血崩、血暈，兼汗多，宜服此方；無汗不脱，只服朮方，〔一〕不必加參。左尺脈脱，亦加參。此方治産後危急諸症，可通用一晝一夜，必須服三四劑，若照常症服，豈能接將絶之氣血，扶危急之變症耶？産後一二日，血塊痛雖未止，産婦氣血虚脱，或暈或厥，或汗多，或形脱，口氣漸涼，煩渴不止，或氣喘急，無論塊痛，從權用加參生化湯。病勢稍退，又當減參，且服生化湯。

加減法：血塊痛甚，加玉桂七分；〔二〕渴，加麥冬一錢、五味十粒；汗多加麻黄根一錢；如血塊不痛，加炙黄芪一錢，以止汗；傷飯食、麪食，加炒神麯一錢、麥芽五分炒；傷肉食，加山楂五個、砂仁四錢炒。

厥症

婦人産後，〔三〕用力過多，勞倦傷脾，故逆冷而厥，氣上胸滿，脈去形脱，非大補不可，豈錢數川芎、當歸能回陽復神乎？必用加參生化湯倍參，進二劑則氣血旺而神自生矣，厥自止矣。若服藥而反渴，另有生脈散，獨參代茶飲，救臟之燥。如四肢逆冷，又泄痢類傷寒陰症，又難用四逆湯，

〔一〕「朮方」，吳本、瑞本均作「本方」，爲是。
〔二〕「玉桂」，吳本、瑞本均作「肉桂」。
〔三〕「婦人産後」，吳本、瑞本均作「婦人産」，爲是。

必用倍參生化湯加附子一片，可以回陽止逆，又可以行參、歸之力。立二方於左，分先後。

加參生化湯產後發熱，厥塊痛未止，〔一〕不可加芪朮。

川芎二錢　當歸四錢　炙草五分　炮薑四分　桃仁十粒，去皮尖，研　人參二錢　棗。水煎。進二服。

滋榮益氣復神湯治產後發厥，問塊痛已除，可服此方。

人參三錢　黃芪一錢，蜜炙　白朮一錢。土炒　當歸三錢　炙草四分　陳皮四分　五味十粒　川芎一錢　熟地一錢　麥芽一錢　棗一枚。水煎服。

手足冷，加附子五分；汗多，加麻黃根一錢、熟棗仁一錢；妄言妄見，加益智、柏子仁、龍眼肉；大便實，加肉蓯蓉二錢。大抵產後暈厥二症相類，但暈在臨盆症急甚於厥，宜頻服生化湯幾帖，塊化血旺，神清暈止。若多氣促形脫等症，必加參、芪。厥在分娩之後，宜倍參生化湯，止厥以復神，並補氣血也，非如上偏補氣血而可愈也，要知暈有塊痛。芪、朮不可加。厥症若無塊痛，芪、朮、地黃並用，無疑也。〔二〕

血崩

產後血大來，審血色之紅紫，視形色之虛實。如血紫有塊，乃當去其敗血也，止留作痛，不可論崩。如鮮紅之血，乃是驚傷心，不能生血；怒傷肝，不能藏血；勞傷脾，不能統血，俱不能歸經耳。當以崩治，先服生化湯幾帖，則行中自有補，血凝氣生。〔三〕若形脫汗多氣促，宜服倍參生化

〔一〕「產後發熱，厥」，吳本、瑞本均作「產後發厥」，爲是。

〔二〕本行二十個小字，吳本、瑞本均大字。

〔三〕「血凝氣生」，吳本同。瑞本作「血寧氣生」，爲是。

湯幾帖以益氣，非棕灰之可止者。如產後半月外崩，又宜升舉大補湯治之。此症虛極，服藥平穩，未見速效，須貳拾帖後，諸症頓除。

生血止崩湯治產後血崩。

川芎一錢　當歸四錢　黑薑四分　炙草五分　桃仁十粒　荊芥五分，炒黑　烏梅五分，煅灰　蒲黃五分，炒

棗。水煎。忌薑、椒、熱物、生冷。

鮮紅血大來，荊芥穗炒黑、白芷各五分。血竭形敗，加參三四錢；汗多氣促，亦加參三四錢；無汗形不脫，氣促，只服生化湯，多服則血自平。有言歸、芎但能活血，甚誤。

升舉大補湯滋榮益氣。如有塊動，只服前方，芪朮勿用。

黃芪　白朮　陳皮各四分　人參二錢　炙草　升麻各四分　當歸　熟地各二錢　麥冬一錢　川芎一錢

白芷四分　黃連三分　荊芥穗四分，炒黑。

汗多，加麻黃根一錢、浮麥炒一小撮；大便不通，加肉蓯蓉一錢，禁用大黃；有氣，磨木香三分，痰，加貝母六分、竹瀝、薑汁少許；寒嗽，加杏仁十粒、枳梗五分、〔二〕知母一錢；驚，加棗仁、柏子仁各一錢；傷飯，加神麯、麥芽各一錢；傷肉食，加山楂、砂仁各八分。俱加棗。水煎。身熱不可加連、柏；傷食、怒氣，均不可專用耗散無補藥。凡年老虛人患崩，宜升舉大補湯。

氣短似喘

因血脫勞甚，氣無所恃，呼吸止息，違其常度。有認爲痰火，反用散氣化痰之方，誤人性命，

〔二〕「枳梗」，吳本、瑞本均作「桔梗」，爲是。

當以大補血爲主。如有塊，不可用參、芪、朮；無塊，方可用本方，去桃仁，加熟地並附子一片。足冷，加熟附子一錢及參、朮、陳皮，接續補氣養榮湯。

加參生化湯治分娩下，即患氣短者，有塊不可加芪朮。

川芎二錢　當歸四錢　炙草五分　黑薑四分　桃仁十粒，去皮尖，研　人參二錢　引加棗一枚。連進二三帖後，再用復方。

補氣養榮湯治產後氣短促，血塊不痛，宜服此方。

黃芪一錢　白朮一錢　當歸四錢　人參三錢　陳皮四分　炙草四分　熟地二錢　川芎二錢　黑薑四分。

如手足冷，加熟附子一錢；汗多，加麻黃根一錢、浮麥一小撮；渴加麥冬一錢、五味子十粒，大便不通，加肉蓯蓉一錢、麻仁一撮；傷麪飯，加炒神麯一錢、炒麥芽一錢；傷肉食，加山楂、砂仁各五分。

按：麥芽有回乳之害，用者愼之。

妄言妄見

由氣血虛，神魂無依也。治當論塊痛有無緩急。若塊痛未除，先服生化湯二三帖，痛止繼服加參生化湯，或補中益氣湯加安神定志丸，湯、丸調服之。若產日久，形氣俱不足，即當大補氣血、安神定志，服至藥力充足，其病自愈，勿謂邪祟。若噴以法水驚之，母至不救。〔二〕屢治此症，服藥至十數帖方效。病虛似邪，欲除其邪，先補其虛；先調其氣，次論諸病。此古人治產後虛症及年老

〔二〕「母至」，吳本、瑞本均作「每至」，爲是。

虛喘、弱人妄言，所當用心也。

安神生化湯治產後塊痛未止，妄言妄見，症未可用芪朮。

川芎一錢　柏子仁一錢　人參一二錢　當歸二三錢　茯神二錢　桃仁十二粒　黑薑四分　炙草四分　益智八分，炒　陳皮三分　棗。水煎。

滋榮益氣復神湯塊痛已止，妄言妄見，服此方卽愈。

黃芪　白朮　麥冬　川芎　柏子仁　茯神　益智各一錢　人參　熟地各二錢　陳皮三分　炙草四分　棗仁一錢　五味子十粒　蓮子八枚　元肉八個　棗。水煎服。

產後血崩血脫，氣喘氣脫，神脫妄言。雖有血氣陰陽之分，其精散神去一也。比暈後，〔一〕少緩，亦危症也。若非厚藥頻服，失之者多矣。誤論氣實痰火者，非也。新產有血塊痛，並用加參生化湯，行中有補，斯免滯血；血暈之失也。其塊痛止，宜用升舉大補湯，少佐黃連墜火，以治血脫，安血歸經也。宜用倍參補中益氣湯，少佐附子，助參以治氣脫，攝氣歸淵也。宜用滋榮益氣復神湯，少佐痰劑，以清心火，安君主之官也。

傷食

新產後，禁膏粱，遠厚味。如飲食不節，必傷脾胃。治當扶元，溫補氣血，健脾胃，審傷何物，加以消導諸藥。生化湯加神麯、麥芽以消麪食；加山楂、砂仁以消肉食；如寒冷之物，加吳萸、肉桂；如產母虛甚，加人參、白朮；又有塊，然後消補並治，無有不安者。屢見治者，不重產後

〔一〕「比暈後」，瑞本同。吳本作「比暈厥」，爲是。

之弱，唯知速消傷物，反損眞氣，益增滿悶，可不慎哉。

加味生化湯治血塊未消，服此以消食。

川芎二錢　當歸五錢　黑薑四分　炙草五分　桃仁十粒。問傷何物，加法如前。煎服。

健脾消食生化湯治血塊已除，服此消食。

川芎一錢　人參二錢　當歸二錢　白朮一錢五分　炙草五分。審傷何物，加法如前。

如停寒物日久，脾胃虛弱，恐藥不能運用，可用揉按，炒神麯熨之更妙。凡傷食，誤用消導藥，反絕粥幾日者，宜服此方。

長生活命丹：

人參三錢。水一鍾半，煎半鍾，先用參湯一盞，以米飯鍋焦研粉三匙，漸漸加參湯、鍋焦粉，引開胃口。煎參湯用新罐或銅杓，恐聞藥氣要嘔也。如服寒藥傷者，加薑三大片煎湯。人參名活命草，鍋焦名活命丹。此方曾活數十人。

忿怒

產後怒氣逆，胸膈不利，血塊又痛。宜用生化湯去桃仁，服時磨木香二分在内，則塊化怒散，不相悖也。若輕產重氣，偏用木香、烏藥、枳殼、砂仁之類，則元氣反損，益增滿悶。又加怒後卽食，胃弱停悶，當審何物，治法如前，愼勿用木香檳榔丸、流氣引子之方，使虛弱愈甚也。

木香生化湯治產後血塊已除，因受氣者。

川芎二錢　當歸六錢　陳皮三分　黑薑四分。服時磨木香二分在内。此方減桃仁，用木香、陳皮，前有減乾薑者，詳之。

健脾化食散氣湯治受氣傷食，無塊痛者。

白朮二錢　當歸二錢　川芎一錢　黑薑四分　人參二錢　陳皮三錢。

審傷何物，加法如前。大抵產後忿怒，氣逆及停食二症。善治者，重症而輕怒氣消食，〔二〕必以補氣血爲先，佐以調肝順氣，則怒鬱散而元不損，佐以健脾消導，則停食行而思穀矣。若耑理氣消食，非徒無益，而又害之。

類瘧

產後寒熱往來，每日應期而發，其症似瘧，而不可作瘧治。夫氣血虛而寒熱更作，元氣虛而外邪或侵，或嚴寒，或極熱，或晝輕夜重，或日晡寒熱，絶類瘧症。治當滋榮益氣，以退寒熱。有汗急宜止，或加麻黄根之類。只頭有汗而不及於足，乃孤陽絶陰之危症，當加地黄、當歸之類。如陽明無惡寒頭痛無汗，且與生化湯加羌活、防風、連鬚葱白數根以散之，其柴胡清肝飲子等方，常山、草菓等藥，俱不可用。

滋榮養氣扶正湯治產後寒熱有汗，午後應期發者。

人參二錢　炙黄芪　白朮　川芎　熟地　麥冬　麻黄根各一錢　當歸三錢　陳皮四分　炙草五分　棗。水煎。

加減養胃湯治產後寒熱往來，頭痛無汗類瘧者。

炙草四分　白茯苓一錢　半夏八分，製　川芎一錢　陳皮四分　當歸二三錢　蒼朮一錢　藿香四分　人參

〔二〕「重症」，吳本、瑞本均作「重產」，爲是。

一錢。〔二〕薑引。煎服。

有痰加竹瀝、薑汁、半夏、神麯。弱人兼服河車丸。凡久瘧不愈，兼服參朮膏，以助藥力。

參朮膏：

白朮一斤，米泔浸一宿，剉焙　人參一兩。用水六碗，煎二碗，再煎二次，共汁六碗，合在一處，將藥汁又熬成一碗。空心米湯，化半酒盞。

類傷寒二陽症

產後七日内，發熱頭痛惡寒，毋專論傷寒爲太陽症；發熱頭痛脇痛，毋專論傷寒爲少陽症。二症皆由氣血兩虛，陰陽不和，而類外感。治者愼勿輕產後熱門，而用麻黄湯以治類太陽症；又勿用柴胡湯，以治類少陽症。且產母脱血之後，而重發其汗，虛虛之禍，可勝言哉！昔仲景云：「亡血家不可發汗。」

丹溪云：「產後切不可發表。」二先生非謂產後眞無傷寒之兼症也，非謂麻黄湯、柴胡湯之不可對症也，誠恐後輩學業偏門而輕產，執成方而發表耳。誰知產後眞感風感寒，生化中芎、薑亦能散之乎？

加味生化湯治產後三日内發熱頭痛症。

川芎　防風各一錢　當歸三錢　炙草四分　桃仁十粒　羌活四分。

查刊本去桃仁，然必須問有塊痛與否？方可議去。服二帖後，頭仍痛，身仍熱，加白芷八分、

〔二〕「一錢」，瑞本同，吳本作「二錢」。

細辛四分。如發熱不退，頭痛如故，加連鬚葱五個、人參三錢。產後敗血不敢，〔二〕亦能作寒作熱。何以辨之？曰：時有刺痛者，敗血也。但寒熱無他症者，陰陽不和也。刺痛用當歸乃和血之藥。若乃積血而刺痛者，宜用紅花、桃仁，歸尾之類。

類傷寒三陰症

潮熱有汗，大便不通，毋專論爲陽明症；口燥咽乾而渴，毋專論爲少陰症；腹滿液乾，大便實，毋專論爲太陰症；又汗出譫語便閉，毋專論爲腸胃中燥糞宜下症。數症多由勞倦傷脾，運化稽遲，氣血枯槁，腸腑燥涸，乃虛症類實，當補之症，治者勿執偏門輕產，而妄議三承氣湯，以治類三陰之症也。間有少壯產後妄下，幸而無妨；虛弱產婦，亦復妄下，多致不救。屢見妄下成膨，誤導反結。又有血少數日不通而卽下，致瀉不止者，危哉！婦人良方云：「產後大便秘，若計其日期，飯食數多，卽用藥通之，禍在反掌；必待腹滿覺脹，欲去不能者，反結在直腸，宜用猪胆汁潤之。」若日期雖久，飲食如常，腹中如故，只用補劑而已。若服苦寒疏通，反傷中氣，通而不止，或成痞滿，誤。〔三〕

養正通幽湯治產後大便秘結，類傷寒三陰症。

川芎二錢半　當歸六錢　炙草五分　麻仁二錢，炒　桃仁十五粒　肉蓯蓉一錢，酒洗去用。〔三〕

〔一〕「不敢」，吳本、瑞本均作「不散」，爲是。
〔二〕「誤」，吳本、瑞本均作「誤矣」，爲是。
〔三〕「去用」，吳本、瑞本均作「去甲」，爲是。

汗多便實，加黄芪一錢、麻黄根一錢、人參二錢；口燥渴加人參、麥冬各一錢；腹滿溢便實，加麥冬一錢、枳壳六分、人參二錢、茯苓一錢；汗出譫語便實，乃氣血虚竭，精神失守，宜養榮安神，加茯神、遠志、茯蓉各一錢，人參、白朮各二錢，黄芪、白芷各一錢，柏子仁一錢。

以上數等大便燥結症，非用當歸、人參至斤數，難取功效。大抵産後虚中傷寒，口傷食物，外症雖見頭痛發熱，或脇痛腰痛，是外感宜汗，猶當重産亡血禁汗。惟宜生化湯，量爲加減調理無失。又如大便秘結，猶當重産亡血禁下，宜養正助血通滯，則穩當矣。

又潤腸粥治産後日久，大便不通。

芝麻一升，研末和米二合，煮粥食，腸潤即通。

類中風

産後氣血暴虚，百骸少血濡養，忽然口噤牙緊，手足筋脈拘搐等症，類中風癇痓。雖虚火泛上有痰，皆當以末治之，勿執偏門而用治風消痰之方，以重虚産婦也。治法當先服生化湯，以生旺新血。如見危症，三服後即用加參益氣，以救血脱也。如有痰火，少佐橘紅、炒芩之類，竹瀝、羌汁亦可加之，〔一〕黄柏、黄連切不可並用，慎之。

滋榮活絡湯治産後血少，口噤項强筋搐類風症。

川芎一錢半　當歸　熟地　人參各二錢　黄芪　茯神　天麻各一錢　炙草　陳皮　荆芥穗　防風　羌活各四分　黄連八分薑汁炒。

〔一〕「羌汁」，吴本、瑞本均作「薑汁」，爲是。

有痰加竹瀝、薑汁、半夏；渴加麥冬、葛根；有食加山楂、砂仁以消肉食，神麯、麥芽以消飯食；大便閉加肉蓯蓉一錢半；汗多加麻黄根一錢；驚悸加棗仁一錢。

天麻丸治產後中風恍惚，語澁，四肢不利。

天麻一錢　防風一錢　川芎七分　羌活七分　人參　遠志　湘子仁〔一〕　山藥　麥冬各一錢　棗仁一兩　細辛四兩〔二〕　南星麯八分　石菖蒲一錢。研細末，煉蜜爲丸，辰砂爲衣。清湯下六七十丸。

類痓

產後汗多，卽變痓者，〔三〕項强而身反，氣息如絶，宜速服加減生化湯。

加減生化湯專治有汗變痓者。

川芎　麻黄根各一錢　當歸四錢　桂枝五分　人參一錢　炙草五分　羌活五分　天麻八分　附子一片　羚羊角八分。

如無汗類痓者，中風用川芎三錢　當歸一兩，酒洗〔四〕　棗仁　防風俱無分量〔五〕。

〔一〕「湘子仁」，吳本、瑞本均作「柏子仁」，爲是。
〔二〕「四兩」，瑞本同。吳本作「四分」，爲是。
〔三〕「卽變」，吳本、瑞本均作「卽變」，爲是。
〔四〕「一兩，酒洗」，吳本同，瑞本無。
〔五〕吳本更有「一本引用生薑一片棗一枚」。瑞本同底本。

出汗

凡分娩時汗出，由勞傷脾，驚傷心，恐傷肝也。産婦多兼三者。而汗出不可卽用歛汗之劑，神定而汗自止。若血塊作痛，芪、朮未可遽加，宜服生化湯二三帖，以消塊痛，隨繼服加參生化湯，以止虚汗。若分娩後倦甚，濈濈然汗出，形色又脱，乃亡陽脱汗也。汗本亡陽，陽亡則陰隨之，故又當從權速灌加參生化湯，倍參以救危惡，〔一〕毋拘塊痛。婦人産多汗，當健脾以歛水液之精，益榮衛以噓血歸源，灌溉四肢，不使妄行。雜症雖有自汗、盜汗之分，然當歸六黄湯，不可治産後之盜汗也；並宜服加參生化湯及加味補中益氣二方。若服參芪而汗多不止，及頭出汗而不至腰足，必難療矣。如汗出而手拭不及者，不治。産後汗出氣喘等症，虚之極也，不受補者，不治。

麻黄根湯治産後虚汗不止。

人參二錢　當歸二錢　黄芪一錢半，炙　白朮一錢，炒　桂枝五分　麻黄根一錢　粉草五分，炒　牡蠣少許，研　浮麥一大撮。

虚脱汗多，手足冷，加黑薑四分、熟附子一片；渴，加麥冬一錢、五味十粒；肥白人産後多汗，加竹瀝一盞、薑汁一小匙，以清痰火；惡風寒，加防風、桂枝各五分；血塊不落，加熟地三錢。晚服八味地黄丸：

山茱萸　山藥　丹皮　雲苓各八分　澤瀉五錢　熟地八錢　五味子五錢　炙黄芪一兩。煉蜜爲丸。

〔一〕「惡」，瑞本同。吳本作「急」，爲是。

陽加於陰則汗，因而邁風，[一]變爲瘈瘲者有之，尤難治。故汗多，宜謹避風寒，汗多小便不通，乃亡津液故也，勿用利水藥。

盜汗

產後睡中汗出，醒來卽止，猶盜瞰人睡，而謂之盜汗，非汗自至之比。雜症論云：「自汗陽虧，盜汗陰虛。」然當歸六黃湯，又非產後盜汗方也，惟兼氣血而調治之，乃爲得耳。

止汗散治產後盜汗。

人參二錢　當歸二錢　熟地一錢半　麻黄根五分　黄連五分，酒炒　浮小麥一大撮　棗一枚。

又方：

牡蠣五分，煅細末　小麥麪炒黄，研末。

口渴兼小便不利

產後煩躁，咽乾而渴，兼小便不利，由失血汗多所致。治當助脾益肺，升舉氣血，則陽升陰降，水入經而爲血爲液，穀入胃而氣長脈行，自然津液生而便調利矣。若認口渴爲火，而用芩、連、梔、柏以降之；認小便不利爲水滯，而用五苓散以通之，皆失治也。必因其勞損而溫之益之，因其留滯而濡之行之，則庶幾矣。

生津止渴益水飲：

[一]「因而邁風」，吳本、瑞本均作「因而遇風」，爲是。

人參　麥冬　當歸　生地各三錢　黃芪一錢　葛根一錢　升麻　炙草各四分　茯苓八分　五味子十五粒。

汗多加麻黃根一錢、浮小麥一大撮；大便燥加肉蓯蓉一錢五分；渴甚加生脈散，不可疑而不用。

遺尿

氣血太虛，不能約束，宜八珍湯加升麻、柴胡，甚者加熟附子一片。

卷二百一　產後編（下）

產後諸症治法

誤破尿胞

產理不順，穩婆不精，誤破尿胞膀胱者，用參、芪爲君，歸、芎爲臣，桃仁、陳皮、茯苓爲佐，猪羊尿胞煎藥，百服乃安。又方云：用生黄絲絹二尺、白牡丹皮根爲末、白芨末各二錢。水二碗，煮至絹爛如飴，服之。宜静卧，不可作聲。名補脬飲，神效。

患淋

由產後虚弱，熱客於脬中，内虚頻數，熱則小便淋澁作痛，曰淋。

茅根湯凡產後冷熱淋，並治之。

石膏一兩　白茅根一兩　瞿麥　白茯苓各五錢　葵子　人參　桃膠　滑石各一錢　石首魚頭四個。燈心水煎。入齒末，空心服。

又方治產後小便痛淋血。

白茅根　瞿麥　葵子　車前子　通草〔一〕　鯉魚齒一百個。水煎服。亦入齒末。〔二〕

便數

由脬内素有冷氣，因産發動，冷氣入脬故也。用赤石脂二兩爲末，空心服。

又方：治小便數及遺尿。用益智仁廿八枚爲末。米飲送下二錢。

又桑螵散：

桑螵蛸卅個　人參　黄芪　鹿茸　牡蠣　赤石脂各三錢。爲末。空心服二錢，米飲送下。

瀉

産後泄瀉，非雜症有食泄、濕泄、水穀注下之論，大率氣虚、食積與濕也。氣虚宜補，食積宜消，濕則宜燥，然惡露未淨，遽難驟燥。當先服生化湯二三帖，化舊生新，加茯苓以利水道，俟血生然後補氣以消食，燥濕以分利水道，使無滯澁虚虚之失。若産旬日外，方論雜症，尤當論虚實而治也。如痛下清水，腹鳴，米飲不化者，以寒泄治。如糞水黄赤，肛門作痛，以熱泄治之。有因飲食過多，傷脾成泄，氣臭如敗卵，以食積治之。又有脾氣久虚，少食，食下卽鳴急，盡下所食之物，方覺快者，以虚寒泄治之。治法：寒則温之，熱則清之，脾傷食積，分利健脾，兼消補虚，善爲調治無失也。産後虚瀉眼昏，人不識，弱甚形脱危症，必用人參二錢，白朮、茯苓各二錢，附子一錢，

〔一〕各本注：「以上俱無分量。」
〔二〕各本按：「齒末，疑均是鯉魚齒末。」

方能回生。若脈浮弦，按之不鼓，卽爲中寒，此蓋陰先亡而陽欲去，速宜大補氣血，加附子、黑薑以回元陽，萬勿忽視。

加減生化湯治産後塊未消，患瀉症。

川芎二錢　茯苓二錢　當歸四錢　黑薑五分　炙草五分　桃仁十粒　蓮子八枚。水煎，温服。

健脾利水生化湯治産後塊已除，患瀉症。

川芎一錢　茯苓一錢半　歸身二錢　黑薑四分　白朮一錢，土炒　陳皮五分　炙草五分　人參三錢　肉果一個，製　澤瀉八分。

寒瀉加乾薑八分；寒痛加砂仁、炮薑各八分；熱瀉加炒黃連八分；瀉水腹痛、米飲不化，加砂仁八分，麥芽、山楂各一錢；瀉有酸噯臭氣，加神麴、砂仁各八分；脾氣久虛，瀉出所食物方快，以虛寒論；瀉水者，加蒼朮一錢以燥濕；脾氣弱、元氣虛，必虛大補，佐消食清熱卻寒藥；弱甚，形色脫，必須第一方，參、朮、苓、附必用之藥也；諸瀉俱加升麻酒炒、蓮子十粒。

完穀不化

因産後勞倦傷脾，而運轉稽遲也，名飧泄。又飲食太過，脾胃受傷亦然，俗呼水穀痢是也。然産方三日，内塊未消化，此脾胃衰弱，參、芪、朮未可遽加，且服生化湯，加益智、香砂，少温脾氣，俟塊消後加參、芪、朮補氣，肉菓、木香、砂仁，益智温胃，升麻、柴胡清胃氣，澤瀉、茯苓、陳皮以利水爲上策也。

加味生化湯治産後三日内，完穀不化，塊未消者。

川芎一錢　益智一錢　當歸四錢　黑薑四分　炙草四分　桃仁十粒　茯苓一錢半。

參苓生化湯治産後三日，内塊已消，穀不化，胎前素弱患此症者。

川芎一錢　當歸二錢　黑薑四分　炙草五分　白朮二錢，土炒　人參二錢　茯苓一錢　白芍一錢，炒　益智一錢，炒　肉果一個，製。

瀉水多，加澤瀉、木通各八分；腹痛加砂仁八分；渴加麥冬、五味子；寒瀉加黑薑一錢、木香四分；食積加神麯、麥芽消飯麪，砂仁、山楂消肉食；産後瀉痢日久，胃氣虚弱，完穀不化，宜温助胃氣，六君子湯加木香四分、肉果一個，製。

痢

産後七日内外，患赤白痢，裏急後重頻併，最爲難治。欲調氣行血，而推蕩痢邪，猶患産後元氣虚弱；欲滋榮益氣，而大補虚弱，又助痢之邪。惟生化湯減乾薑，而代以木香、茯苓，則善消惡露而兼治痢疾，並行而不相悖也。再服香連丸，以俟一二日後，病勢如減，可保無虞。若産七日外，有患褐花色，後重頻並虚痢，卽當加補無疑。若産婦稟厚，産期已經二十餘日，宜服生化湯加連、芩、厚朴、芍藥行積之劑。

加減生化湯治産後七日内患痢。

川芎二錢　當歸五錢　炙草五分　桃仁十二粒　茯苓一錢　陳皮四分　木香三分，磨。

紅痢腹痛，加砂仁八分。

青血丸治禁口痢。

香連爲末，加蓮肉粉各一兩半，和匀爲丸。酒送下四錢。

凡産三四日後，塊散痢疾少減，共十症開後依治：

一、產後久瀉，元氣下陷，大便不禁，肛門如脫。宜服六君子湯加木香四分、肉果一個，製、薑汁五分。

二、產後瀉痢，色黃，乃脾土眞氣虛損。宜服補中益氣湯，加木香、肉果。

三、產後傷麪食，瀉痢。宜服生化湯，加神麪、麥芽。

四、產後傷肉食，瀉痢。宜服生化湯，加山楂、砂仁。

五、產後胃氣虛弱，瀉痢，完穀不化，當温助胃氣。宜服六君子湯，加木香四分、肉菓一個，製。

六、產後脾胃虛弱，四肢浮腫。宜服六君子湯，加五皮散見後水腫。

七、產後瀉痢，無后重，但久不止。宜服六君子湯，加木香、肉菓。

八、產後赤白痢，臍下痛。當歸、厚朴、黄連、肉菓、甘草、桃仁、川芎。

九、產後久痢，色白，屬血虛。宜四物湯加荆芥、人參。

十、產後久痢，色赤，屬氣虛。宜六君子湯加木香、肉菓。〔一〕

霍亂

由勞傷氣血，臟腑空虛，不能運化食物，及感冷風所致。陰陽升降不順，清濁亂於脾胃，冷熱不調，邪正相搏，上下爲霍亂。

〔一〕第十症凡二十字，吳本、瑞本均無。

生化六相湯〔二〕治產後血塊未除，患霍亂。
川芎二錢　當歸四錢　黑薑　炙草　陳皮　藿香各四分　砂仁六分　茯苓一錢　薑三片，煎。
附子散治產後霍亂吐瀉，手足逆冷，須無塊痛，方可服。
白朮一錢　當歸二錢　陳皮　黑薑　丁香　甘草各四分。共爲末。粥飲送下二錢。
温中湯治產後霍亂吐瀉不止，無塊痛者可服。
人參一錢　白朮一錢半　當歸二錢　厚朴八分　黑薑四分　茯苓一錢　草豆蔻六分　薑三片。水煎服。

嘔逆不食

產後勞傷臟腑，寒邪易乘於腸胃，則氣逆嘔吐而不下食也。又有瘀血未淨而嘔者；亦有痰氣入胃，胃口不清而嘔者，當隨症調之。
加減生化湯治產婦嘔逆不食。
川芎一錢　當歸三錢　黑薑　砂仁　藿香各五分　淡竹葉七片。水煎。和薑汁二匙服。
温胃丁香散治產後七日外，嘔逆不食。
當歸三錢　白朮二錢　黑薑四分　丁香四分　人參一錢　陳皮五分　炙草五分　前胡五分　藿香五分　薑三片。水煎服。
石蓮散治產婦嘔吐，心冲目眩。
石蓮子一兩半，去売去心　白茯苓一兩　丁香五分。共爲細末。米飲送下。

〔二〕「六相」，吳本、瑞本均作「六和」，爲是。

生津益液湯治產婦虛弱，口渴氣少，由產後血少，多汗内煩，不生津液。

人參　麥冬去心　茯苓各一兩　大棗　竹葉　浮小麥　炙草　括蔞根。〔一〕

大渴不止，加蘆根。

咳嗽

治產後七日内，外感風寒咳嗽，鼻塞聲重，惡寒，勿用麻黄以動汗。嗽而脇痛，〔二〕勿用柴胡湯。嗽而有聲、痰少、面赤，勿用涼藥。凡產有火嗽、有痰嗽，必須調理半月後，方可用涼藥，半月前不當用。

加味生化湯治產後外感風寒，咳嗽及鼻塞聲重。

川芎一錢　當歸二錢　杏仁十粒　枳梗〔三〕四分　知母八分。

有痰加半夏麯；虛弱有汗咳嗽，加人參。總之，產後不可發汗。

加參安肺生化湯治產後虛弱，旬日内，外感風寒咳嗽，聲重有痰，或身熱頭痛及汗多者。

川芎一錢　人參一錢　知母一錢　桑白皮一錢　當歸二錢　杏仁十粒，去皮尖　甘草四分　枳梗〔四〕四分　半夏七分　橘紅三分。

虛人多痰，加竹瀝一杯、薑汁半匙。

〔一〕五味藥俱無分量，亦無煎服法。吳本、瑞本同底本。
〔二〕「嗽」，瑞本同，吳本作「咳」。
〔三〕「枳梗」，吳本、瑞本均作「桔梗」，爲是。
〔四〕「枳梗」，吳本、瑞本均作「桔梗」，爲是。

加味四物湯治半月後乾咳。有聲、痰少者。

川芎　白芍　知母　瓜蔞仁各一錢　生地　當歸各二錢　訶子二錢　冬花六分　枳梗〔二〕四分　甘草四分　菀鈴四分　生薑一大片。

水腫

産後水氣，手足浮腫，皮膚見光榮色，乃脾虚不能制水，腎虚不能行水也。必以大補氣血爲先，佐以蒼朮、白朮、茯苓補脾，壅滿用陳皮、半夏、香附消之。虚人加人參、木通；有熱加黄芩、麥冬以清肺金。健脾利水，補中益氣湯。七日外用人參、白朮各二錢，茯苓、白芍各一錢，陳皮五分、木瓜八分，紫蘇、木通、大腹皮、蒼朮、厚朴各四分。大便不通，加郁李仁、麻仁各一錢。如因寒邪濕氣傷脾，無汗而腫，宜薑皮、半夏、蘇葉，加於補氣方以表汗。

五皮散治産後風濕，客傷脾經，氣血凝滯，以致面目浮虚，四肢腫脹氣喘。

五加皮　地骨皮　大腹皮　茯苓皮　薑皮各一錢　棗一枚。水煎服。

又云，産後惡露不淨，停留胞絡，致令浮腫。若以水氣治之，投以甘遂等藥，誤矣。但服調經散，則血行而腫消矣。

調經散：

沒藥另研　琥珀另研，各一錢　肉桂　赤芍　當歸各一錢。

右爲細末，每服五分。薑汁、酒各少許，調服。

〔二〕「枳梗」，吳本、瑞本均作「桔梗」，爲是。

流注

產後惡露，流於腰臂足關節之處，或漫腫，或結塊，久則腫起作痛，肢體倦怠。急宜用葱熨法以治外腫，內服參歸生化湯以消血滯，無緩也。未成者消，已成者潰。

葱熨法：

用葱一握，炙熱，搗爛作餅，敷痛處，用厚布二三層，以熨斗火熨之。

參歸生化湯：

川芎一錢半　當歸二錢　炙草五分　人參二錢　黃芪一錢半　肉桂五分　馬蹄香二錢。

此症若不補氣血，節飲食，愼起居，未有得生者。如腫起作痛，起居飲食如常，是病氣未深，形氣未損，易治。若漫腫微痛，起居倦怠，飲食不足，最難治。或未成膿，未潰，氣血虛也，宜服八珍湯。憎寒惡寒，陽氣虛也，宜服十全大補湯。補後大熱，陰血虛也，宜服四物湯加參、朮、丹皮。嘔逆，胃氣虛也，宜服六君子湯加炮薑、乾薑。食少體倦，脾氣虛也，宜服補中益氣湯。四肢冷逆，小便頻數，腎氣虛也，補中益氣湯加益智仁一錢。神仙迴洞散，治產後流注，惡露日久成腫，用此宣導其膿；若未補氣血旺，不可服此方。

膨脹

婦人素弱，臨產又勞，中氣不足，胸膈不利，而轉運稽遲。若產後卽服生化湯以消塊止痛，又服加參生化湯以健脾胃，自無中滿之症。其膨脹因傷食而誤消，因氣鬱而誤散，多食冷物而停留惡露，又因血虛大便燥結誤下而愈脹。殊不知氣血兩虛，血塊消後，當大補氣血，以補中虛。治者若但知傷食宜消，氣鬱宜散，惡露當攻，便結可下，則胃氣反損，滿悶益增，氣不升降，濕熱積久，遂成膨脹。豈知消導坐於補中，則脾胃强，而所傷食氣消散，助血兼行，大便自通，惡露自行。

如產後中風，氣不足，微滿，誤服耗氣藥而脹者，服補中益氣湯：

人參五分　當歸五分　白朮五分　川芎四分　白芍四分　木香三分　白茯苓一錢　蘿蔔子四分。

如傷食，誤服消導藥成脹，或脇下積塊，宜服健脾湯：

人參三錢　白朮三錢　當歸三錢　白茯苓一錢　白芍一錢　神麯一錢　吳萸一錢　大腹皮四分　陳皮四分　砂仁五分　麥芽五分。

如大便不通，誤服下藥成脹，及腹中作痛，宜服養榮生化湯：

當歸四錢　白芍一錢　白茯苓一錢　人參一錢　白朮二錢　陳皮五分　大腹皮五分　香附五分　蓯蓉一錢　桃仁十粒，製。

塊痛，將藥送四消丸，屢誤下，須用參、歸半斤，大便方通，膨脹方退。凡誤用消食耗氣藥，以致絕穀，長生活命丹屢效。方見傷食條。

怔忡驚悸

由產憂驚勞倦，去血過多，則心中跳動不安，謂之怔忡。若惕然定驚，心中怯怯，如人將捕之狀，謂之驚悸。治此二症，惟調和脾胃，志定神清而病愈矣。如分娩後血塊未消，宜服生化湯，且補血行塊，血旺則怔定驚平，不必加安神定志劑。如塊消痛止後患此，宜服加減養榮湯：

當歸二錢　川芎二錢　茯神一錢　人參一錢　棗仁一錢，炒　麥冬一錢　遠志一錢　白朮一錢　黄芪一錢，炙　元肉八枚　陳皮四分　炙草四分。薑煎。

虛煩加竹瀝、薑汁，去川芎、麥冬，再加竹茹一團。加木香，卽歸脾湯。

養心湯治產後心血不定，心神不安。

炙黃芪一錢　茯神八分　川芎八分　當歸二錢　麥冬一錢八分　遠志八分　柏子仁一錢　人參一錢半　炙草四分　五味十粒　薑。水煎服。

骨蒸

宜服保眞湯，先服清骨散。

柴胡梅連湯卽清骨散，作湯速服。

柴胡　前胡　黃連　烏梅去核，各二兩。共爲末，聽用。再將猪脊骨一條、猪苦胆一個、韮菜白十根各一寸。同搗成泥，入童便一酒盞，攪如稀糊，入藥末再搗爲丸，如菉豆大。每服三四十丸。清湯送下。如上膈熱多，食後服此方。凡男女骨熱，皆可用之，不專治產婦。

保眞湯：

黃芪六分　人參二錢　白朮二錢，炒　炙草四分　川芎六分　當歸二錢　天冬一錢　麥冬二錢　白芍二錢　枸杞二錢　黃連六分，炒　黃柏六分，炒　知母二錢　生地二錢　五味十粒　地骨皮六分　棗三枚，去核。水煎服。

加味大造湯治骨蒸勞熱，若服清骨散、梅連丸不效，服此方。

人參一兩　當歸一兩　麥冬八分　石斛八分，酒蒸　柴胡六錢　生地二兩　胡連五錢　山藥一兩　枸杞一兩　黃柏七分，炒。先將麥冬、地黃搗爛，後入諸藥，同搗爲丸，加蒸紫河車，另搗焙乾爲末，煉蜜丸。

心痛

此卽胃脘痛，因胃脘在心之下，勞傷風寒，及食冷物而作痛，俗呼爲心痛。心可痛乎？血不足，則怔忡驚悸不安耳。若眞心痛，手足青黑色，旦夕死矣。治當散胃中之寒氣，消胃中之冷物，必用生化湯，佐消寒食之藥，無有不安。若綿綿而痛，可按止之，間無血塊，〔二〕則當論虚而加補也。産後心痛腹痛二症相似，因寒食與氣上攻於心則心痛，下攻於腹則腹痛，均用生化湯加肉桂、吴萸等温散之藥也。

加味生化湯：

川芎一錢　當歸三錢　黑薑五分　肉桂八分　吴萸八分　砂仁八分　炙草五分。

傷寒食加肉桂、吴萸；傷麪食加神麯、麥芽；傷肉食加山楂、砂仁，大便不通加肉蓯蓉。

腹痛

先問有塊無塊。塊痛只服生化湯，調失笑散二錢，加元胡一錢；無塊則是遇風冷作痛，宜服加減生化湯。

川芎一錢　當歸四錢　黑薑四分　炙草四分　防風七分　吴萸六分　白蔻五分　桂枝七分。

痛止去之。隨傷食物，所加如前。

〔二〕「間」，吴本、瑞本均作「問」，爲是。

小腹痛

產後虛中感寒飲冷，其寒下攻小腹作痛，又有血塊作痛者，又產後血虛臍下痛者，並治之以加減生化湯：

川芎一錢　當歸三錢　黑薑四分　炙草四分　桃仁十粒。

有塊痛者，本方中送前胡散，亦治寒痛；若無塊，但小腹痛，亦可按而少止者，屬血虛，加熟地三錢、前胡、肉桂各一錢爲末，名前胡散。

虚勞

指節冷痛，頭汗不止。

人參三錢　當歸三錢　黄芪二錢　淡豆豉十粒　生薑三片　韮白十寸　猪腎二個。

先將猪腎煮熟，取汁煎藥八分，温服。

遍身疼痛

產後百節開張，血脈流散，氣弱則經絡間血多阻滯，累日不散，則筋牽脈引，骨節不利，故腰背不能轉側，手足不能動履，或身熱頭痛。若誤作傷寒發表出汗，則筋脈動蕩，手足發冷，變症出焉。宜服趁痛散：

當歸一錢　甘草　黃芪〔一〕　白朮　獨活各八分　肉桂八分　桑寄生一錢　牛膝八分　薤白五根　薑三片。水煎服。

腰痛

由女人腎位繫胞，腰爲腎腑，産後勞傷腎氣，損動胞絡，或虚未復而風乘之也。

養榮壯腎湯治産後感風寒，腰痛不可轉。

當歸二錢　防風四分　獨活　桂心　杜仲　續斷　桑寄生各八分　生薑三片。水煎服。

兩帖後痛未止，屬腎虚，加熟地三錢。

加味大造丸治産後日久，氣血兩虚，腰痛腎弱，方見骨蒸條。

青蛾丸：

胡桃十二個　破故紙八兩，酒浸炒　杜仲一斤，薑汁炒，去絲。爲細末，煉蜜丸。淡醋湯送六十丸。

脇痛

乃肝經血虚氣滯之故。氣滯用四君子湯，加青皮、柴胡。血虚用四物湯，加柴胡、人參、白朮。若概用香燥之藥，則反傷清和之氣，無所生矣。

補肝散治脇痛。

山萸　當歸　五味　山藥　黃芪　川芎　熟地　木瓜　白朮　獨活　棗仁各等分。水煎服。

〔一〕「黃芪」，吳本、瑞本均無。

陰痛

產後起居太早，產門感風作痛，衣被難近身體。宜用祛風定痛湯：

川芎一錢　當歸三錢　獨活　防風　肉桂　荆芥各五分，炒黑　茯苓一錢　地黄二錢　棗二枚。煎服。

又附：陰痔、陰蝕

陰中瘡，曰䘌瘡。或痛或癢，如虫行狀，濃汁淋漓，陰蝕幾盡者。由心腎煩鬱，胃氣虚弱，致氣血流滯。《經》云：「諸瘡痛癢，皆屬於心。」治當補心養腎，外以藥薰洗，宜用十全陰疳散：

川芎　當歸　白芍　地榆　甘草各等分。水五碗，煎二碗，去渣，薰，日三夜四，先薰後洗。

一方：用蒲黄一升、水銀二兩，二味調勻，搽。

一方：用蝦蟆、兔糞等分，爲末敷瘡。

一方：治疳虫食下部及五臟，取東南桃枝，輕打頭散，以綿纏之。

一方：用石硫黄末，將縛桃枝燃之。〔一〕

一方：截一短竹筒，先納陰中，以桃枝燒煙薰之。

〔一〕各本按：「此條宜與上條合看。燃，疑撚之誤。」

惡露

卽係裏兒污血，產時惡露隨下，〔一〕則腹不痛，而產自安。若腹欠温煖，或傷冷物，以致惡露凝塊，日久不散，則虚症百出。或身熱骨蒸，食少羸瘦，或五心煩熱，月水不行，其塊在兩脇，動則雷鳴、嘈雜、暈眩，發熱似瘧，時作時止。如此數症，治者欲洩其邪，先補其虚，必用補中益氣湯送三消丸，則元氣不損，惡露可消。

加味補中益氣湯：

人參一錢　白朮二錢　當歸三錢　黄芪一錢，炙　白芍一錢　廣皮四分　甘草四分　薑　棗。煎服。

三消丸治婦人死血、食積、痰三等症。〔二〕

黄連一兩，一半用吴茱煎汁，去渣，浸炒。一半用益智仁炒，去益智仁不用　萊菔子一兩五錢，炒　川芎五錢　桃仁十粒　山梔　青皮　三稜　莪朮各五錢，俱用醋炒　山楂一兩　香附一兩，童便浸炒。

右爲末，蒸餅爲丸，食遠服。用補中益氣湯送下五六十丸。或用白朮三錢、陳皮五錢，水一鍾，煎五分，送下亦可。

乳瘋

乳頭屬足厥陰肝經，乳房屬足陽明胃經。若乳房臃腫結核色紅，數日外腫痛潰稠膿，膿盡而愈。

〔一〕「卽係裏兒污血，產時惡露隨下」，吴本、瑞本均作「日久不下，分娩兒下，惡露隨下。」

〔二〕「三等症」，瑞本同，吴本作「等三症」。

此屬胆胃熱毒，氣血壅滯，名曰乳癰，易治。若初起内結小核，不紅不腫不痛，積之歲月，漸大如巉巗山，破如熟榴，難治。

治法：痛腫寒熱，宜發表散邪；痛甚，宜疏肝清胃；膿成不潰，〔一〕用托裏；肌肉不生，膿水清稀，宜補脾胃；膿出及潰，惡寒發熱，宜補血氣；飲食不進，或作嘔吐，宜補胃氣。乳岩初起，用益氣養榮湯加歸脾湯，間可内消。若用行氣補血之劑，速亡甚矣。

瓜蔞散治一切癰疽，並治乳癰，癰者六腑不平之氣，陽滯於陰則生之。

瓜蔞一個連皮搗爛　生甘草五分　當歸三錢　乳香五分，燈心炒　金銀花三錢　白芷一錢　沒藥五分，燈心炒　青皮五分。水煎温服。

回脈散乳癰未潰時服此，毒從大便出，虚人不用。

大黃三錢半　白芷八分　乳香五分　木香五分　沒藥五分　穿山甲五分，蛤粉拌炒。共爲末。人參二錢，煎湯，調藥末服。

十全大補湯：

人參　白朮　黃芪　熟地各三錢　茯苓八分　甘草五分　川芎八分　金銀花三錢。

瀉加黃連、肉菓；渴加麥冬、五味；寒熱往來，用馬蹄查搗散。〔二〕

凡乳癰，服薏苡仁粥好。

又方：用烏藥，軟白香辣者五錢，研水一碗，牛皮膠一片。同煎七分，温服。如孕婦腹内癰，

〔一〕「膿」，傅山全書初版本作「濃」，據友文堂本與文意改。
〔二〕「馬蹄查」，吳本、瑞本均作「馬蹄香」，爲是。

此二方可通用。

又有乳吹，乃小兒飲乳，口氣所吹，乳汁不通，壅結作痛，不急治則成癰。宜速服瓜蔞散，更以手揉散之。

風甚

用山羊血，取色新者，於新瓦上焙乾研末，老酒沖下五六分爲度，重者用至八分，其效如神。又用抱不出殻鷄子，瓦上焙乾，酒調服。如治虚寒危症，用藍鬚子根，刮皮，新瓦上焙乾，研末，温服一錢爲度，雖危可保萬全。

不語

乃惡血停蓄於心，故心氣閉塞，舌强不語，用七珍散：

人參　石菖蒲　川芎　生地各一兩　辰砂五分，研　防風五錢　細辛一錢。共爲細末，用薄荷湯下一錢。

因痰氣鬱結，閉口不語者，用好明礬一錢，水飛過，沸湯送下。

一方治産後不語：

人參　石蓮子去心　石菖蒲各等分。水煎服。

婦人良方云：産後瘖，心腎虚，不能發聲，七珍散。脾氣鬱結，歸脾湯。脾傷食少，四君子湯。氣血俱虛，八珍湯；不應，獨參湯；更不宜，〔二〕急加附子。蓋補其血以生血，若單用佛手散等破血藥，誤矣。

補集

產後大便不通，用生化湯，内減黑薑，加麻仁；脹滿加陳皮；血塊痛加肉桂、元胡。如燥結十日以上，肛門必有燥糞，用蜜棗導之。

煉蜜棗法：

用好蜜二三兩，火煉，滚至茶褐色。先用濕桌傾蜜在桌上，用手作如棗樣。插肛門，待欲大便，去蜜棗方便。

又方：

用麻油，口含竹管，入肛門内，吹油四五口，腹内糞和卽通。或猪胆亦可。

治產後鷄爪風

桑柴灰三錢，存性　魚膠三錢，炒　手指甲十二個，炒。共爲末，黄酒送下，取汗卽愈。

保產無憂散：

當歸錢半，酒洗　川芎錢半　炒黑芥穗八分　艾葉七分，炒　麪炒枳殼〔三〕六分　炙黄芪八分　兔絲子錢四

〔二〕「更不宜」，瑞本同。吴本作「更不應」，爲是。
〔三〕「麪炒」，吴本、瑞本均作「麩炒」，爲是。

分，酒炒　羌活五分　厚朴七分，薑炒　川貝母一錢，去心　白芍錢二分，酒炒　甘草五分　薑三片。温服。

右方保胎。每月三五服。臨產熱服，催生如神。

治遍體浮腫，是脾虛水溢之過。凡浮腫者，可通用，俱神效。

眞縮砂仁四兩　萊菔子二兩四錢，研末，水浸濃，取汁浸砂仁，候汁盡，晒乾。研極細末，每服一錢，漸加至二錢爲度。淡薑湯送下。

保產神效方：

未產能安，臨產能催。偶傷胎氣，腰痛腹痛，甚至見紅不止，勢欲小產，危急之際，一服即愈，再服全安。臨產時，交骨不開，橫生逆下，或子死腹中，命在垂危，服之奇效。

全當歸一錢五分，酒洗　眞川芎〔一〕一錢五分　紫厚朴七分，薑汁炒　兔絲子一錢五分，酒泡　川貝母二錢，去心淨，煎好方和入　枳殼六分，麫炒〔二〕　川羌活六分　荆芥穗八分　黄芪八分，蜜炙　蘄艾五分，醋炒　炙草五分　白芍一錢二分，冬用二錢酒炒　生薑三片。水二鍾，煎八分，渣水一鍾煎六分。產前空心預服二劑，臨產隨時熱服。

此乃仙傳奇方，愼勿以庸醫輕加減其分兩。〔三〕

〔一〕「眞川芎」，瑞本同，吳本作「川芎」。

〔二〕「麫炒」，吳本、瑞本均作「麩炒」，爲是。

〔三〕王本按：「保產無憂散、保產神效方，與編首治產秘驗良方，俱相同，特引論畧别，並存參看可也。」

卷二百二　傅氏家抄醫學抄本〔一〕

婦人有先期而經來者，其經水甚多，人以爲血熱之極也，誰知是腎中水火之旺乎！夫火旺則血熱，水旺則血多，此有餘之症，非不足之症也。似乎勿藥有喜，但過於有餘，則子宮太熱，亦難受孕，恐有爍乾男精之慮。太過者損之，亦既濟之道也。然而火不可任其有餘，而水斷不可使之不足。治之法，但清其火，而不必泄水也，方用清經散：

丹皮三錢　骨皮五錢　白芍三錢　青蒿二錢　熟地一錢　黄柏五分　茯苓二錢。水煎服，二劑而火自平也。

方用雖是清火之品，然仍是滋水之味，火泄而水不與俱。

婦人有先期經來，其經止一二點，人以爲血熱之極也，誰知是腎中火旺而陰水虚乎！同是先期經來，何以分虚實之異？蓋婦人之經最難調，〔二〕不分別細微，用藥鮮能取效。先期火氣之沖，多寡者水氣之驗。故先期而來多者，火熱而水有餘。先期而來少者，火熱而水不足。儻一見先期而來，

〔一〕此篇據山西博物院藏手稿整理，酌參一九八三年五月山西人民出版社版何高民校考之傅山醫學手稿、二〇〇七年六月山西人民出版社版傅山書法全集第五卷行草醫學女科殘稿冊頁的相關成果。由趙懷舟釋文。傅山全書初版本未收。

〔二〕「經」，抄本作「徑」，據文意改。

俱以爲有餘之症，但泄火而不補水，或水火之兩泄，焉有不增病者哉！治之法，不必泄火，專補其水而火自消，方用兩地湯：

元參一兩　生地一兩　白芍五錢　麥冬一錢　阿膠三錢　地骨皮三錢。水煎服，四劑而經調矣。地骨、生地但能涼骨中之熱。〔二〕由于腎經之熱，涼其骨髓，則腎氣自寒，而又不損傷胃氣，此治之巧也。況所用諸藥，又純是補水之味，水盛而火安得不平乎！此條與上條並觀，斷無誤治先期之病矣。〔三〕

婦人有經水後期而多者，人以爲血虚之病也，誰知非血虚乎！蓋後期之多少有不同，不可執一而論。後期而來少，血寒而不足，後期而來多，血寒而有餘。夫先本於腎，而其流五臟六腑之血皆歸之，故經來而諸血盡來附益，以經開而門啓不遑合，諸血乘其隙而皆出也。但血既出矣，則成不足之病，治法宜於補中溫之，非曰後期者俱不足也，方用治經攝血湯：

熟地一兩　白芍一兩　川芎五錢　白朮五錢　續斷一錢　五味三分　肉桂五分　柴胡五分。水煎服，三劑而經調。

此方大補肝、腎、脾之精血，加肉桂以祛其寒，柴胡以解其鬱，是補中有散，而散不耗氣；補中有泄，而泄不損陰，所以受補之益，而收補之功也。是方凡經來後期者俱可用，調經之妙藥，而攝血之仙丹也。倘人之元氣不足，加人參一、二錢亦可。

〔二〕「但」，當爲「俱」字之訛。
〔三〕「斷」，何高民本辨作「斯」字。

婦人有經來斷續，或前或後無定期，人以爲血氣之虛也，誰知肝氣之鬱結乎！夫經水出諸腎經，而肝爲腎之子，肝鬱則腎亦鬱矣。腎鬱而氣自不宣，前後之或斷或續，或通或閉耳。雖然肝氣鬱，而腎自有繾綣之意，肝氣之或開或閉，即腎氣之或去或留，有相因而至者，又何疑乎！治之法，舒肝之鬱，即所以開腎之鬱也。肝腎之鬱既開，而經自有一定之流矣，方用定經湯：

白芍一兩　當歸一兩　兔絲一兩　熟地五錢　山藥五錢　柴胡五分　茯苓三錢　黑荊芥二錢。水煎服，二劑而經水淨，四劑而經既定矣。

此方舒肝腎之氣，非通水之藥也，〔二〕補肝腎之經，非利水之品也。肝腎氣舒而經通，肝腎津旺而水利，不治之治，正妙於治也。

婦人有數月一行經者，每以爲常，且無或先或後之異，又無或多或少之殊。人以爲異，而不知非異也，此乃無病之人，氣血兩不虧損耳。夫氣血既不虧損，何以數月而一行經也？婦人之中，有天生仙骨者，經水必四季一行，蓋以季爲數，而不以月爲盈縮也。〔三〕婦人之經水不行，則黃河便可順流，眞氣內藏，則坎中之陽不損，倘加以鍊形之法，一年之內，便可飛升，無如世人不知鍊形之法，見精水不來，誤認爲病，妄用藥餌，往往無病而成病，余聞異人之教，特爲闡揚，使世人見此等行經，不必治之，萬勿疑爲氣血之不足，輕施藥療也。雖然天生仙骨之婦，世正不少，而嗜慾深

〔二〕「非」，抄本脫，據文意與下文補。何高民本在此亦補一「非」字。

〔三〕「月」，抄本作「經」，據文意改。

者，天力損，又何可不立一療救之方，方名助仙丹：

白朮三錢　白芍三錢　山藥三錢　甘草一錢　杜仲一錢　茯苓五錢　陳皮五分　兔絲子二錢。水煎服，四劑而仍如其舊，不可再服也。

此方補之中有妙理，健脾益腎，解鬱清痰，不損其天然之氣血，便是調經之大益，何必用他藥以通經哉？

婦人至五十外，或六七十歲者，忽然行經，或如紫血之塊，或如紅血之淋，人以爲老婦行經，是還少之時，誰知是血崩之漸乎！婦人至七七之外，天癸已竭，又不服補陰補陽之藥，如何能使經滿行經，一如少婦耶？不宜行經而行經者，乃肝不藏血，脾不統血也。非泄經而動命門之火，必氣鬱而發雷龍之炎，二火發動，而血乃崩失，有似於行經，而實非行經也。此等之症，非大補肝，則血不能驟止。然而補肝脾，不可全補血以止血，尤當兼補氣以止血也，方用安老湯：

人參一兩　黄芪一兩　熟地一兩　山萸五錢　白朮五錢　當歸五錢　阿膠一錢　黑荆芥一錢　木耳炭一錢　甘草一錢　香附五分。水煎服，一劑病少減，二劑又減，四劑全減，十劑全愈。

此於補益肝脾之氣，氣通自能生血，而且能攝血也。尤妙大補腎水，腎水足而肝氣大舒，肝血舒而脾氣養，脾藏血而脾統血，〔一〕安有泄漏哉！又何慮其血崩哉！

婦人有經水忽來忽斷，時痛時止，寒熱來往，人以爲血結之症，而不知非也，乃肝氣不舒耳。

〔一〕「脾」，「肝」字之訛。

夫肝屬木，最惡者，寒風也。婦人行經，則腠理大開，適逢風吹，則肝氣閉塞，則經水之門亦隨之俱閉，於是腠理經絡，各皆不宣而作寒熱〔一〕。氣行於陽而生熱，氣行於陰而生寒也。□此猶感寒之輕者，〔二〕倘外寒更甚，則内熱益深，往往有熱入血室，而變爲似狂之症，一如遇鬼之狀。但令往來寒熱，〔三〕是寒未甚而熱未深耳。治之法，補肝中之血，通其鬱而散其風，則病隨手而效已，方用加味四物湯：

熟地一兩　川芎三錢　白芍五錢　當歸五錢　白朮五錢　丹皮三錢　甘草一錢　玄胡一錢　柴胡一錢。

水煎服。

者方用四物以滋肝腎主血，柴胡、白芍、丹皮以宣風鬱，甘草、白朮、玄胡利腰臍，以和腹痛也。入於表裏之間，通於經絡之内，用之得宜，自奏功如响也。

婦人有經前腹痛數日後行經者，其經來多是紫血之塊，人以爲寒極而至也，誰知是熱極而火不能化乎！夫肝中有火鬱則不揚，經欲行而肝不應，則抑拂其氣而痛生。然而經滿則不能内藏，而肝中火氣燒焚，内逼經也，則火亦隨之而怒泄。其血紫黑者，水肝氣逆下不順行，〔四〕逆上而吐乎！夫肝之氣，最宜順而不宜逆也。順則氣安，逆則氣動，血既行，而氣安則血安，氣動則血動，勿怪其然。若經逆則在腎不在肝，何以隨血妄行，竟至隨口而上出也？不知少陰之火，急如奔馬，得肝中

〔一〕「宣」，抄本作「宜」，據文意改。
〔二〕「□」，抄本此字殘闕，傅山書法全集本辨作「然」字，與辨證奇聞、傅青主女科相合，可從。
〔三〕「令」，當爲「今」字之訛。
〔四〕「水」字下，與辨證奇聞對比，有脫文三百八十餘字，與傅青主女科對比，有脫文四百二十餘字。文繁不錄。

龍雷之火，直沖而上出也，其勢最捷，反經而爲血，亦至便也。正不必肝不藏血，而始成吐血之症。但此等吐血，不比各經之吐血也，各經之吐血乃内傷而成者也。逆經而吐血者，乃内溢而激之使然也。其症既絶有異，而氣逆則一也。治之得法，似乎治逆以平肝，益精以補腎。雖然，經逆而吐血，雖不損夫血，而反覆顛倒未免傷腎，傷腎之氣而血又上泄過多，則腎水亦虧矣。必須於補腎之中，以行其順氣之法也，方用順經湯：

當歸五錢　白芍二錢　熟地五錢　丹皮五錢　黄芩三錢　沙參三錢　黑荆芥三錢。水煎，一劑而吐血止，二劑而經順，十劑不再逆經也。

此方於補腎經之中，而用引血歸經之藥，肝氣不逆而腎氣自順也。腎氣既順，而經又何能逆哉！

婦人有經水方來三五日前，臍下疼痛，狀如刀刺，寒熱交作下如黑豆汁，既而經來，自云無娠，人以爲血熱之故，誰知是下焦寒熱相爭之故。夫寒濕之氣，乃邪氣也。婦人有沖任之脉，居於下焦，沖脉爲血海，〔二〕任脉爲胞胎，爲血室，皆喜正氣之相通，最惡邪氣之相犯。經水由二經而外出，而寒濕之氣彌滿於二經之外，勢必兩相爭而作痛矣。邪勝正衰，寒氣生，而下如豆汁之黑者，見北寒水之象也。治之法，利其濕而溫其寒，沖任無邪，何至轉結而爲痛哉，方用溫臍化濕湯：

白朮一兩　茯苓三錢　巴戟五錢　山藥五錢　扁豆五錢　白菓十枚　蓮子三十粒，不去心。水煎服，然必須經水未來前十日服之，四劑而邪去，調經兼可種子也。

〔二〕「沖」，抄本作「中」，據文意改。

此方用白朮以利腰臍之氣，便用巴戟、白菓以通其脈，扁豆、山藥、蓮子以衛沖脈，故寒濕盡去，而經水自調矣。倘疑腹痛多熱邪作祟，妄用寒涼，則沖任虛冷，血海變而爲冰海，血室凝而成冰室，無論難於生育，而疼痛又何有止日哉！

婦人有經水過多，行後復行，面生痿黃，倦怠無力，人以爲血熱之故也，誰知是血虛而不歸經乎！夫血妄則經多，血少則經縮，何以血虛而反經多也？不知血歸于經，雖血旺而經亦不多；血不歸經，雖血衰而經亦不少。世人經水過多，謂是血之旺也，以治之所以錯耳。〔二〕但經來果是血旺，一行經宜止矣，何以行後而再行也耶？惟經多是血虛，故再行而不勝其困乏，而血損經散，骨中髓空，不能色華於面也。治法宜大補其血之不足，而引其歸經，又寧有再行之病哉！方用四物湯加減治之：〔三〕

熟地一兩　白芍三錢　川芎二錢　當歸五錢　荆芥三錢　山萸三錢　續斷一錢　白朮五錢　甘草一錢。

水煎服，四劑而血歸矣。

十劑之後加人參三錢，再服十劑，下月行經，適可而止，不再行也。四物湯乃補血之神品，加白朮、荆芥行中有利，加山萸、續斷止中有補，加甘草而調和，所以血足而歸經而血淨也。

婦人有行經前泄三日而後行經者，人以爲血旺之故，誰知脾氣之虛乎！夫脾統血，脾虛則不能

〔二〕「以」，當爲「此」字之訛。
〔三〕「四」，抄本作「八」，據文意與下文改。

攝血矣。且脾屬濕，脾既虛則土不實，土不實而濕更甚焉。經水將動，而脾氣先不能固，脾血欲流注于血海，而濕氣先乘之矣，所以先泄水而後行經也。調經之法，不在先止其水，而在止其血，亦不在先止其血，而在先補其氣。蓋氣旺而血自能固，亦氣旺而濕自能泄也。方用健固湯：

人參五錢　白朮一兩　巴戟五錢　薏苡三錢　茯苓三錢。水煎服，連十劑而經行不泄矣。

此方補脾氣以固脾血，則血攝于氣之中，脾血日甚，自能運化其濕，濕既化而爲烏有，又何能作痛哉！

婦人有行經前一日大便出血者，〔二〕人以爲血崩之症也，誰知是經入大腸乎？夫大腸于行經之路各別，何以能於其中乎？不知胞胎之係，上通于心而下通腎，心腎不交，則胞胎之血兩無所歸，而心腎二經之氣不交，不能照攝，聽其自便，血乃不走小腸而走大腸矣。治之法，單止其大腸之血，則愈止而愈多矣，擊動三焦之氣，拂亂而不可止。蓋經之妄行，原因心腎之不交，今不使心腎之既濟，而徒出其胞胎，則胞胎之氣無所歸，而血又安有歸經之日哉！故必須大補心腎之氣，使心腎之氣接，而胞胎之氣不散，則大腸之血自不妄行也。方用通經兩安湯：

人參三錢　當歸五錢　熟地五錢　山萸二錢　巴戟一錢　白朮五錢　麥冬五錢　升麻四分　炒荆芥二錢　白芍五錢。水煎服，一劑而血止，二劑而經散前陰出矣，三劑而經止，兼可受娠。

此方乃大補心、肝、腎三經之藥，全不去顧胞胎，而胞胎有所歸者，以心腎之氣合也。心腎虛，血氣乃兩分；心腎足，血氣乃兩合；心腎不離，而胞胎之氣總令于二經之攝，又安有亂動之形

〔二〕「二」，抄本作「十」，據文意改。

哉！然則補心腎可也，又何兼補夫肝木耶？不知肝乃腎之子而心之母也，補其肝血，則肝氣往來于心腎之間，自然上引心而入于腎，下引腎而入于心，不啻如介紹之欣也。

松僑老人傅山稿

卷二百三　臨產須知全集〔一〕（上）

傅青主先生秘傳產門方論

產後總論　南山單養賢增補。〔二〕

凡病起於血氣之衰，脾胃之虛，而產後尤甚。是以丹溪先生論產，必當大補血氣，雖有他症，以末治之。夫產後憂驚勞倦，氣血暴虛，諸症乘虛易襲。如有氣無專耗散，有食無專消導。熱不可用芩、連，寒不可用桂、附。寒則血塊停滯，熱則新血崩流。至若中虛外感，見三陽表症之多，似可汗也，在產後而用麻黃，則重竭其陽；見三陰裏症之多，似可下也，在產後而用承氣，則重亡其陰。耳聾、脇痛，乃腎虛惡露之停，休用柴胡；讝語、汗出，乃元弱似邪之症，毋同胃實。厥由陽氣之衰，難分寒熱，非大補不能回陽而起弱；痙由陰血之虧，毋論剛柔，非滋榮不能舒筋而活絡。又有乍寒乍熱，發作有期，症似瘧也，如以瘧治，遷延難愈；神不守舍，言語無倫〔三〕，病似邪也，若以邪治，危亡可待。去血過多而大便燥結，肉蓯蓉加於生化，非潤腸承氣之能通；去汗過多而小

〔一〕此篇據道光五年湖南龍陽縣彭永和刻字店本收錄。由趙懷舟、楊陽整理。傅山全書初版本未收。

〔二〕「賢」字原書脫，據人名補。單養賢，字南山。清初浙江紹興府人，著有胎產指南、明易產科、廣嗣眞詮等書。

〔三〕「倫」，原書作「論」，據文意改。

便短澁，六君子倍用參、芪，必生津助液之能利。加參生化頻服救產後之危，長生活命屢用甦絕穀之人。□疝脫肛〔二〕，多是氣虛下陷，補中益氣之方；口噤拳攣，乃因血燥類風，加參生化之劑。產戶入風而痛甚，服宜羌活養榮湯；玉門傷冷而不閉，洗宜蟖兔萸硫散。怔忡驚悸，生化湯加以定志；似邪恍惚，安神丸助以歸脾。因氣而悶滿虛煩，生化湯加木香爲佐；因食而噯酸惡食，六君子加神曲、麥芽爲良。蘇木、莪朮大能破血，青皮、枳殼最消滿脹。一應耗氣破血之藥，汗吐宣下之策，止可施於壯實，〔三〕豈宜用於胎產哉！大抵新產之後，先問惡露如何？塊痛未除，未可遽加芪、朮；腹中痛止，補中益氣湯無疑。至若亡陽汗脫，氣虛喘促，頻服加參生化，是從權也；又如亡陰火熱，血崩厥暈，速煎生化原方，乃救急也。言雖未盡，其意大畧如是而已。王太僕云：「治下補下制以急，緩則道路遠而力微，急則氣味厚而力重。」故治產當尊丹溪而固本，服法宜效太僕以頻加。凡附生死之寄術，須着意於極危；欲免俯仰之無愧，用存心於愛物。此雖未盡產症之詳，然所聞一症，皆援近鄉治驗爲據，亦未必無小補云耳。

臨產須知方論

一、正產

有腹或痛或止，腰脇酸痛，或痛勢急而胞未破，名弄胎，惟服八珍湯加香附自安。有胞破數日

〔二〕「肛」，原書作「肚」，據文意改。
〔三〕「壯」，原書作「狀」，據文意改。

而痛尚緩，亦服上藥俟之。有痛止後十餘日方產者，此時不曉產母卽努力逼胎，穩婆卽入手試水，甚則強扯兒胎，母子難保，戒之！

二、傷產

胎未足月，有所傷動。或腹痛，或臍痛，或服催生藥太早，或產母努力太過，逼兒錯路，不能正產。故產母臨月安神靜慮，時時緩步，不可多睡、飽食、飲酒醴、服雜藥。但覺腹中轉動，卽正身仰臥，以待兒身轉順，與其費力於臨時，不如慎重於先事。

三、調產

產母臨月，擇穩婆，便器用，備參藥。產時不可多人喧鬧，二人扶身，或憑物站。心煩用滾白水調服白蜜一匙，獨活湯更妙。或饑服糜粥少許，勿令飢渴。有生息未順者，只說尚未生產；〔二〕有雙胎，只說胎衣未下，不可使產母驚慌。

四、催產

胞衣漿紅，腰腹痛甚，是胎離其經。令產母仰臥，待兒轉動，頭向產門，乃可用催生散。倘經日久，產母困倦難生，宜用八珍湯，稍佐香附、乳香，以助血氣。胞衣早破，漿水已乾，宜用八珍

〔二〕「未生產」，原書無此三字，今據薛己女科撮要保產卷下相關文字（「倘有生息不順，只說未產；或遇雙胎，只說胎衣不下」）酌補。

湯或十全大補湯料一斤、益母草半斤，水煎頻服。或以黄芪、川芎、歸身各數斤，大鍋水煎，藥氣氤氲滿室，使產母口鼻俱受，以協濟之。八珍湯、十全大補湯方見二十七<u>胎前患傷寒瘧疾墮胎等症</u>。

五、坐產

兒欲生時，當從高處牢繫手巾一條，令產母以手攀之，輕輕屈身，令兒生下。不可竟坐，抵兒生路。

六、凍產

天寒產母血氣凝滯，不能速生。故衣裳宜厚，產室宜暖。背心、下體尤宜温和。

七、熱產

暑月產母當温冷得宜。產室人衆，熱氣蒸逼，致頭疼面赤，昏暈等症者，宜飲清水少許以解之。然夏月陰涼風雨，亦當避之。

八、横產

兒居母腹，頭上足下，產時則頭向下，產母設用力逼之，則胎轉至半而横矣。當令產母安然仰臥。穩婆先推兒身順，宜頭對產門，復以中指挾其肩，莫使臍帶羈絆。隨服催生藥，努力卽生。

一方：用當歸、紫蘇葉各三錢，長流水，煎服，卽下。

一方：用好精墨濃磨服之。〔二〕

一方：用敗筆頭一個，火煆，以藕節自然汁調温服。

一方：用益母草六兩，濃煎汁加童便一大杯，服之。

九、倒産

此是産時兒頭方轉，産母用力逼之，竟不能轉而倒矣。切勿惶懼，令産母仰卧，穩婆推入，俟兒自順。若良久不生，然後手入産戶一邊，撥兒轉順，近産門，隨服催生藥即下。

十、偏産

兒轉身未順生路，産母用力逼之，致兒頭偏在一邊。雖露頂然非也，乃額角耳。令産母仰卧，穩婆輕手正其頭向産門。或兒頭後骨偏在穀道，額露産門，穩婆以棉衣炙暖，裹手於穀道外旁，輕手推正，努力自生。

十一、礙産

兒身順，門路正，兒頭露出，兒轉身臍帶絆肩，以致不能生下。令産母仰卧，穩婆輕手推兒向上，以中指按兒肩裡脱臍帶，仍將兒身正啞卽生。〔三〕

〔二〕「精墨」，傅青主女科、産後編作「京墨」。

〔三〕「啞」，此字或係「順」字之訛。

十二、盤腸産

産則子腸先出，然後生子，其腸或未卽收。以華蔴子四十九粒，研碎，塗産母頭頂，腸收急急洗去，遲則有害。又方只用華蔴子十四粒，〔一〕去殼，研如膏，貼頭頂中，腸收卽忙拭去。如腸乾燥，以磨刀水少許，温潤之。再用磁石煎湯服之，磁石須陰陽家用過有驗者。

一方：腸出盛以淨漆器，濃煎黄芪湯浸之卽收。

一方：用紙撚醮蔴油，燒着吹滅，以烟薰産母鼻中卽收。

十三、難産

交骨不開，不能産者，用加味芎歸湯一帖，良久卽下。

加味芎歸湯：治交骨不開，或五七日不下，垂死者。

當歸　川芎各一兩　敗龜板一個，酒炙　婦人髮一握，須用生過男女者，燒灰存性。每服五錢，水一大樽，煎七分。

十四、死産

子死腹中，驗産母舌上青色，知胎已死。用平胃散一兩，酒、水各一樽，煎八分，投朴硝五錢服之，卽下。或用童便調朴硝亦妙。後用補劑調理。

〔一〕「十四」，原書作「四十」，據婦人大全良方卷十七改。

平胃散：蒼朮米泔水浸炒　厚朴薑炒　陳皮用炙草爲粗末。水、酒任煎。加朴硝再煎一二沸，温服。

附方歌：平胃散是蒼朮朴，陳皮甘草四般詳。除濕散滿驅瘴嵐，調胃諸方惟此良。

十五、下胞

胞衣不下，用滚酒送失笑散一劑；或益母丸，或生化湯送鹿角灰一錢，或以産母髮入口令作嘔吐，胞衣自下。有氣虚不能送出者，腹必痛脹，單用生化湯。

失笑散：五靈脂　蒲黄　俱研爲細末，每服三錢，酒調熱服。

附方歌：失笑靈脂共蒲黄，惡血腹痛此方良。

益母丸：五月五日取益母草，陰乾爲細末，煉蜜爲丸，彈子大，每服温酒化下一丸。

生化湯原方：當歸八錢　川芎三錢　桃仁十四粒　黑薑五分　炙草五分。用好酒、童便各半，煎服。如不甚飲酒者，以黄酒代之。

又生化湯（此非生化湯原方）：當歸八錢　川芎三錢　白朮一錢　香附一錢。水煎服。加人參三錢，更妙。

【眉批】一方用蓖麻子二兩，雄黄二錢，研成膏，塗産婦足下湧泉穴。胞衣下□，即洗去，遲則有害。

十六、斷臍帶

臍帶以棉裹咬斷爲妙。如遇天寒，或因難産，母子勞倦，宜以大蔴油紙撚，徐徐燒斷，以助元氣。雖兒已死，令暖氣入臍内，多得復生，切不可以刀斷也。

十七、臨産保護

一、胞水下一日以上，交骨未開，宜服大料參歸湯。
二、婦人臨産，弱婦宜勉强食粥物及助氣血藥。
三、分娩不可側臥。
四、産畢不可上牀，令二人扶住，着人從心下輕輕按揉至臍腹六七次，雖睡亦時時按之，使惡露不留滯。
五、産婦不可凍腹，腹寒則血塊作痛，須烘小衣温之。卽夏月亦不可單被。
六、兒生停胞，當服生化湯。
七、冬末春初，宜密室四旁，〔一〕置火令和暖，下部衣亦不可去。
八、産婦虛甚，如致血暈，燒秤錘入陳醋内，向鼻薰之。
九、兒生下後卽服生化湯，飢服白粥一碗，後再服生化湯二劑。
十、纔産不可多飲酒，少則活血有益，多則耗氣。
十一、七日内不可梳頭及洗下部，七日外亦當以温水就牀坐拭，月内不宜洗浴及勞力過多。

〔一〕「密」，原書作「蜜」，據文意改。

十八、臨產調理

產婦臨月當安神定志，時常步履，不可多睡、飽食、過飲。

若婦人坐草太早，心中憂懼，累日不下者，乃氣結而血不行也。用紫蘇和氣飲一劑便產。

凡胎胞破早，紅水未乾，交骨不開，停胎不下者，急煎大助氣血湯，不時與服，其胎自下。

又有盤腸生，生後不收，或冷水、或醋，噀面或背之法，恐虛弱人因驚有害，蓖麻子法最妙。

又有久而腸爲氣所吹乾，不能上，用糯米泔水，火上溫過，潤之自收。磨刀水亦好。

十九、逆產橫生

當以繡針刺兒手心、足心，以鹽擦之，輕輕送上。兒痛驚轉，一縮卽回自順。若產門已露髮，兒未下者，臍帶絆也。

胎衣不下，治之稍緩，脹滿上冲，心腹疼痛，喘急，速煎大料生化湯。連進三樽，則氣旺腹和，而胎衣自下。兼送益母丸一法也。次用鹿角灰二法也。

產婦不可睡倒，須先斷臍帶，以草薰之。寒月火籠被中，時換熱衣要緊。

脈經云：〔一〕「欲產之婦脈離經，〔二〕沉細而滑也同名。〔三〕夜半覺痛應分娩，來日日午定知生。身

〔一〕「脈經」，此處的脈經實指六朝高陽生託名王叔和所撰的脈訣。

〔二〕「離」，原書作「雖」，據脈訣刊誤改。

〔三〕「名」，原書作「如」，據脈訣刊誤改。

重體弱寒又頻，〔一〕舌下之脈黑復青。〔二〕及舌上冷子當死，腹中須遣母歸冥。面赤舌青細尋看，母活子死定應準。〔三〕唇口俱青有沫出，母子俱死總易判。面青舌赤沫出頻，母死子活定知眞。」小兒落地後，產母口鼻黑如塵垢，及鼻衄不止，内熱陰燥，冷汗如油，喘息不休者，不治之症也。急用人參一兩、蘇木二兩，水煎頻服，間有生者。不如大料生化湯加人參一兩爲穩當，乃氣虚血散，胃絕肺敗之故。

臨盆水來數斗，痛聲開口者危。

臨盆時漿已來，連服大劑補血藥，切不可遽加人參。倘難產不正謂横生逆產，有埋怨人參之故。可另煎參湯，俟兒稍出，一氣飲之，效捷議息矣。

附方

大承氣湯，即大料參歸湯：治胞水來而產門不開，停胎不下者。

當歸四兩　川芎一兩　人參一兩　益母草一兩　炙草一錢　大熟地一兩　滑石二錢　茯苓五錢。

附方歌：大料參歸開產門，歸芎熟地炙草參。滑石茯苓益母草，水來胎停此方精。

滋陰易產湯，即滑胎散：臨月服滋陰易。

人參　川芎　生地　大腹皮　白朮　白茯苓　甘草　當歸　陳皮。

〔一〕「頻」，原書作「類」，據脈訣刊誤改。
〔二〕「下」，原書脫，據脈訣刊誤補。
〔三〕「準」，脈訣刊誤作「難」。

附方歌：滋陰易產參朮芎，生地廣皮白茯苓。甘草當歸大腹皮，臨月滑胎此方雄。

催生散：治橫產逆產，須俟兒順產門，方煎服之。若未正先服，必致偏逆。

百草霜　香白芷　滑石各等分　爲末。芎歸湯送下二錢。

又催生兔腦丸：治橫生逆產神效。

用臘月兔腦髓〔一〕一個　母丁香一錢　乳香一錢，另研　麝香一分。兔腦爲丸，〔二〕如芡實大，〔三〕陰乾密封。用時以温酒送下一丸。

霹靂奪命丹：

蛇蛻瓶〔四〕一錢，煅　蚕故紙一錢，燒灰　髮灰一錢　乳香五分。

臨產未產時，目翻口噤，面黑唇青，口中涎沫，命在須臾。若臉面微紅，子死母活，急用此方。

【眉批】「蛇蛻瓶」疑即「蛇蛻皮」，〔五〕未審是否？

加味芎歸湯：治子宮不收，產門不閉。

人參二錢　白朮一錢　黃芪一錢　川芎一錢　當歸二錢　升麻八分　炙草四分　五味子十四五粒。

再不收，加半夏八分、酒炒白芍八分。

〔一〕「兔」，原書作「免」，據文意改。

〔二〕「兔」，原書作「免」，據文意改。

〔三〕「芡」，原書作「欠」，據文意改。

〔四〕「蛇」，原書作「蜿」，據文意改。「瓶」，此字當作小字。所謂「瓶煅」，即瓦瓶中煅燒存性。眉批疑「瓶」爲「皮」，不確。

〔五〕兩「蛇」字，原書作「蜿」，據文意改。

二十、臨產要言

一、陣痛未緊，交骨不開，雖胞水來，不可輕試水。
二、產戶開，兒頭未正，不可服催生丹。
三、胞水來日，似若交骨未開，宜服大料參歸湯。
四、弱婦宜勉食粥物，及助氣血藥。
五、不宜滑胎、敗血等方。
六、兒分娩下，不可側臥。
七、兒生停胞，要頻服生化湯。
八、產婦不可凍腹，寒入腹痛大患。凡冬月停胎，〔一〕必用坐牀蓋被，火籠腹中，烘衣和暖，若坐守寒威，多凍傷大害。

二十一、孕家須預修合

一、生化湯藥料，宜在孕七個月買下。
二、益母丸。
三、催生丸。
四、寒月柴炭，宜早預備。

〔一〕「凡」，原書作「几」，據文意改。

二十二、新產論

產婦宜戒勉強起居、沐浴、梳頭。

生化湯：孕至七八月份，照方預備。

當歸七兩　川芎二兩　桃仁五錢　黑薑五錢　炙草五錢。

至胎衣一破，速服一帖。俟兒生，不問正產、半產，急宜服二帖。初服渣留後帖並煎，要兩帖共三帖煎，要一二時辰内未進飲食，先相繼頻服。消塊生血，自然無暈厥。且產婦服一帖，即增一帖精神。若照尋常病人，一日止服一帖，豈能挽回將絶之氣血耶！

若胎前素弱婦人，見危症、熱症、墮胎，不可拘帖數，須服至病退方止。

若產時勞甚，血崩形色脱，即加人參三四錢在内，頻服無虞。若氣促，亦加人參三四錢於生化湯中者，蓋血塊無滯，不可疑參爲補而勿用也。

有治產婦不用當歸者，見偏之甚。此方治之萬全無失也。

以四物湯理產，地黄性寒滯血，芍藥酸寒無補，且伐血傷氣，誤甚。

制黑薑法：用川薑瘦削而堅者，〔二〕畧炮去皮，切片。鐵銚漫炒至黑烟濃起時，將銚提起，用碗蓋住，如是三遍。劈開中心，乾黑而不焦，便能温補而不發散。

〔二〕「瘦」，原書作「瘐」，據文意改。

二十三、產後用藥十誤

一、氣不舒而誤用耗氣、順氣等藥，反增飽悶。用陳皮不過五分，禁枳實、厚朴。
二、因傷食而誤用消導之藥，及損胃氣，甚至絕穀。禁枳殼、大黄、蓬、稜、曲、朴。
三、因身熱而誤用寒涼之品，必致損胃增熱，禁芩、連、梔、柏、升、柴。
四、三日内未曾服生化湯，勿用參、芪、朮，以致血塊不消。
五、毋得卽用地黄以滯惡露。毋者，禁止之辭。
六、毋獨用枳殼、枳實、牛膝，以消血塊。
七、便秘毋用大黄、芒硝以瀉，或成膨脹。
八、毋用蘇木、稜、蓬以行塊，而反損新血；芍藥酸寒，能伐發生之氣，勿用。
九、毋獨用山楂湯以攻塊定痛，而反損新血。
十、毋輕服濟坤丹以下胞、下胎，爲害不小，可不慎哉！

二十四、產後忌食物品

一、菓忌梨、藕、柑、柿、西瓜、橘。
二、食忌涼粉、菉豆、冷面、冷飯。
三、忌鵞、羊、牛、犬、猪首肉，鴨蛋、鷄蛋俱要停塊作痛，尤難治。
四、忌沙糖、酒、蕎麪。
五、忌獨煎山楂湯，要損新血。

六、忌多食胡椒、艾酒，恐行血致崩。
七、忌生薑、酒，恐發汗。
八、忌濃茶汁。
九、忌莧菜、生菜、苔菜，生冷之物。

二十五、產後危急諸症

一、產兒下，連服生化湯二三帖卽安。
二、產婦胎前虛症，產畢昏暈，急服生化湯一帖。就因第二帖，卽加人參二三錢，以救其急。
三、分娩後汗出，氣短神昏，速煎生化湯一帖，第二帖卽加人參二三錢，危急加參至一兩。
四、產後血崩昏脱，其身心温暖，挖開口，急服加參生化湯。
五、產後氣脱，煩燥不寧，目瞪似邪，言語不正，急救生化湯一帖。隨服滋氣益榮定志湯。
六、產後日久不食，服藥卽吐，須參二三錢，米一大撮，薑三片，煎服。

產後脈經：「新產之脈緩滑吉，實大絃急死來侵。又若沉重小者喜，忽若堅牢命難存。寸口急疾不調死，沉細附骨不絕生。」

二十六、產後寒熱

凡新產後榮衛俱虛，一有感觸，易發寒熱，身疼腹痛，决不可妄投發散之劑。當用生化湯爲主，稍佐發散之藥。

產後脾胃虛甚，易於停食，以致身熱氣口脈甚。世人見有身熱，便以爲外感，遽然發散，汗出胃氣傷，速之死矣，當於生化湯内加扶脾消食之藥。大抵産後宜先補血，次加氣分之藥。若偏補氣，而專重參、芪，非治産之善者也。産後補虚，用參、芪、芎、歸、白芍、陳皮、炙草。如發熱輕，加茯苓淡滲之藥，其熱自除；重則加乾薑。或云：大熱而用薑何也？曰：此非有餘之邪熱，乃陰虚生内熱耳。乾薑入肺分利肺氣，又能入肝分，引衆藥生血，然必與陰血藥同用之。産後惡寒發熱腹病者，當主惡血。若腹不痛，非惡血也。産後寒熱，兼口眼歪邪，此皆血氣虚甚，當以大補爲主。左手脈不足，補血多於補氣；右手脈不足，補氣多於補血。切不可用小續命等發散之劑。

二十七、胎前患傷寒瘧疾墮胎等症

胎前或患傷寒、疫症、瘧疾日久，必致墮胎，墮後愈增熱，因熱消陰血，而又繼産失血故也。治者慎勿妄論傷寒、瘧疾未除，誤用梔子豉湯，芩、連、柴、柏等藥。雖或往來潮熱，大小便秘，五苓、承氣等藥斷不可用。只重産輕邪，大補血氣，頻服生化湯。如形脱、氣脱，或汗脱，加生脈散，以防暈厥。蓋川芎味辛散，乾薑能除陰虚火熱，雖有便秘、煩渴等症，只多服生化湯，自然津液生而二便通矣。若熱用寒藥，愈虚中氣，誤之甚也。

附方

八珍湯，即四君子湯合四物湯：人參　白朮　茯苓　甘草　當歸　川芎　白芍　地黄。

十全大補湯：當歸一錢　川芎一錢　白芍一錢　熟地一錢　人參一錢　白朮一錢　甘草五分　黄芪一錢炙　肉桂五分　茯苓一錢。薑三片，棗二枚　水二樽，煎八分，温服。

附方歌：四物地芎與歸芎，血家百病此方通。八珍合入四君子，氣血雙療功獨崇。再加黃芪與肉桂，十全大補補方雄。本方除卻地黃藥，益以龜版爲歸芎。

加味芎歸湯，方見前「十三、難産」條。

平胃散，方見前「十四、死産」條。

失笑散

益母丸

生化湯　生化湯原方　以上四方俱見前「十五、下胞」條。

卷二百四　臨產須知全集（下）

產後治法二集　傅先生產後諸症治法方論

一、血塊

醫家所先論愼勿因古局方，妄用蘇木、蓬、稜，以輕人命，其一切散血方、破血藥，俱不可用。雖山楂性緩，亦能害人，不可擅用。惟生化湯治血塊之聖藥也。又益母丸或鹿角灰就用生化湯送下一錢，外用烘熱衣服，暖和塊痛處。雖大暑月亦要和暖塊痛處，〔二〕甚有氣不運而暈迷厥。切不可妄論惡血搶心，用蘇木散血之劑以傷人，只頻服生化湯爲主。行血加生地、牛膝；敗血加三稜、蓬莪朮；俗有山楂、沙糖消塊；椒祁艾酒定痛，反致崩暈等症，勿蹈故轍。

如三四日内，覺痛減可揉，乃虛痛也，宜服生化湯加人參爲妙。

如七日内，感寒食冷物，血塊結而痛甚者，加肉桂八分於生化湯中〔三〕。

如血塊未消，不可用參、芪，用之則痛不止。

〔二〕「月」，原書作「大」，據文意改。

〔三〕「八」，原書作「入」，據文意改。

總之，慎勿用峻利藥，〔二〕勿多飲薑椒艾酒；頻服生化湯，行氣助血，外用熱衣以暖腹。若紅花以行之，蘇木、牛膝以攻之，非也。其胎氣脹，用烏藥、香附以順之，枳殼、厚朴以舒之；甚有青皮、枳實、蘇子以下氣定喘；芩、連、梔子、黄柏以退熱除煩；至於血結便實，反用承氣湯下之而愈結；汗多小便短濇，反用五苓散通之而愈秘，非徒無益，而又害也。

凡小兒落草，卽照方頻服生化湯三四帖，烘暖衣服。雖暑月亦當温和，則血塊易消。如感寒食冷物、飲冷茶以致腹痛及停血作痛，至半月外不消，或如腫毒高寸許；或身熱倦甚，不思飲食，用生化湯加三稜、蓬朮、肉桂等攻補兼施，其塊自消。如虚甚，食少泄瀉，只宜服生化湯加健脾消食之藥，待進食止瀉，然後服消塊湯。

加味生化湯：治血塊日久不消，在半月後方可服之。

川芎一錢　當歸三錢　黑薑四分　炙草四分　桃仁十五粒，去皮尖　三稜醋炒　元胡　肉桂各六分。水煎服。

二、血暈

分娩之後，眼見黑花，頭眩昏暈，不知人事者。一因勞倦甚而氣竭，二因大脱血而氣欲絶，三因痰火乘虚泛上而神不守，當急服生化湯二三帖。若偏信古方，認爲惡血搶心，而輕用散血之劑；認爲痰火而輕用消降之方，誤甚也。外宜用醋韮冲鼻之法。

用韮菜細切，納有嘴瓶中，用滚醋二樽冲入瓶内，急冲產母鼻孔卽醒。斷不可謂血上搶心，用

〔二〕「愼」，原作「塡」，據文意改。

蘇木等以峻攻破血，又不可用古牡丹奪命方，以敗血而殞人命也。

如暈厥，牙關緊閉，急煎生化湯，挖開口，將鵞毛插喉，酒盞盛而灌之。如灌下腹中漸温暖，不拘數帖可活。外用暖手在單衣上，從心揉按至腹，常暖以火。

冬月產患此，用前法漸引藥下腹，至一樽半氣轉，又一樽知人事，一兩時内服生化湯四帖完，卽神清。藥少緩且進粥服藥，至十服而安。故犯此者，速灌藥火暖，不可棄而不救。若在冬月，婦人身欠暖，亦有大害。臨分娩之際，必預煎生化湯，燒秤錘、硬石子，候兒下地，連服二三帖。又產婦枕邊，行醋韮投錘醋瓶之法，决無暈症。

又兒生下時，合家不可喜子慢母，產母不可顧子忘倦，又不可產訖卽卧，或忿怒氣逆，皆可致血逆而暈，愼之！愼之！

加味生化湯：治產後三等血暈症。

川芎三錢　當歸六錢　黑薑四分　桃仁十粒　炙草五分　荆芥四分　棗二枚。水煎温服。

勞倦甚而暈，及血崩氣脱而暈，並宜連灌兩服。如形色脱，或汗多而脱，皆急服一帖後，卽加人參三四錢。一加肉桂四分，决不可疑參爲補而緩服。若痰火乘虚泛上而暈，方内加橘紅四分。虚甚，加人參二錢。肥人多痰，再加竹瀝七分、薑汁少許。總不可用破血等方。其血塊痛甚，兼送益母丸，或鹿角灰，或元胡散，或獨勝散。上消塊方，服一方見效，不須易方，從權救急。

加參生化湯：治產後形色脱暈，或汗多脱暈。

人參三錢，有倍加至五錢者　川芎二錢　當歸五錢　炙草四分　桃仁十粒　黑薑四分。　棗引，水煎服。

脈脱、形脱將絶之症，必服此方，加人參四五錢，頻頻服之。產後血崩、血暈，兼汗多，宜服此方；無汗不脱，只服本方，不必加參。左尺脈脱，亦加參。

此方治産後危急諸症，可通用。一晝一夜，必須服三四劑；若照常症服，豈能接將絶之氣血，扶危急之變症耶？產後一二日，血塊痛雖未止，產婦氣血虛脱，〔一〕或暈或厥，或汗多，或形脱，口氣漸冷，煩渴不止，或氣喘急，無論塊痛，從權用加參生化湯以扶危急。病勢稍去，又當減參，且服生化湯。

加減法：血塊痛甚加肉桂七分；渴加麥冬一錢，五味子一粒；〔二〕汗多加麻黄根一錢；如血塊不痛，加黄芪一錢，以止汗；傷飲食麪飽，加神曲一錢，炒、麥芽五分，炒；傷肉食加山楂五個、砂仁四分。

三、厥症

婦人生產用力過多，勞倦傷脾，故逆冷而厥，氣上腹滿，脈去形減，非大補不可，豈錢數芎、歸能回陽復神耶？〔三〕必用加參生化湯倍參，頻進二劑，則氣血旺而神自生，厥自止矣。若服藥而又渴，另有生脈散，多加參以代茶飲，救藏之燥。如四肢逆冷，又泄痢類傷寒陰症，又不宜用四逆湯，必倍參生化湯加附子一片，可以回陽止逆，且可以行參歸之力矣。立二方於左，先後分用。

加參生化湯：治新產發厥，塊痛未止，不可加芪、朮。

川芎二錢　當歸四錢　炙草五分　黑薑四分　桃仁十粒　人參二錢。　加棗煎，連進二劑。

〔一〕「婦」，原書作「妯」，據傅青主女科產後編改。
〔二〕「一粒」，傅青主女科產後編作「十粒」。
〔三〕「陽」，原書作「湯」，據傅青主女科產後編改。

滋榮益氣復神湯：治產後發厥，問塊痛已除，可服此方。

人參三錢　黄芪一錢　白朮一錢，土炒　當歸三錢　炙草四分　麥芽一錢　陳皮四分　五味子十粒　川芎一錢　熟地一錢。水煎服。如手足冷加附子五分；汗多加麻黄根一錢、熟棗仁一錢，炒；妄言妄見，加益智、柏子仁、龍眼肉；大便實加肉蓯蓉二錢。

大抵產後暈、厥二症相類，俱須照方急服，但暈在臨盆時，症急甚於厥，宜頻服生化湯幾帖，塊化血旺，神清暈止。若多氣促、形脱等症，參、芪必須加也。厥在分娩之後，宜用倍參生化湯，止厥以復神，並補氣血，非如上偏補氣血而可愈也。要知暈有塊痛，芪、朮不可加。厥症若無塊痛，芪、朮、地黄並用無疑也。

四、血崩

產後血大來，審血色之紅紫，視形色之虚實。如血紫有塊，乃當去其敗血也。止留作痛，不可論崩。如血鮮紅，乃是驚傷心，不能生血；怒傷肝，不能藏血；勞傷脾，不能統血歸經耳。當以崩治，先頻服生化湯幾帖，則行中有補，血寧而氣自旺矣。

若形脱汗多氣促，宜服倍參生化湯幾帖以益氣，非棕灰之可止者。如產後半月外崩，又宜升舉大補湯治之。此症虚極，服藥平穩，未見速效，俟力足二十帖後，諸症頓除。

生血止崩湯：治產後血崩。

川芎一錢　當歸四錢，去尾　黑薑四分　炙草五分　桃仁十粒　荆芥五分　烏梅五分，燒灰　蒲黄五分，炒。加棗煎服。忌薑、椒、熟物、生冷。

鮮紅血大來，加荊芥穗炒、白芷各五分。血竭形敗，加人參三四錢；汗多氣促，亦加人參三四錢；如無汗形不脱，氣不促只服生化湯，多服則血自寧。有言芎、歸，但能活血，不能治崩，誤甚。

升舉大補湯：滋榮益氣。如有塊痛，只服前方，芪、朮慢用。

黄芪四分　白朮四分　陳皮四分　人參二錢　炙草四分　升麻四分　當歸二錢　熟地二錢　麥冬一錢　川芎一錢　白芷四分　荆芥四分，炒黑　黄連三分，去心。

汗多加麻黄根一錢、浮小麥一撮；大便不通，加肉蓯蓉一錢，禁用大黄；有氣，磨木香二分；有痰，加貝母六分，竹瀝、薑汁少許；寒嗽，加杏仁十粒、桔梗五分、知母一錢；有驚，加棗仁炒、柏子仁各一錢，去油；傷飯食，加神曲、麥芽各一錢；傷肉食，加山楂、砂仁各八分。俱用棗，水煎服。身熱不可加芩、連、黄柏；傷食、怒氣，均不可專用耗散無補之藥。凡年老虚人患崩，宜升舉大補湯。

五、氣短似喘

凡産血脱勞傷，氣無所恃，呼吸止息，違其常度。有認爲痰火，反用散氣化痰之方，誤人性命，當大補血氣爲主。如有塊，不可加參、芪、朮；無塊方可用本方，去桃仁，加熟地併附子一片。足冷加熟附子一錢及參、朮、陳皮，接續補氣養榮湯。

加參生化湯：治分娩兒下，即患氣促者，有血塊不可加芪、朮。

川芎二錢　當歸四錢　炙草五分　黑薑四分　桃仁十粒　人參二錢　棗。水煎服。連進二三帖，然後可服後方。

補氣養榮湯：治産後氣短促，血塊不痛，宜服此方。

炙芪 白朮各一錢 當歸四錢 人參三錢 陳皮四分 炙草四分 熟地二錢 黑薑四分 川芎二錢。

足冷加熟附子三錢；汗多加麻黃根一錢、浮小麥一撮；渴加麥冬一錢、五味子十粒；大便不通，加肉蓯蓉一錢、麻仁一撮；傷飯食，加神曲、麥芽各一錢，炒；傷肉食，加山楂、砂仁各五分。

六、妄言妄見

此症良由氣血虛損，神魂無依也。治法當論塊痛有無緩急，若塊痛未除，先服生化湯二三劑；痛止繼服加參生化湯，或補中益氣湯送安神定志丸調治之。如產日久，形氣俱不足，卽當大補氣血、安神定志，服至藥力充足，其病全愈。勿謂邪祟，噴以法水驚之，屢治此症，服藥十數帖方效。病虛似邪，欲泄其邪，先補其虛；先調其氣，次論諸疾。此古人治產後虛症及老年虛喘、弱人妄言三症，所當用心也。

寧神生化湯：治產後塊痛未止，妄言妄見，未可用芪、朮。

川芎一錢 當歸三錢 黑薑四分 炙草四分 茯神二錢 桃仁十二粒 人參二錢 陳皮三分 益智仁八分 柏子仁一錢，去油 棗。水煎服。

滋榮益氣復神湯：治產後血塊，痛止可服此方，妄言妄見卽愈。

黃芪一錢 白朮一錢 人參二錢 炙草四分 陳皮三分 麥冬一錢 川芎一錢 棗仁一錢，炒 五味子十粒 益智仁一錢 柏子仁一錢，去油 茯神一錢 蓮子八枚 熟地二錢 元肉八個。棗引，水煎服。

產後血崩血脫，氣喘氣脫，妄言神脫，雖有血氣陰陽之分，其精散神去一也。比暈症少緩，亦危症也。若非厚藥頻服，失之者多矣。誤論氣實痰火者，非也。

新產有血塊痛，幷用加參生化湯，行中有補，斯免滯血、血暈之失。其塊痛止，宜用升舉大補湯，少佐黄連墜火，以治崩脱，寧血歸經也。宜用倍參補中益氣湯，少佐附子助參以治氣脱，攝氣歸淵也。宜用滋榮益氣復神湯，少佐痰劑，以清心火，寧君主之官也。

七、傷食

新產之後，禁膏粱，〔二〕遠厚味，食粥茹蔬乃切務也。形體勞倦，脾胃受傷，又不善調攝，以多食爲益。胃雖受納，脾失轉輸，食停不走，噯酸惡食。治當扶元，温補氣血，健脾胃，審傷何物，佐以消導。薄味漸進，〔三〕運化須服生化湯，以神曲、麥芽消飯麪之食；山楂、砂仁消肉食之傷；傷寒冷之物，則加吳萸、肉桂；如產母虛甚，則加人參、白朮；又問有塊，然後消補兼施，未有不效者也。屢見治者，不重產後之弱，唯知速消傷物，反損眞氣，益增滿悶，可不愼哉！

加味生化湯：治血塊痛未消，服此以消食。

川芎二錢　當歸五錢　黑薑四分　炙草五分　桃仁十粒。

審問所傷何物，加藥如前煎服。

健脾消食生化湯：治產後塊痛已除，服此消食。

川芎一錢　當歸二錢　炙草五分　人參二錢　白朮錢半。

審傷何物，加法如前。如停寒物日久，脾胃虛弱，恐藥不能運用，可用揉按，炒麯熨之更妙。

〔二〕「粱」，原書作「梁」，據文意改。

〔三〕「味」，原書作「咊」，據文意改。

凡傷食誤服消導藥，反絕粥幾日者，宜服此方：

長生活命丹：人參三錢　水一樽半　煎半樽，先用參湯一酒杯，送飯鍋焦研粉三匙。漸漸加參湯、鍋粉，引開胃口。煎參湯用新罐或銅杓，恐聞藥氣要嘔也。如服寒藥傷者，加薑三大片煎湯。人參名長生草，〔一〕鍋焦名活命丹。此方曾活數十人。

八、忿怒

產後忿怒氣逆，胸膈不利，血塊又痛，宜用生化湯去桃仁，服時磨木香二分在內，則塊化怒散，不相悖也。若輕產重氣，偏用木香、砂仁、枳殼、厚朴、烏藥等藥，則元氣損而滿悶增矣。又如怒後卽食，胃弱停食，當審何物，加山楂、砂仁以消肉食；神曲、麥芽以消麪食；若傷寒物，留滯脇痛，宜加肉桂、吳萸於生化湯中，以逐寒定痛。愼勿用木香檳榔丸、流氣飲子等方，使愈虛弱。產後重虛之禍，不可勝言矣。

木香生化湯：治產後血塊未除，受氣者。

川芎二錢　當歸六錢　黑薑四分　炙草四分　陳皮三分。　水棗煎服。特磨木香二分加在內。　此方減桃仁用木香、陳皮，前有減乾薑者詳之。

健脾化食散氣湯：治產後受氣傷食，無塊痛者。

白朮二錢　當歸二錢　川芎一錢　黑薑四分　炙草四分　人參二錢　陳皮三分。傷各物，加法如前。

大抵產後忿怒氣逆及停食二症，善治者，重產輕怒食，必補氣血爲主，佐以順氣調氣，則怒鬱

〔一〕「長生」，原書作「活命」，據胎產指南卷七改。

散而元不損。佐以健脾消導，則停食行而思穀矣。若專理氣消食，非徒無益，而又害之。

九、類瘧

產後寒熱往來，每日應期而發，其症類瘧，而不可作瘧治。夫氣血虛而寒熱更作，元氣虛而外邪或侵，或嚴寒或極熱，或晝輕夜重，或日晡寒熱，絕類瘧疾。治當滋榮益氣，以退寒熱。有汗急宜止汗，或加麻黄根之類。只頭有汗而不及於足，乃孤陽絕陰之危症，當加地黄、當歸之類。如陽明無惡寒，頭痛無汗，且與生化湯加羌活、防風、連鬚葱白數根以散之，〔二〕其柴胡清肺飲等方，常山、草菓等藥，俱不可用。

滋榮養氣扶正湯：治產後寒熱有汗，每午後應期發者。

人參二錢　炙芪一錢　白朮一錢　當歸三錢　陳皮四分　炙草五分　川芎一錢　麥冬一錢　麻黄根一錢

水棗煎服，夜服六味地黄丸，清湯送下。

加減養胃湯：治產後寒熱往來，頭痛無汗類瘧者。

川芎一錢　當歸三錢　蒼朮一錢　茯苓一錢　半夏八分　炙草四分　陳皮四分　藿香四分　人參一錢。

薑水煎服，有痰加竹瀝、薑汁、半夏曲。弱人兼服河車丸。凡久瘧不愈，兼服參朮膏，以助藥力。

參朮膏：

白朮一斤　米泔水浸一宿，剉，焙乾　人參一兩。

用水六碗，煎二碗，再煎二次。共汁六碗，合在一處，將藥汁又熬成一碗。空心米湯，化半酒盞。

〔二〕「連」，原書作「蓮」，據文意改。

十、類傷寒二陽症

產後七日内，發熱頭痛惡寒，毋專論傷寒爲太陽症；發熱頭痛脇痛，毋專論傷寒爲少陽症。二症皆由氣血兩虚，陰陽不和而類外感，治者愼勿輕產後熱門，而用麻黄湯，以治類太陽症；又勿用柴胡湯，以治類少陽症。且產母脱血之後，而重發汗，則虚虚之禍可勝言哉！〔一〕昔仲景云：「亡血家不可發散。」丹溪云：「產後切不可發表。」二先生非謂產後眞無傷寒之兼也，非謂麻黄湯、柴胡湯之不可對症也。誠恐後輩學業偏門而輕產，執成方以發表耳。雖知產後眞感風感寒，其生化湯内芎、薑亦能散之。又内經云：「西北之氣散而寒之，東南之氣收而温之，〔二〕所謂病同而治異也。」其意謂東南人柔弱而西北人剛勁，故治病有異。惟產後虚勞，治不可分南北，概當用補少佐散劑，雖有他症以末治之，又不可不知也。

加味生化湯：治產後三日内，發熱頭痛等症。

川芎一錢　當歸三錢　炙草四分　黑薑四分　桃仁十粒　羌活四分　防丰四分。〔三〕

查刊本去桃仁，然必須問有塊痛與否，方可議去。

服二劑後，頭仍痛，身仍熱，加白芷八分、細辛四分；若發熱不退，頭痛如故，加連鬚葱頭五個、〔四〕人參三錢。產後敗血不散，亦能作寒作熱，何以辨之？曰：時有刺痛者，敗血也；但寒無他

〔一〕「虚虚」，原書脱一「虚」字，據胎產指南卷七補。
〔二〕「氣」，原書作「人」，據胎產指南卷七改。與素問五常政大論篇第七十合。
〔三〕「防丰」，係「防風」之俗寫。元鄧珍本金匱要略卷下「竹葉湯方」和「紫石寒食散方」中兩見該寫法。
〔四〕「連」，原作「蓮」，今正之。

症者，陰陽不和也。刺痛用當歸，乃和血之藥；若因積血而刺痛者，宜用桃仁、紅花、歸尾之類。

十一、類傷寒三陰症

潮熱有汗，大便不通，毋專論爲陽明症；口燥咽乾而渴，毋專論爲少陰症；腹滿液乾，大便實，毋專論爲太陰症；又汗出譫語便閉，毋專論爲腸胃燥屎宜下。

數症多由勞倦傷脾，運化稽遲，氣血枯槁，腸腑燥渴，乃虚症類實當補之症。治者勿執偏門輕產，而妄議三承氣湯，以治類三陰之症也。間有少壯產後患此類症，妄下幸而無妨；若遇虚弱產婦，亦復誤下，多致不救。重虚之禍大矣。屢見妄下成膨，誤導反結。又有血少數日不通而卽下，致瀉不止者，危哉！

婦人良方云：「產後大便秘，若計其日期，〔一〕飲食數多，卽用藥通之，禍在反掌；必待腹滿覺脹，欲去不能者，乃結在直腸，宜用猪膽汁潤之。若日期雖久，飲食如常，腹中如故，只用補劑而已。若服苦寒疎通，及傷中氣，通而不止，或成痞滿，誤矣。」

養正通幽湯：治產後大便秘結，類傷寒三陰症。

川芎三錢半　當歸六錢　炙草五分　桃仁十五粒　火麻仁一錢，炒　肉蓯蓉一錢，酒洗，去甲膜。汗多便實，加黄芪一錢、麻黄根一錢、人參二錢；口燥渴，加人參、麥冬各一錢；腹滿溢便實，加麥冬一錢、枳殼六分、人參二錢、肉蓯蓉一錢；汗出譫語便實，乃氣虚血竭，精神失守，宜養榮安神，加茯神、遠志、肉蓯蓉各一錢，人參、白朮各三錢，黄芪、白芷各一錢，柏子仁一錢，去油。以上數等大便燥結症，

〔一〕「若」，原作「者」，今正之。

非用當歸、人參至半斤數，難取功效。大抵產後虛中傷寒，口傷寒物，外症雖見頭痛發熱，或脇痛腰痛，是外感宜汗，猶當重產亡血禁汗。惟宜生化湯，量爲加減調理無失。又如大便秘結，猶當重產亾血禁下，宜養正助血通滯，穩當極矣。

又潤腸粥：治產後日久大便不通。

用芝蔴一升研末，和米二合，煮粥食，潤腸卽通。

十二、類中風

產後血氣暴虛，百體少血濡養，卒爾口噤牙緊，手足筋脈牽攣拘搐，症類中風、癇痓。雖虛火泛上有痰，皆當以末治之。勿執偏門而用治風消痰之方，以重虛產婦也。治法當先服生化湯，以生旺新血。如見危症，三服後卽用加參益氣，以救血脫也。如有痰有火，少佐橘紅、炒芩之劑，竹瀝、薑汁亦可加之。黃柏、黃連切不可並用，須愼之。

滋榮活絡湯：治產後血少，口噤項強筋搐類風症。

川芎錢半　當歸二錢　熟地二錢　人參二錢　黃芪一錢　茯神一錢　天麻一錢　炙草四分　陳皮四分　荆芥四分　防風四分　羌活四分　黃連八分　薑汁炒。水煎服。有痰加竹瀝、薑汁、半夏；渴加麥冬、葛根；有食加山楂、砂仁以消肉食，神曲、麥芽以消麪食；大便閉加肉蓯蓉錢半；汗多加麻黃根一錢；驚悸加棗仁一錢，炒。

天麻丸：治產後中風，恍惚語澁，四肢不利。

天麻一錢　防風一錢　茯神一兩　川芎七分　羌活七分　棗仁　遠志　柏子仁　山藥　麥冬　人參各一兩　細辛四兩　當歸二兩　南星曲八分　石菖蒲一錢。

右爲細末，煉蜜爲丸，辰砂爲衣，清湯送下六七十丸。

十三、類痙

產後汗多，卽變痙者，背強而身反，氣息如絕，宜速服加減生化湯。

加減生化湯：專治有汗變痙者。

川芎一錢　麻黄根一錢　當歸四錢　桂枝五分　人參一錢　炙草五分　羌活五分　附子一片　天麻八分　羚羊角八分。

如無汗類痙中風，用川芎三錢、當歸、棗仁、防風。

十四、出汗

凡分娩時汗出，由勞傷脾，驚傷心，恐傷肝也。產婦多兼此三者而汗出，不可卽用斂汗之劑，神寧而汗自止。若血塊作痛，芪、朮未可遽加，宜服生化湯二三帖，以消塊痛，隨服麻黄根湯以止虛汗。若分娩後倦甚，濈濈然汗出，形色又脱，乃亾陽脱汗也。陽亾則陰隨之，故又當從權速灌加參生化湯，倍參以敵危急，毋拘塊痛。婦人產多汗，當健脾而斂水液之精，益榮衛以噓血歸源，灌溉四肢，不使妄行於外而汗也。雜症雖有自汗、盜汗之名，其當歸六黄湯，不可治產後之盜汗也。宜服加參生化湯，及加味補中益氣湯二方。若服參、芪而汗多不止，及頭出汗而不至腰足，乃危急之症，必難療矣。如汗出而手拭不及者不治。產後汗出氣喘等症，虛之極也，不受補者不治。

麻黄根湯：治產後虛汗不止。

人參二錢　當歸二錢　黄芪錢半　白朮一錢　桂枝五分　麻黄根一錢　粉草五分　牡蠣一錢，煅　浮小麥一大撮。

虛脱汗多，手足冷，加黑薑四分、熟附子一片；渴加麥冬一錢、五味子十粒；肥白人產後多汗，加竹瀝一盞、薑汁半匙，以清痰火；惡風寒加防風、桂枝各五分；血塊不下，加熟地三錢。暮服八味地黄丸。

八味地黄丸：山萸　山藥　丹皮　茯苓各八錢　澤瀉　五味子各五錢　黄芪一兩　熟地八錢。煉蜜爲丸。

陽加於陰則汗，因而遇風，變爲瘈瘲者有之，尤難治。故汗多，宜謹避風寒，汗多小便不通，乃亾津液故也，毋用利水藥。

十五、盗汗

產後睡中盗汗，醒來即止，猶盗瞰人睡，而謂之盗汗。非自汗之比。雜症論云：「自汗陽虧，盗汗陰虚。」然當歸六黄湯，又非產後盗汗方也，唯兼氣血而調治之，乃爲善耳。

止汗散：治產後盗汗。

人參二錢　當歸二錢　熟地一錢五分　麻黄根五分　黄連五分　浮小麥一大撮。水煎服。

又方：牡蠣〔二〕煆研末，五分　小麥麩〔三〕炒黄研末，一錢　二味。滚水調服。

〔二〕「牡蠣」，原書脱此味，據胎產指南卷七補。

〔三〕「小麥麩」，原書作「小麥麵」，據婦人大全良方卷十九改。

十六、口渴又兼小便不利

産後煩燥，咽乾而渴，又兼小便不利，由失血汗多所致。治當助脾益肺，升舉氣血，則陽升陰降，水入經而爲血爲液，穀入胃而氣長脈行，自然津液生而便調利矣。若認口渴爲火，而用芩、連、梔、柏以降之；認小便不利爲水滯，而用五苓散以通之，皆失治也。必因其勞損而温之益之，因其留滯而濡之行之，則庶幾矣。

生津止渴益水飲：人參三錢　麥冬三錢　五味子十粒　黄芪一錢　熟地三錢　當歸三錢　茯苓八分　炙草四分　升麻四分　葛根一錢。

汗多，加麻黄根一錢、浮小麥一大撮；大便燥，加肉蓯蓉錢半；渴甚加生脈散代茶飲之，不可疑而不用。

十七、遺尿

氣血太虚，不能約束，宜八珍湯加升麻、柴胡，甚者加熟附子一片。

十八、誤破尿胞

産理不順，穩婆不精，誤破尿胞膀胱者，用參、芪爲君，歸、芎爲臣，桃仁、陳皮、茯苓爲佐，猪、羊尿胞煎藥，百服乃安。

又方：用生黄絲絹一尺、白牡丹皮根爲末、白芨爲末各二錢。水二碗，煎至絹爛如飴服之。宜静臥，不可作聲，名補脬飲。神效。

十九、患淋瀝小便艱難

産後虚弱，熱客於脬中，内虚頻數，熱則小便淋瀝作痛。

茅根湯：凡産後冷熱淋並治之。

石膏　白茅根各一兩　瞿麥〔一〕　白茯苓各五錢　葵子　人參　桃膠　滑石各一錢〔二〕　石首魚頭四個。

燈心水煎，入齒末，〔三〕空心服。

【眉批】一本此方内有紫貝二分。

又方：治産後小便痛淋血。

白茅根　瞿麥　車前子　葵子　通草　鯉魚齒一百個。　水煎，亦入齒末。

二十、便數

此症由脬内宿有冷氣，因産發動，冷氣入脬故也。用赤石脂二兩，爲末空心服。

又方：治小便數及遺尿。用益智仁二十八枚爲末，米飲送下二錢。

又桑螵蛸散：　桑螵蛸三十個，炒　人參三錢　黄芪三錢　鹿茸　牡犡　赤石脂各三兩，爲末。空心服二錢，米飲送下。

〔一〕「瞿」，原書作「矍」，據文意改。下同。
〔二〕「各」，原書作「名」，據文意改。
〔三〕「入齒末」，胎産指南卷七作「入鯉魚齒末五分」。

二十一、泄瀉

産後泄瀉，非雜症有飧泄、〔一〕洞泄、濕泄、濡泄、水穀注下之論。大率氣虚、食積與濕也。氣虚宜補，食積宜消，濕則宜燥。然惡露未淨，難以驟消、驟燥，當先服生化湯二三帖，以化舊血生新血，内加茯苓以利水道。俟血生然後補氣、消食、燥濕，以分利水道，使無滯澁、虚虚之失。若産後旬日外方論雜症，猶當量虚實而治焉。如腹痛下清水，腸鳴，米飲不下者，以寒泄治之；如糞水黄赤，肛門作痛，以熱泄治之；〔二〕有因飲食過多，傷脾成泄，氣臭如敗卵，以食積泄治之；又有脾氣久虚，少食，食下食鳴急，盡下所食之物，方覺快者，以虚寒瀉治之。治法：寒則温之，熱則清之，脾傷食積，分利健脾，兼消補虚，善爲調治無失也。

産後虚瀉眼昏不識人，弱甚形脱危症，必用人參二錢，白朮、茯苓各二錢，附子一錢，方能回生。若脈浮絃，按之不鼓，卽爲中寒，此蓋陰先亾而陽欲去，速宜大補氣血加附子、黑薑以回陽。萬勿忽視。〔三〕

加減生化湯：治産後塊未消，患瀉。

川芎二錢　茯苓二錢　當歸四錢　黑薑五分　炙草五分　桃仁十粒　蓮子八枚。　水煎温服。

健脾利水生化湯：治産後塊已除，患瀉。

〔一〕「飧泄」，原書作「食泄」，據胎産指南卷七改。
〔二〕「泄」，原書脱，據胎産指南卷七補。
〔三〕「勿」，原書作「物」，據文意改。

川芎一錢　歸身二錢　黑薑四分　炙草五分　茯苓錢半　人參三錢　肉菓一個，製　白朮一錢，土炒　陳皮五分　澤瀉八分。

寒瀉加炙乾薑八分；寒痛加砂仁、炮薑各八分；熱瀉加炒黃連八分；瀉水腹痛，米穀不化，加砂仁八分，麥芽、山楂各一錢；瀉有噯酸臭氣，加神曲、砂仁各八分；脾氣久虛，瀉出所食物方快，以虛寒論；瀉水者加蒼朮一錢以燥濕；脾氣弱，元氣虛，必須大補，佐消食、清熱、卻寒藥；弱甚，形色脫，必須服第一方，參、朮、苓、附必用之藥也；諸瀉俱加酒炒升麻、蓮子十枚。

二十二、完穀不化

因產後勞倦傷脾，而轉運稽遲也，名爲飧泄。又飲食太過，脾胃受傷亦然，俗呼爲水穀痢是也。然產方三日內血塊未消，患此症脾胃衰弱，未可遽加參、芪、朮。且服生化湯加益智、香、砂，少溫胃氣。候塊消後加參、芪、朮補氣，肉菓、木香、砂仁、益智溫胃，升麻、柴胡清胃氣，澤瀉、茯苓、陳皮以利水爲上策焉。

加味生化湯：治產後三日內，完穀不化，塊未消者。

川芎一錢　當歸四錢　黑薑四分　炙草四分　桃仁十粒　茯苓錢半　益智仁一錢。水煎服。

參苓生化湯：治產後三日內，血塊已消，完穀不化，胎前素弱患此症者。

川芎一錢　當歸二錢　黑薑四分　炙草五分　人參二錢　茯苓一錢　白芍一錢，炒　益智仁一錢　白朮二錢，土炒　蓮子八枚　肉菓一個，製。

瀉水，加澤瀉、木通各八分；腹痛加砂仁八分；渴加麥冬、五味子；寒瀉加黑薑一錢、木香四分；食積加神曲、麥芽消飯麪，砂仁、山楂消肉食；產後瀉痢日久，脾胃虛弱，完穀不化，宜溫助胃氣，六君子湯加木香四分、肉菓一個，製。

二十三、痢

產後七日内外，患赤白痢，裏急後重頻併，最爲難治。欲調氣行血，而推蕩痢邪，猶患產後元氣虛弱；欲滋榮益氣，而大補虛弱，又助痢之邪盛。惟生化湯減乾薑而代以木香、茯苓，則善消惡露而兼治痢疾，並行而不悖也。再服香連丸，以俟一二日後，病勢漸減，可保無虞。若產七日外，有患褐花色後重頻併虛痢，則當加補無疑。若產婦稟厚，產期已經二十餘日，宜服生化湯加連、芩、厚朴、芍藥行積之劑。

加減生化湯：治產後七日内患痢。

川芎二錢　當歸五錢　炙草五分　桃仁十二粒　茯苓一錢　陳皮四分　木香三分，磨。　紅痢腹痛，加砂仁八分。

清血丸：治禁口痢。

香連爲末，加蓮肉粉各一兩半，和匀酒送下四錢。

凡產三日後，塊散痢疾少減，共九症開後依治：

一、產後久瀉，元氣下陷，大便不禁，肛門如脫，宜服六君子湯加木香四分、肉菓一個製、薑汁五分。

二、產後瀉痢黄色，乃脾土眞氣虛損，宜服補中益氣湯，加木香、肉菓。

三、產後傷麪食瀉痢，宜服生化湯加神曲、麥芽。

四、產後傷肉食瀉痢，宜服生化湯加砂仁、山楂。

五、產後胃氣虛弱瀉痢，完穀不化，當温助胃氣，宜服六君子湯，加木香四分、肉菓一個，製。

六、產後脾胃虛弱，四肢浮腫，宜服六君子湯加五皮散。

【眉批】五皮散方，見後水腫條。

七、產後瀉痢無後重，但久不止，宜服六君子湯加木香、肉菓。

八、產後紅白痢，臍下痛，用當歸、厚朴、黄連、肉菓、甘草、桃仁、川芎。

九、產後痢久色白屬血虛，宜服四物湯加荆芥、人參。

二十四、霍亂

由產後勞傷氣血，臟腑虛損，不能運化食物，及感冷風所致。陰陽升降不順，清濁亂于腸胃，冷熱不調，邪正相搏上下爲霍亂。

生化六和湯：治產後塊痛未除，患霍亂。

川芎二錢　當歸四錢　黑薑四分　炙草四分　砂仁六分　陳皮四分　藿香四分[一]　茯苓一錢　薑三片。水煎服。

附子散：治產後霍亂吐瀉，手足逆冷，須無塊痛，方可服此。

白朮一錢　當歸二錢　陳皮四分　黑薑四分　丁香四分　甘草四分　人參一錢　附子五分。共爲末，粥飲調下，每服二錢。

温中湯：治產後霍亂吐瀉不止，無塊痛者，可服此方。

[一]「藿」，原書作「霍」，據文意改。

人參　白朮　當歸　厚朴　黑薑　茯苓　草豆蔻　薑三片。水煎服。

二十五、嘔逆不食

産後勞傷臟腑，寒邪易乘於腸胃，則氣逆嘔吐而不下食也。又有瘀血未淨而嘔者；亦有痰氣入胃，胃口不清而嘔者，當隨症治之。

加減生化湯：治産後嘔逆不食。

川芎一錢　當歸三錢　黑薑五分　甘草五分　砂仁五分　藿香五分〔一〕　淡竹葉七片　薑汁二匙。水煎服。

温胃丁香散：治産後七日外，嘔逆不食。

當歸三錢　白朮二錢　黑薑四分　丁香四分　人參一錢　陳皮　炙草　前胡　藿香各五分〔二〕　薑三片。水煎服。

石蓮散：治産婦嘔吐，心冲目眩。

石蓮子一兩五錢，去殼心　白茯苓一兩　丁香五錢。共爲細末，米飲送下。

生津益液湯：治産婦虚弱，口渴氣少，由産後血少，多汗内煩，不生津液。

人參　茯苓　麥冬各一兩　大棗　竹葉　浮小麥　炙草　瓜蔞根。大渴不止，加蘆根。〔三〕

〔一〕「藿」，原書作「霍」，據文意改。

〔二〕「藿」，原書作「霍」，據文意改。

〔三〕原書此處有眉批「一本有天花粉」。天花粉是瓜蔞根的别名。方中已有瓜蔞根，故删去。

二十六、咳嗽

產後七日，外感風寒咳嗽，鼻塞聲重，惡寒，勿用麻黄以動汗。嗽而脇痛，勿用柴胡湯。嗽而有聲，痰少面赤，勿用涼藥。凡產後有火嗽、有痰嗽，必須調理半月後，方可用涼藥，半月前切不可用。

加味生化湯：治產後外感風寒，咳嗽鼻塞聲重。

川芎一錢　當歸二錢　杏仁十粒　桔梗四分　知母八分。

有痰加半夏曲，虚弱有汗咳嗽加人參。總之，產後不可發汗。

加參寧肺生化湯：治產後虚弱，旬日内感風寒咳嗽，聲重有痰，或身熱頭痛及汗多者。

川芎　人參　知母　桑白皮各一錢　當歸二錢　杏仁十粒　甘草　桔梗各四分　半夏七分　橘紅三分。

虚人痰多，加竹瀝一杯、薑汁半匙，水煎服。

加味四物湯：治半月後，乾嗽有聲，痰少者。

川芎　白芍　知母　瓜蔞仁各一錢　生地　當歸　訶子各二錢　冬花六分　桔梗　甘草　兜鈴各四分。水煎服。

二十七、水腫

產後水氣，手足浮腫，皮膚見光瑩色，乃脾虚不能制水，腎虚不能行水也。必用大補氣血爲主，佐以蒼朮、白朮、茯苓補脾，壅滿用半夏、陳皮、香附消之。虚人加人參、木通；有熱加黄芩、麥冬，以清肺金。

健脾利水補中益氣湯：七日外用。

人參、白术各二錢，茯苓、白芍各一錢　陳皮五分　木瓜八分　紫蘇、木通、腹皮、蒼术、厚朴各四分。大便不通，加郁李仁、麻仁各一錢。如因寒邪濕氣傷表，無汗而腫，宜薑皮、半夏、蘇葉，加補氣血方中以表汗。

五加皮散：治產後風濕客傷脾經，氣血凝滯，以致面目浮虛，四肢腫脹氣喘。

五加皮一錢　地骨皮一錢　茯苓皮一錢　大腹皮一錢　薑皮一錢。水煎服。

又云：產後惡露未盡，停留胞絡，致令浮腫。若以水氣治之，投以甘遂等藥誤矣。但服調經散，則血行而腫自消。

調經散：没藥另研　琥珀另研　肉桂　赤芍　當歸各一錢，研爲末，每服五分，薑汁、酒各少許調服。

二十八、流注

產後惡露流於腰臂腿足關節之處，或漫腫，或結塊，久則腫起作痛，肢體倦怠。急宜用葱熨法以治外腫，内服參歸生化湯以散血滯，無緩也。則未成者自消，已成者自潰。

葱熨法：用葱一握，炙熱，搗爛作餅，敷腫處，用厚布二三層，以熨斗火熨之。

參歸生化湯：治流注。已成者潰，未成者消。

川芎錢半　當歸三錢　炙草五分　人參二錢　黄芪錢半　肉桂五分　馬蹄香二錢。

此症若不補氣血，慎起居，節飲食，未有得生者也。如腫起作痛，起居飲食如常，是病氣有餘，形氣未損易治。若漫腫微痛，起居倦怠，飲食不足，病氣又不足，最難治。或未成膿，或成膿未潰，氣血虛也，宜服八珍湯。憎寒惡熱，陽氣虛也，宜服十全大補湯。晡後大熱，陰氣虛也，宜四物湯加參、朮、丹皮。嘔逆，胃氣虛也，宜服六君子湯加炮薑、乾薑。食少體倦，脾氣虛也，宜服補中益氣湯。四肢冷逆，小便頻數，腎氣虛也，宜補中益氣湯加益智仁一錢。

神仙回洞散：治產後惡露流注，日久成腫，用此宣導其膿。若未補血氣至旺者，此方不可妄用。

【眉批】一本云：神曲回膿散。

乳癰方，即神仙回膿散：〔二〕蒲公英　天花粉　金銀花　連翹　白芷　甘草。

若是吹乳，加防風。久破爛，加人參、黃芪。不加引。酒、水各半煎，飽服。

二十九、膨脹

婦人素弱，臨產又勞，中氣不足，胸膈不舒，而轉運稽遲。若產後即服生化湯，以消塊止痛。又即服加參生化湯以助胃健脾，自無中滿之症。其膨脹因傷食而誤消，因氣鬱而誤散，多食冷物而停滯惡露，又因血虛大便燥結誤下而愈脹。殊不知血氣兩虛，血塊消後，當大補氣血，以補中虛。治者若但知傷食宜消，氣鬱宜散，惡露當攻，便結可下，則胃氣反損，滿悶愈增，氣不升降，濕熱積久，致成膨脹。豈知消導佐於補中，則脾胃強，而所傷食氣消散。助血兼行，則大便自通，惡露自行矣。

如產後中氣不足，微滿，誤服耗氣藥而成脹者，宜服：

〔二〕「乳癰方，即神仙回膿散」，此方原書脫失，據胎產指南卷八補。

補中益氣湯：人參　白朮　當歸各五分　白茯苓一錢　川芎　白芍各四分　木香三分　蘿蔔子四分，水煎服。

如傷食，誤服消導藥成脹，或脇下積痛，宜服：

健脾湯：人參　白朮　當歸各三錢　白茯苓　神曲　白芍　吳萸各一錢　陳皮　大腹皮各四分　砂仁　麥芽各五分，水煎服。

如大便不通，誤服下藥成脹，及腸中作痛，宜服：

養榮生化湯：當歸四錢　白芍一錢　茯苓一錢　白朮二錢　人參一錢　陳皮五分　腹皮五分　香附五分　桃仁十粒　蓯蓉一錢。

塊痛，用此湯藥送四消丸一錢；〔一〕若屢誤服下藥，須用參歸半斤熬膏，滚白水瀉開送四消丸，則大便自通，膨脹自除矣。凡誤服消食耗氣下藥，致絶穀者，用長生活命丹屢效。

【眉批】長生活命丹方見傷食條。

三十、怔忡驚悸

由產後憂驚勞倦，去血過多，則心中跳動不寧，謂之怔忡。若惕然而驚，心中怯怯，如人將捕之狀，謂之驚悸。若此二症，惟調和脾胃，補養心血，志定神清而病愈矣。如分娩後血塊未消，宜服生化湯，且補血行塊，血旺則怔定驚平，不必加定志安神劑，如塊消痛止，後患此症，宜服：

加減養榮湯：當歸　川芎各二錢　茯神　棗仁　人參　麥冬　遠志　白朮　黄芪各一錢　元肉八枚

〔一〕「丸」，原書作「九」，據文意改。

陳皮　炙草各四分　薑三片，水煎服。　虛煩加竹瀝、薑汁，竹茹一團。本方去川芎、麥冬，加木香，即歸脾湯。

養心湯：治產後心血不安，驚悸不定。

炙芪一錢　茯神八分　川芎八分　當歸二錢　麥冬一錢　遠志八分　柏子仁一錢　人參一錢半　炙草四分　五味子十粒。薑水煎服。

安神丸：與前藥兼服。

黃連三錢　酒洗　生地三錢　歸身三錢　炙草五分。共爲細末，蒸餅糊丸，菉豆大，硃砂一錢爲衣，每服二十丸，滾白水送下。

三十一、骨蒸

產後血分受虧，邪熱乘之因成骨蒸。宜服保眞湯，先服清骨散。

柴胡梅連丸：即清骨散，作湯，速效。

柴胡　前胡　黃連〔二〕　烏梅各二錢，

【眉批】一本作各□兩。

共爲末聽用，再將猪脊髓一條，猪苦膽一個、韭菜白〔三〕十根各一寸　同搗成泥，入童便一酒盞，搗如稀糊，入藥末再搗爲丸，如菉豆大。每服三四十丸，滾白水送下。如上膈熱多，食後服藥。

〔二〕「黃連」，胎產指南卷七作「胡黃連」。
〔三〕「韭菜白」，胎產指南卷七作「葱白」。

此方男女骨蒸皆可用之，不專治産婦。

保眞湯：黄芪六分　人參二錢　白朮二錢　炙草四分　川芎六分　當歸二錢　天冬二錢　麥冬二錢　白芍二錢　枸杞二錢　黄連六分，炒　黄柏六分，炒　知母二錢　生地二錢　五味子十粒　地骨皮六分　棗三枚，去核。水煎服。

加味大造丸：治骨蒸勞熱，若服清骨散／梅連丸不效，服此方。

人參一兩　當歸一兩　麥冬八分　石斛八分，酒蒸　柴胡六分　生地二兩　胡連五錢　山藥一兩　枸杞一兩　黄柏七分，酒炒。先將麥冬、地黄搗爛，後入諸藥，同搗爲丸，再加蒸紫河車，另搗焙乾爲末，煉蜜爲丸。

三十二、心痛

卽胃脘痛〔一〕，胃脘在心之下，因勞倦傷風寒，及食冷物而作痛，俗呼爲心痛。心可痛乎哉？血不足則怔忡驚悸不寧耳。若眞心痛，手足青黑色，旦夕死矣。治當散胃中之寒氣，消胃中之冷物，必用生化湯，佐散寒消食之藥，無有不安。若棉棉而痛，可按而止之。問無血塊，則當論虚而加補也。産後心痛、腹痛二症相似，因寒食與氣上攻於心則心痛，下攻於腹則腹痛，均用生化湯加肉桂、吴萸等温散之藥也。

加味生化湯：川芎一錢　當歸三錢　黑薑五分　炙草五分　肉桂八分　吴萸八分　砂仁八分。水煎服。

傷寒食卽加肉桂、吴萸；傷麪食加神曲、麥芽；傷肉食加山楂、砂仁；大便不通加肉蓯蓉。

〔一〕「脘」，原書作「腕」，據文意改。下同。

三十三、腹痛

先問有塊無塊，塊痛只服生化湯，調失笑散加元胡一錢；無塊則是遇風冷乘虛作痛，宜服：加減生化湯：川芎一錢　當歸四錢　黑薑四分　炙草四分　防風七分　吳萸六分　白蔻五分　桂枝七分，痛止去之。隨傷食物所加如前。

三十四、小腹痛

產後虛中，感寒飲冷，其寒下攻小腹作痛，又有血塊作痛者，又產後血虛臍下痛者，並治之。加減生化湯：川芎一錢　當歸三錢　黑薑四分　炙草四分　桃仁十粒。有塊痛，本方中送前胡散，亦治寒痛；若無塊，但小腹痛，亦可按而少止者，屬血虛，加熟地三錢、前胡、肉桂各一錢，爲末，名前胡散。

三十五、虛勞指節冷痛頭汗不止〔二〕

方用：人參三錢　黃芪二錢　生薑三片　淡豆豉十粒　韮白十寸　當歸三錢　猪腎二個。先將猪腎煮熟，取汁煎藥八分，温服。

〔二〕「汗」字原書脱，據本書目録補。

三十六、遍身疼痛

産後百節開張，血脈流散，氣弱則經絡間血多阻滯。累日不散，則筋脈牽引，骨節不利，故腰背不能轉側，手足不能動履。或身熱頭痛。若誤作傷寒，發表汗出，則筋脈動傷，〔二〕手足厥冷，變症出焉。

趁痛散：治遍身疼痛。

當歸一錢　甘草三分　黄芪　白朮　牛膝　獨活　肉桂各八分　韮白〔三〕五根　薑三片，水煎服。

【眉批】甘草一本作三錢。

三十七、腰痛

由女人腎位係胞，腰爲腎府，産時勞傷腎氣，損動胞絡，或虚未復而風乘之也。

養榮壯腎湯：治産後感風寒，腰痛不可轉。

當歸二錢　防風四分　獨活　桂心　川芎　杜仲　續斷　桑寄生各八分　生薑三片。水煎服。

兩帖後痛未止，屬腎虚加熟地三錢。

加味大造丸：治産後日久，氣血兩虚，腰痛腎弱，方見骨蒸條。

〔二〕「動傷」，婦人大全良方卷二十作「動惕」，義長。

〔三〕「韮白」，胎産指南卷七作「葱白」。婦人大全良方卷二十作「薤白」。

青娥丸：胡桃二十個　破故紙八兩，酒浸炒　杜仲一斤，薑汁炒，去絲。右爲細末，〔一〕煉蜜爲丸，淡醋湯送下六十丸。

三十八、脇痛

脇痛者，乃肝經血虛氣滯之故。氣滯用四君子湯加青皮、柴胡，血虛用四物湯加柴胡、人參、白朮。若概用香燥之藥，則反傷清和之氣，無所生矣。

補肝散：〔二〕治脇痛。

山萸　當歸　五味子　山藥　黄芪　川芎　熟地　木瓜　白朮　獨活　棗仁各等分。水煎服。

三十九、陰痛

產後起居太早，陰戶感風作痛，衣被難近身體，用：

祛風定痛湯：川芎一錢　當歸三錢　獨活　防風　肉桂　荆芥各五分　茯苓一錢　地黄二錢　棗二枚。水煎服。

附：陰脣陰蝕。陰中瘡名，曰䘌瘡，或痛或癢，如蟲行狀，膿汁淋瀝，〔三〕陰中幾盡者，由心腎煩鬱，胃氣虛弱，致氣血留滯。經云：「諸瘡癢痛，皆屬於心。」治當補心養腎，外以藥薰洗。

〔一〕「右」，原書作「石」，據文意改。
〔二〕「補肝散」，原書作「補肺散」，據婦人大全良方卷七改。
〔三〕「膿」，原書作「濃」，據文意改。

十全陰餌散：川芎　當歸　白芍　地榆　甘草各等分，用水五升，煮二升，去渣薰，日三夜一，先洗後薰。

又方：用蒲黄一升　水銀二兩。二味調匀搽。

又方：用蝦蟆、兔糞等分。爲末，敷瘡。

又方：治疳蟲食下部及五臟，取東南桃枝，輕打頭散，以棉纏之。用石硫黄末，將縛桃枝燃之。截一短竹筒，先納陰戸中，以桃枝燒烟薰之。

四十、惡露日久不散

分娩兒下，惡露隨下，則腹不痛，而體自安。若腹欠温暖，或傷冷物，以致惡露凝塊，日久不散，則虚症百出矣。或身熱骨蒸，食少羸瘦，或五心煩熱，月水不行，其塊在兩脇，動則雷鳴、嘈雜、暈眩，發熱似瘧，時作時止。如此數症，治者欲泄其邪，先補其虚，必用補中益氣湯送三消丸，〔二〕則元氣不損而惡露可消。

加味補中益氣湯：人參一錢　白朮二錢　當歸三錢　黄芪一錢　白芍一錢　廣皮四分　甘草四分。薑、棗煎服。

三消丸：治婦人死血、食積、痰飲三症。

黄連一兩　一半用吴萸煎汁，酒炒去渣；一半用益智仁同炒，去益智仁不用　萊菔子〔三〕一兩半，炒

〔二〕「三消丸」，原書作「二消丸」，據傅青主女科産後編改。與下文相合。
〔三〕「菔」，原書作「服」，據文意改。

川芎五錢，醋炒　桃仁五錢，醋炒　山梔五錢，醋炒　青皮五錢，醋炒　三稜五錢，醋炒　莪朮五錢，醋炒　香附一兩，童便浸炒　山楂一兩。

右爲末，蒸餅爲丸，食遠服，用補中益氣湯送下五六十丸。或用白朮三錢，陳皮五分，水一樽，煎五分，送下亦可。

四十一、乳瘋

乳頭屬足厥陰肝經，乳房屬足陽明胃經。若乳房壅腫結核色紅，數日外腫痛潰稠膿，膿盡而愈。此屬胆胃熱毒，氣血壅滯，名曰乳癰，易治。若初起内結小核，不紅不腫不痛，積之歲月，漸大如巉巖山，破如熟榴，難治。

治法：腫痛寒熱，宜發表散邪；痛甚，宜疏肝清胃；膿成不潰，用托裏；肌肉不生，膿水清稀，宜補脾胃；膿出及潰，〔二〕惡寒發熱，宜補氣血；飲食不進，或作嘔吐，宜補胃氣。乳岩初起，用益氣養榮湯加歸脾湯，間可内消。若用行氣破血之劑，速亡甚矣。

瓜蔞散：治一切癰疽，並治乳癰。

瓜蔞一個　連皮搗爛　生甘草五分　當歸三錢　金銀花三錢　乳香五分　沒藥五分　白芷一錢　青皮五分。水煎服。

癰者六腑不和之氣所致，陽滯於陰則生癰。

回脈散：乳癰未潰時服此，毒從大便出，虛人不可用。

〔二〕「膿」，原書作「濃」，據文意改。

大黄三錢半　白芷八分　乳香另研　木香另研　沒藥　穿山甲各五分，蛤粉〔一〕拌炒。共爲細末，人參二錢煎湯，調藥末服。

十全大補湯：人參　白朮　黄芪　熟地各三錢　茯苓八分　甘草五分　川芎八分　金銀花三錢。瀉加黄連、肉菓；渴加麥冬、五味子；寒熱往來用馬蹄香搗散。凡乳癰服薏苡仁粥甚好。

又方：用烏藥軟白香辣者五錢，水一碗，牛皮膠一片。同煎七分温服。如孕婦腹内癰，此二方可通用。

又有乳吹，乃小兒飲乳，口氣所吹，乳汁不通，壅結作痛，不急治則成癰。宜速服瓜蔞散，更以手揉散。

四十二、風甚

用山羊血，取包心者，於新瓦上焙乾研末，老酒冲下五六分爲度。重者止用八分，其效如神。

又方：用抱不出殼雞子，瓦上焙乾，酒調服。

如虚寒危症，用藍翦子根割皮，新瓦焙乾，温服一錢爲度，雖危可保全安。

【眉批】一本作「鹽糊根」。〔二〕

〔一〕「粉」，原書作「蚡」，據文意改。

〔二〕「鹽糊根」，或是從「延胡根」或「元胡根」的方音變來。

四十三、不語

此症由産後惡血停蓄於心，故心氣閉塞，舌强不語也，須用：

七珍湯：人參　石菖蒲　川芎　生地各一兩　辰砂研　防風各五錢　細辛一錢。共爲細末，用薄荷湯送下一錢。

有因痰氣鬱滯，〔二〕閉口不語者，用好明礬一錢，爲細末，沸湯送下。

又方：　治産後不語。

人參　石蓮子　不去心　石菖蒲各等分。水煎服。

婦人良方云：　産後瘖，心腎虚，不能發聲，七珍散。脾氣鬱結，歸脾湯。脾虚食少，四君子湯。氣血俱虚，八珍湯。不效，獨參湯。更不效，急加附子，補其氣以生血，若單用佛手散等破血藥，誤甚矣。當參看婦人良方爲要。

附録雜方三集

附録保産仙方

此方係潭州莊先生諱一德所傳，因屢用見效，故録方行世。分兩炮製一一照方，切不可妄意增減。將産一月前預服一劑，分娩時保無他患。

〔二〕「有因痰氣鬱滯」，此方實即婦人良方卷十八中所録之「胡氏孤鳳散」。

當歸身一錢五分，酒洗　大芎藭一錢五分　菟絲子〔一〕酒泡透或煮，一錢　白芍藥酒炒，一錢二分　冬月止用一錢　荆芥穗八分　川貝母去心研，一錢　紫厚朴薑汁炒，七分　祁艾葉米醋炒，七分　陳枳殼麩炒，六分　川羌活五分　生黄芪八分　生甘草五分。

右水二樽、薑三片，煎八分。預服者，空心服。臨產者，隨時服。如人虚加人參五分。生產不遂者，一劑立下。將產前不安者，預服一劑，臨產減痛無虞，或前兩月傷動胎氣者，一服卽愈。難產、催生，〔二〕或交骨不開、胎死、胎衣不下，一切難產，命在呼吸者，無不立下神效。

附集：此方專治久病不寐。

用此服之神效：製半夏四兩　千里水十碗，放盆内。着人輪流揚一萬遍，用水五碗，加泡淨脱殼高粱米〔三〕七合半，煮之。候熟時，用粗羅過湯服之，不過一茶杯卽睡。

又方：治小兒口瘡牙疳，不能服藥者。

吴茱萸六錢，爲末，以陳醋和末爲麪，用油紙包於小兒左足心，一宿卽愈。

又録傅先生定胎方

歸身　陳皮　川芎　白芍　熟地　香附　吴萸炮去黑水，去蒂梗，酒炒，二分　茯苓八分　丹皮七分。

經行過期色淡者，加官桂、炮薑、艾葉　醋炒五分　薑一片。水一碗，煎八分，空心服。渣再煎，

〔一〕「菟」，原書作「免」，據文意改。
〔二〕「催」，原書作「摧」，據文意改。
〔三〕「粱」，原書作「梁」，據文意改。

臨臥服。經行時服起，連用四劑。

接骨神方

十歲至二十歲：

麝香三分　血竭　陳皮　甘草各一兩　乳香　沒藥各三錢，去油。

二十歲至四十歲：

麝香四分　血竭　陳皮　甘草各一兩　乳香　沒藥各一兩，俱去油。

四十歲至百歲：

麝香三分　血竭一兩　陳皮　甘草各三錢　乳香　沒藥各三錢，俱去油。

以上六味爲細末，拌匀分爲兩半，聽用。白公雞一隻，無襍毛者，活將毛拔盡，去頭足。急用斧頭操爛時，卽將藥末一半撒於肉中，候操爛卽將肉攤在新梭布上，將所剩一半藥，盡撒在雞肉上，裹患處，外以寬布纏住，不可太緊太松。上藥時須切記時分，以十二時爲準，不可太過、不可不及。過十二時不去藥，結骨不開亦爲廢人。

又方：　青皮四兩　治法同前。

補集

産後大便不通，用生化湯内減黑薑加麻仁；脹滿加陳皮；血塊痛加肉桂、元胡索。如燥結十日以上，肛門必有燥糞，用蜜棗導之。

煉蜜棗法

好蜜二三兩，火煉蜜滚至茶褐色，先用濕桌傾蜜在桌上，用手作如棗樣，插入肛門，待欲大便，〔一〕去蜜棗方便。

又方

用蔴油口含竹管入肛門内，吹油四五口，腹内糞和卽通。或猪膽亦可。

保產無憂散

當歸錢半　川芎□錢三分　枳殼六分　麩炒　祁艾五分，醋炒　紅花五分　紫厚朴七分，薑炒　川羌活五分

川貝母一錢　荆芥穗八分〔二〕　炙黄芪七分　菟絲子〔三〕二錢，酒洗　炙甘草五分　白芍一錢二分，炒。

右藥十三味，只用十二味，各照分兩稱凖，不可任意加減，徒服不靈。若安胎去紅花不用，若催生去祁艾不用。一劑用井水一樽半，煎一樽，薑三片爲引，熱服。渣用水一樽，煎半樽，熱服。倘不好，再用水一樽，煎半樽，服之卽好，不用二劑。

〔一〕「欲」，原書作「次」，據傅青主女科產後編補集改。
〔二〕「八」，原書作「入」，據文意改。
〔三〕「菟」，原書作「兔」，據文意改。

服。

滑胎煎

胎氣，臨月宜常服數劑，以便易生。

當歸三五錢　川芎五七錢　杜仲二錢　熟地三錢　枳殼七分　山藥二錢。　水二樽，煎八九分，食遠温

如氣體虛弱者，加人參、白朮隨宜用之。便實多滯者，加牛膝三分。

治產後雞爪風

桑柴灰三錢　燒存性　魚膠三錢，炒　手指甲十個，炒。共爲末做一付，黄酒送下，即汗即愈。

催生方

硇砂硼砂共硃砂，青鹽膽礬一時加。
大黄班貓紅娘等，〔二〕八味原來果不差。
每服三分好酒下，吃在肚中任由他。
頂梁門上擊一把，水路門中去等他。
若問此藥名和姓，鐘呂二仙去摘瓜。

〔二〕「班貓」，今作「斑蝥」。

百效膏

專治貽筋骨疼痛、痞疾、風濕等症如神。

虎骨　川烏　草烏　防風各一兩　當歸五錢　羌活　獨活各八錢　官粉二兩　真香油五兩。

右將前藥咀片，除官粉，將餘藥俱入油内浸二三日，浸透放炭火上，將藥熬焦去渣，再熬。徐徐入官粉，不住手攪挽，以滴水成珠爲度離火，候烟盡，〔一〕加乳香、沒藥各三錢。

人馬平安散

明雄黄一錢　硃砂一錢　冰片一分三厘　麝香一分五厘。共爲細末，磁瓶收貯。治男女大小，心口臌悶，水瀉痢疾，心腹疼痛等症。用骨簪男先點左眼，女先點右眼，點之即愈。兼治牛馬猪羊等畜。

治心口痛方

用大棗一枚去皮，去核，古月七個。〔二〕搗爛和勻，〔三〕湯送下即愈。

又方：一個烏梅兩個棗，七個杏仁一處搗。男酒女醋送下去，不害心疼直到老。

〔一〕「烟」，原書作「咽」，據文意改。
〔二〕「古月」，大小諸證方論作「胡椒」。
〔三〕「勻」，原書作「刁」，據文意改。

大資生丸方

老人用。人參五錢　茯苓二兩　雲朮三兩　山藥一兩，炒　薏米一兩半　建蓮〔二〕二錢，去心　芡實兩半　麥芽一兩，炒　神曲八錢，炒　白芥子八錢，炒　陳皮一兩　白蔻八錢　扁豆一兩五錢　炮薑八錢　當歸一兩，酒炒　棗仁兩半，炒　遠志七錢　炙草八分，酒洗。共爲細末，煉蜜爲丸，如彈子大，每服三丸。或以逍遙散，或以歸脾湯送下亦可。

衛生舘大健脾丸原方

白朮二兩　山藥二兩　陳皮一兩　扁豆二兩　薏米二兩　芡實一兩　桔梗一兩　藿香五錢　黃連二錢，薑炒　白蔻三錢　澤瀉八錢　建蓮〔三〕一兩　山楂一兩　麥芽一兩　神曲一兩　炙草一兩。煉蜜爲丸，二錢重，滾水送下。

豆豉方

砂仁　豆蔻　官桂　蓽撥　良薑　紫蘇　薄荷　茴香，每斤瓜子四兩、鹽茴香一兩，亦用蒜與瓜子，同以上各味俱等分爲末，內用珍珠曲少許。

〔二〕「建」，原書作「健」，據文意改。
〔三〕「建」，原書作「健」，據文意改。

健脾丸

白朮二兩五錢，土炒　蓮子二兩五錢，去心　山藥二兩五錢，炒　山楂二兩五錢　芡實一兩　茯苓一兩。以上六味，俱飯上蒸晒兩次，加神曲五錢、白芍五錢、白色大米蟲五錢、陳皮二錢、澤瀉二錢。如瘦極成疳加蘆薈〔一〕三錢、杜仲二錢；如泄瀉加肉菓三錢，煨；如内熱口乾，大便結，加黄連二錢，薑炒；潮熱加柴胡三錢；骨蒸加地骨皮五錢；有蟲加使君子三錢；肚腹脹大，大便閉塞，腸鳴作聲，加檳榔五分、木香一錢。煉蜜爲丸如彈子大，空心米飲送下二三錢，宜常服。

尿白方

爲風寒濕氣傷者，用此方。小茴香二兩，微炒，用上好眞酒一大箭，猪尿泡一個。將茴香、眞酒裝入泡内，將口控好。沙鍋内用水上火煮，以酒盡爲度。取出晒乾研末，每服三錢，紅糖水冲服。

又方：因人事過多傷者，用此方。川軍三錢，研末，用雞子一個包入泥内，上火燒之。以熟爲度，去皮黄，將川軍末與雞白共爲一處，和丸梧子大。每服二錢，眞酒送下，連造三次，服完可全愈。

又方：川軍三錢　牡蠣三錢　芡實三錢。共爲細末，用雞清和丸梧子大，每服三錢，開水送下，分三日用。服完卽愈。

又方：用八味丸原方加白菓仁七個，三五服卽愈。

〔一〕「薈」，原書作「會」，據文意改。

木耳丸

治腰腿痛。蔄苣子白色，四兩　枸杞子四兩　白木耳半斤。蜜爲丸。

治腹痛寒積食積方

生薑一兩　柿蒂〔二〕七個　砂仁五粒　山楂五錢　乾蘿蔔一撮　紅糖一兩　棗二枚。煎服。

治乳疼方

生半夏一個，研末　葱白一寸。搗爲泥，用絹包之。左乳疼塞入右鼻孔，右乳疼塞入左鼻孔。〔三〕

傷風腿疼方

蒜辦　荆芥　防風　紅花　地骨皮　川烏　草烏　乳香　沒藥各三錢　透骨草。煎湯洗畢，火乾覆被，見汗即愈。如未效，再洗一二次。

猪懸蹄丸

治婦人下瘑。蛇牀子一兩，微炒　猪懸蹄一個，炒　皂礬五錢　枯礬五錢　南烏榫一兩　燒砂三錢，炒

〔二〕「蒂」，原書作「梯」，據文意改。
〔三〕「塞」，原書作「寒」，據文意改。

樺皮二錢　食鹽一錢，炒。棗泥爲丸，核桃大。雄黄爲衣，甘草米泔水洗淨入藥。三日内，服龍膽瀉肝湯，忌食胡椒、蕎麪、魚、北瓜、房事百日。

治疥方

大楓子三錢　核桃仁三錢　人言一錢　水銀一錢。研末爲六丸，晚間於心窩上，用一丸，以手旋轉之，一夜一丸。病輕者用三四丸，即愈。重者，或再配一料。

治寸白蟲方

百部根五錢　檳榔五錢。水煎一劑，蟲一齊下。

解暑方

紅糖　白糖　武彝茶　核桃。水煎服。

治夏日中暑氣紅白痢疾方

山楂五錢，炒黑　紅糖五錢　白糖五錢　蘿蔔一個　藿香錢半。若白痢，用紅糖一兩；若紅痢，用白糖一兩煎服。

滋陰補水方

魚膘一兩，剪碎，蛤粉，〔一〕炒　沙苑蒺藜酒洗，炒　全當歸各四兩，酒洗　牛膝三兩，酒洗　枸杞子三兩，揀淨。蜜爲丸，黄酒送下。

治腿上濕瘡方

榆條　椿條　柳條　桑條　槐條各一兩　荆芥　當歸　葱鬚　蒜辮　川椒各一撮。水十碗，煎五碗洗。洗後敷以銀杏散：銀珠一兩　杏仁五錢　京粉五錢。研細末。

治楊梅瘡方

生軍五錢　熟軍五錢　川山甲三錢　桃仁三錢　歸尾三錢　銀花三錢　甘草三錢。每丸一錢，日可服三四丸。

洗楊梅方

大豆　甘草　槐條　一枝蒿。米泔水煎洗。

〔一〕「粉」，原書作「蚡」，據文意改。

膏藥方

婦人血餘半斤減，洗淨油爲妙。當歸四兩　川芎五兩　甘草三兩　牛膝四兩　琥珀一兩五錢　當門子一兩　黄丹半斤　眞香油二斤。槐條攪。不可用幼女、寡婦之血餘。紅紙攤如核桃大。瘡有管者用白建丹一粒，後用去腐生肌散，如無管但腫，不用别藥。

洗胎毒方

荆芥五錢　蒲公英五錢　甘草五錢　槐條三八　葱鬚一撮　艾一撮　花椒三錢。水一沙鍋，煎洗。

應驗救急良方

道光元年歲在辛巳，山東、河南等處地方，瘟疫流行，沿門傳染。初起脈散牙緊發昏，手足麻瘼，閉目不語，喉腫心疼。醫多不知其治，誤認喉風，死者無數。茲竟蔓延江、浙、蘇郡、南京、蕪湖等處。中者輒死，頃刻無救，紛紛莫解。訖蒙兩江制憲孫大人，〔二〕查得乾隆元年貴州省曾傳此恙，傷人甚衆。後遇雅者受曰：此症名硃砂症，又曰心經疔。因此其方如法製用，則可保無恙矣。後應如響，果救無算。今茲瘟氣流行兩江，其症如一。大憲憐憫民心天地好生之德，幸得此方，所謂藥至病除，萬無一失矣。故今刊録神方，公諸海内。此症甚急，藥宜早備，病至求藥，則無及矣。

〔二〕「兩江制憲孫大人」，指兩江總督孫玉庭（一七四一至一八二四年）。孫玉庭，字寄圃，山東濟寧人。乾隆四十年進士，五十一年出爲山西河東道，父憂去，服闋，補廣西鹽法道。嘉慶二十一年十一月壬子至道光四年閏七月丁未之間任兩江總督。

願有力君子，製藥以備施治。此亦惻隱好仁之一端耳。

牙皂三錢五分　硃砂二錢五分　明雄二錢五分　北細辛三錢五分　廣皮二錢　藿香二錢　桔梗二錢　蘇薄荷〔二〕二錢　枯礬〔三〕一錢五分　白芷二錢　防風二錢　法半夏二錢　廣香二錢　管仲二錢　甘草一錢。照分兩稱足，共爲細末，磁瓶收貯，勿令走氣。遇有前症，用藥三分，吹入鼻內。稱足一錢，薑湯沖服。服藥後，用紅紙捻，照心窩、背心二處，見有紅點發現，即用針刺破，內有紅筋挑出，方保無事。若稍大意，命在須臾，此非僞言，切勿輕視。此藥不但專治此病，凡一切感冒、風寒、痧症，亦可治之。

今將各位所捐銀數開列於左：

明遠堂捐銀貳兩　寧遠堂捐銀壹兩
豐益堂捐銀貳兩　樹槐堂捐銀貳兩
敦和堂捐銀陸兩　承德堂捐銀叁兩
攸寧堂捐銀貳兩　錫福堂捐銀壹兩
居易堂捐銀伍兩　德榮堂捐銀貳兩伍錢
聿修堂捐銀貳兩伍錢　樂道堂捐銀拾兩

印送姓氏列後：

山西汾州府介休縣尊德堂印送一百部。

〔二〕「薄」，原書作「簿」，據文意改。
〔三〕「礬」，原書作「凡」，據文意改。

卷二百五　產科四十三症[二]

一、血塊宜生化湯

當歸八錢　川芎三錢　桃仁十四粒，去皮尖研　黑薑五分　炙草五分　黃酒　童便各半盅。水煎溫服。

如三四日内覺疼減，可揉乃虚疼也，宜加參生化湯。如七日内或因寒涼食物結塊者，加肉桂三分。如血塊未消不可加參、芪，用之則疼不止。總之，不可用寒涼峻利藥，宜頻服生化湯行血助氣，外用熱衣以煖腹。

凡兒生下，或停血不下，半月外尚疼，加腫毒高寸許，或身熱飲食減少，倦甚用生化湯加三稜、莪朮、肉桂等，攻補兼施，其塊自消。如虚甚食少泄瀉只服此帖，定疼且健脾胃，進食止瀉。然後生化湯中再加消導。

加味生化湯：本方内加三稜、元胡、肉桂各八分。

二、血暈

一因勞倦而氣竭神昏，二因失血而精氣欲絶，三因痰火乘虚泛上而神不守舍，當急服生化湯三四服，外用韭菜切細，入有口瓶中，用滾醋二盅，冲入瓶内，急冲鼻中則醒，若悮用散血之劑則危

[二] 此篇據同治七年戊辰北京篆雲齋范家刻字舖本收錄。由趙懷舟釋文整理。傅山全書初版本未收。

矣。

如暈厥，急用生化湯，挖開口，將鵞翎探喉，酒盞盛而灌之。如灌下腹中漸溫煖，不可拘帖數。外用熱手在單衣上從心揉至腹，常熱火煖之。一二時，服生化湯四帖，即神清始少緩藥，進粥服至十帖而安，犯此者宜速灌藥火煖。

若勞倦甚而暈，及血崩氣脫而暈，並宜速灌二服。如形色脫，或汗多而脫，皆急服一帖，即加人參三四錢，一加肉桂四分，決不可疑參爲補而緩服。痰火乘虛泛上而暈，方内加橘紅四分，虛甚加參二三錢，肥人加薑汁、竹瀝各少許。總不可用破血劑。血塊疼甚，兼送益母丸，或鹿角灰，或元胡散、獨勝散。上消塊方一方即效，不須易方，此從權救急之法。

加參生化湯：本方加人參三錢或五錢，用棗一枚，煎服。如脈脫形脫將絶之症，必服此方，加參四五錢，頻頻灌之。若無汗不脫，只服本方，不必加參。左尺脈脫亦加參。此方產後危急諸症可通用，一晝一夜必須三四劑。若照常症服，豈能接將絶之氣血，救危急之變症耶？

產後二三日，血塊疼雖未止，產婦氣血虛脫，或暈或厥，或汗多，或形脫，口氣漸涼，煩渴不止，或氣喘急，從權用加參生化湯以扶危急，病勢稍退又當減參且服生化湯。

加減法：血塊疼加肉桂七分；渴加麥冬一錢、五味十粒；汗多加麻黄根一錢。如血塊不疼加炙芪一錢以斂汗；傷飯麪食加神曲一錢，炒、麥芽五分，炒；傷肉食加山楂五個、砂仁四錢。

三、厥症

婦人產有用力過多，勞倦傷脾，故逆冷而厥氣上行，脈滿形去矣，非大補不可，豈錢數當歸、川芎所能回陽復神乎，必用加參生化湯倍參進二劑，則氣血旺而神自生，厥自止矣。若服藥而渴，另有生脈散多參以代茶飲，救臟之燥，如四肢冷逆。又泄痢類傷寒陰症，又難用四逆湯，必用倍參生化湯加附子一片，可以回陽止逆，又可行參、歸之力矣。立二方於後，分先後服。

倍參生化湯：治產後發厥，血塊疼未止，不可加芪、朮。當歸四錢　川芎二錢　炙草五分　黑薑四分　桃仁十粒，去皮尖研　人參二錢　棗一枚。水煎進二服。

滋榮益氣復神湯：治產後發厥塊疼已除，可服此方。嫩黃芪一錢，蜜炙　人參三錢　當歸三錢　炙草五分　廣陳皮四分　麥芽八分　五味十粒　川芎一錢　熟地一錢　白朮一錢，土炒　水二盅　棗一枚。煎八分，溫服。

手足冷加附子五分，汗多加麻黃根一錢，炒　棗仁一錢。妄言妄見，加益智仁、柏仁、元肉。大便實加肉蓯蓉一錢或二錢。

大抵產後暈、厥，二症相類，但暈在臨盆症急甚於厥，宜頻服生化湯幾帖，塊化血旺，神清暈止。若多氣促形脫等症，必加參、芪。厥在分娩之後，宜用倍參生化湯，止厥以安神，並補氣血，非如上偏補氣血而可愈也。要知暈有塊疼，芪、朮不可加。厥無塊疼，參、朮、地黃可並用也。

四、血崩

產後血大來，審血色之紅紫，視血色之虛實，如血紫有塊仍當去其敗血。但流作疼，不可論崩。如血鮮紅，乃是驚傷心不能主血，怒傷肝不能藏血，勞傷脾不能統血，當以崩治。先服生化湯幾帖，則行中自有補，血安氣自生。若形脫氣促汗多，宜服倍參生化湯數帖以益氣。有非棕灰之類所得而治者。〔二〕如半月後崩，又宜升舉大補湯。蓋此症虚極，服藥平穩便佳，不宜期速效，須二十帖後諸症頓除。

安血止崩湯：治產後血崩。當歸四錢　川芎一錢　黑薑四分　荊芥穗五分　烏梅煅灰，五分　蒲黄五分，炒，一本有炙草五分，桃仁十粒，去皮尖研　棗一枚。水煎服。忌薑、椒、生冷。

如血竭形脱，或汗多氣促急，加參三四錢，無汗形不脱，氣不促，只多服生化湯則血自安，有言當歸但能活血，不能補血者誤。

升舉大補湯：滋榮益氣，如有塊動，只服前方，芪、朮勿用。黄芪四分　白朮四分　陳皮四分　炙草四分　升麻四分　當歸二錢　熟地三錢　麥冬一錢　川芎一錢　白芷四分　荊芥穗四分　黄連三分，去心，一本有人參二錢，棗一枚。水煎服。

如汗多，加麻黄根一錢，浮小麥一撮。大便不通，加肉蓯蓉一錢，禁用大黄。傷飯食、肉食加詳前第二血暈症後。如氣滯加磨木香三分。痰加貝母六分、竹瀝、薑汁各半匙。寒嗽加杏仁十粒、桔梗五分。驚加柏仁、棗仁各錢。總不可用耗散無補藥，其餘加減法，一如益氣復神湯，年老患崩更宜服此。

五、短氣似喘

因勞甚血脱，氣無所恃，呼吸止息，違其常度，有誤認爲痰火，用散氣化痰之藥，誤人性命，當以大補氣血爲主。有塊不可用芪、朮；無塊方用本方，去桃仁加熟地，並附子一片。手足冷加附子一錢，及參、朮、陳皮，結續補氣養榮湯。

〔二〕「粽」，原書作「糉」，據文意改。

加參生化湯：治分娩下即患氣短者，有塊不可加芪、朮。當歸四錢　川芎二錢　炙草五分　黑薑四分　桃仁十粒　人參二錢　棗一枚。水煎服。按產後如犯此症，速進二三帖，再用後方。

補氣養榮湯：治產後氣短血塊不疼宜此。黄芪二錢　白朮二錢　當歸四錢　人參三錢　陳皮四分　熟地黄二錢　黑薑四分　川芎二錢　炙草四分。

如手足冷加附子一錢。汗多及發渴，傷飯食肉食，加均見前。

六、妄言妄見

由氣血虚，神魂無依也，如血塊疼未除，先服生化湯二三帖，疼止服加參生化湯，或補中益氣湯，加安神定志丸，調服之。若產後日久，形氣俱不足，即當大補氣血，服至藥力充足，其病自愈，勿謂邪氣，若噴以法水驚之。多至不救，服藥至十數帖方效，病虚似邪，當補其虚，調其氣，次論諸病。此古人治產後虚證，及老年虚喘，弱人妄言妄見之良法也。

安神生化湯：治產後塊疼未止，妄言妄見，未可遽用芪、朮。當歸三錢　人參一錢　柏子仁一錢　川芎一錢　茯神二錢　桃仁十二粒　黑薑四分　炙草四分　益智八分　陳皮三分　棗一枚。水煎服。

滋榮益食復神湯：〔一〕治血塊疼已止，宜此。黄芪一錢　白朮一錢　麥冬一錢　川芎一錢　柏子一錢　益智仁一錢　人參二錢　熟地二錢　陳皮三分　炙草四分　棗仁一錢　五味十粒　蓮子八枚　元肉八枚　茯神一錢　棗一枚。水煎服。

產後血崩、血脱氣喘氣促，神脱及妄言妄見，雖有血氣陰陽之分，其精散神去一也。比暈厥少

〔一〕「食」，臨產須知全集作「氣」，是。

緩，亦危症也。若非厚藥頻服，失之者多矣。誤認氣實痰火非也。新產若症急即有血塊疼，速用加參生化湯，行中有補，斯免血滯、血暈之患也。

七、傷食

產後禁膏粱，遠厚味，如飲食不節，必傷脾胃，治當扶元溫補氣血，健脾胃審傷何物，加消導藥於生化湯中，如虛甚加人參、白朮，消補並施，無有不安者，每見治者不重產後之弱，速加消導，反損眞氣、增滿悶可不愼哉。

健脾消食生化湯：治塊疼已除，宜此。人參二錢　川芎一錢　當歸二錢　白朮錢半　炙草五分　棗一枚。水煎服。

如傷食加神麯一錢、炒麥芽五分；傷肉加山楂一錢、砂仁五分；如停寒物，日久脾胃虛弱，恐藥不能運化，可用按揉，炒麩熨之亦妙。凡傷食用開導藥傷損元氣，反絕粥幾日者，宜服活命飲，〔一〕方用人參三錢，水一盅半，煎半盅，以盞盛之，次取做飯鍋焦，研粉三匙，漸漸加人參湯調服。或以銅杓新罐盛之。恐聞藥氣而嘔也，如服寒藥傷脾者，加煨薑三大片煎湯對入。蓋人參名活命草、鍋焦名活命丹。此方曾活數十人。

〔一〕「活命飲」，臨產須知全集作「長生活命丹」。

八、忿怒

產後怒氣胸膈不利，多由於血少肝燥，或生女不遂而然，宜服生化湯，去桃仁，服時磨木香二三分在内，則塊化怒散不相悖也。或輕產重氣，偏用烏藥、枳殼、香、砂之類則元氣反傷，益增滿悶。又如怒時卽食，以致停留胃口，當審何物，治法如前。

健脾化食散氣湯：治血塊疼已除，受氣傷食者，宜此。白朮二錢　當歸二錢　川芎一錢　黑薑四分　人參二錢　陳皮三分　炙草四分。

木香生化湯：治塊除受氣者。川芎二錢　當歸六錢　陳皮三分　黑薑四分　炙草四分，服時磨木香二分。

九、類瘧

產後寒熱往來，每日應期而發，其症似瘧而不可以瘧治。夫血氣虛而寒熱迭作，元氣虛而外邪或侵，或嚴寒，或極熱，或晝輕夜重，或日晡寒熱，絕類瘧狀而非瘧也。治當滋榮氣以退寒熱，有汗急宜止汗，或加麻黃根之類，只頭有汗而不及於足，乃孤陽絕陰之危症，當加地黃、當歸之類。如陽明無惡寒、頭痛無汗，且與生化湯加羌活、防風、葱白數莖，以散之。其柴胡清肺等方，常山、草菓等藥，俱不可用。

滋榮養氣扶正湯：治產後寒熱有汗，午後應期發者。人參二錢　炙黃芪一錢　白朮一錢　川芎一錢　熟地一錢　麥冬一錢　麻黃根一錢　當歸三錢　陳皮四分　炙草五分　棗一枚。水煎服。

加減養胃湯：治産後寒熱往來，頭疼無汗，類瘧者。當歸二錢　蒼朮一錢　茯苓一錢　人參一錢　半夏八分　川芎一錢　陳皮四分　藿香四分　炙草四分　薑三片。水煎服。

如痰多加竹瀝、薑汁各半匙。弱人加人參。凡久瘧不愈者，兼服參朮膏，以助藥力。

參朮膏：人參一兩　白朮一斤，米泔浸一宿，剉焙。右二味，用水六碗，煎至二碗，去滓。再煎二次，共汁六碗，合一處。慢火熬成一碗，〔二〕空心米飲化下半盞。

十、類傷寒三陽證

産後七日内，發熱頭疼惡寒，毋專論傷寒爲太陽症。發熱頭疼脇疼，毋專論傷寒爲少陽症。二者皆由氣血兩虚，陰陽不和而類外感。治者甚勿輕産後熱門，而用麻黄湯以治類太陽症，又勿用柴胡湯以治類少陽症。且産母脱血之後，而重發其汗，則虚虚之禍可勝言哉？昔仲景云：「亡血家不可汗。」丹溪云：「産後切不可發表。」二先生非謂産後眞無傷寒之兼症也，非謂麻黄、柴胡之不可對症也。特恐後輩習業專門而輕産熱，執古方以輕爲發表耳。豈知産後眞風寒，生化湯中之芎、歸、薑亦能散乎。〔三〕

加味生化湯：治産後三日内，發熱頭疼。川芎一錢　防風八分　當歸三錢　羌活四分　黑薑四分

〔二〕「慢火」，原書作「漫火」，據文意改。臨産須知全集作「又」。

〔三〕「能散乎」，臨産須知全集此下有「又内經云：『西北之氣散而寒之，東南之人收而溫之，所謂病同而治異也。』其意謂東南人柔弱而西北人剛勁，故治病有異。惟産後虚勞，治不可分南北，概當用補少佐散劑，雖有他症以末治之，又不可不知也。」凡八十字。

炙草四分。

　查刊本去桃仁，必須問有塊疼與否，方可議去。服二帖後，頭仍疼身仍熱，加白芷八分，細辛四分，如發熱頭疼如故，再加鬚葱白五根、人參三錢。

　產後敗血不散，亦能作寒熱，何以辨之？曰：時有刺疼者敗血也。但寒無他症者陰陽不和也，刺疼用當歸乃和血之劑，若積血而刺疼，宜用桃仁、紅花、歸尾之類。

十一、類傷寒三陰證

　潮熱有汗，大便不通，毋專論爲陽明症；口渴咽乾而渴，毋專論爲少陰症；腹滿液乾大便實，毋專論爲太陰症；又汗出譫語便閉，毋專論爲腸胃中躁糞宜下數症。多由勞倦傷脾，運化稽遲，氣血枯槁，腸腑燥澀，乃虛證類實，當補之症。治者勿執偏門輕產妄下，屢見妄下成膨，誤導反結。又有血少數日不通，而卽下致瀉不止者危哉。婦人良方云：「產後大便秘，若計其日期，飲食如常，卽用藥通之，禍在反掌。必待腹滿覺脹，欲去而不能者，直結在腸，宜用猪膽汁潤之。若日期雖久，飲食如常，腹中如故，只用補劑而已。若服寒苦疏通藥，反傷中氣，通而不止，或成痞滿矣。」

　通幽湯：治產後便結，類傷寒三陰症。當歸六錢　川芎二錢半　炙草五分　桃仁十五粒　麻仁二錢　肉蓯蓉錢，酒洗。水二盅，煎八分服。

　汗多便實，加黃芪一錢、麻黃根一錢、人參二錢；口燥渴，加人參、麥冬各一錢；腹滿便實，加麥冬一錢，枳殼[一]六分、人參二錢、肉蓯蓉一錢；若出汗譫語便實，乃氣血虛竭，精神失守，直宜養

[一]「枳」，原書作「只」，據臨產須知全集改。

榮安神加人參三五錢、棗仁、茯神、遠志各一錢、白朮二錢、黄芪、白芷、柏子各一錢。以上數等大便燥結症，非用當歸、人參至斤，難取功效。大抵產後中氣甚虛，雖見外感頭疼發熱，或腰脇疼，宜汗，猶當重產後亡血禁汗之戒，惟宜生化湯量爲加減，調理無失。又如大便結秘，尤當禁下，宜養正助血通滯則穩當矣。

潤腸粥：治產後日久，大便不通。芝麻一升研末　和米二合，煮粥食，腸潤卽通。

十二、類中風

產後氣血暴虛，百骸少血濡養，忽然口禁牙緊，手足筋脈拘搐，類中風癇痓。雖虛火泛上，有痰皆當以末治之。勿用治風消痰之方，以重虛產婦也。治法當先服生化湯，以生旺新血。如見危症，三服後卽用加參益氣以救血脫，如有痰有火，少佐橘紅、炒芩之類，竹瀝、薑汁亦可加之。黄連、黄柏切不可并用，愼之。

滋營活絡湯：治產後血少，口噤項強，筋搐類風。羌活四分　川芎錢半　當歸二錢　熟地二錢　人參二錢　黄芪一錢　茯神一錢　天麻一錢　炙草四分　陳皮四分　荊芥四分　防風四分　黄連八分，薑汁炒　生薑一片　棗一枚。煎服。

有痰加竹瀝、薑汁；渴加麥冬、葛根；有食照傷飯、傷肉加之；便秘加肉蓯蓉錢半；汗加麻黄根一錢；驚悸加棗仁一錢。

天麻丸：治產後中風恍惚語澁，四肢不利。天麻一錢　防風一錢　川芎七分　羌活七分　棗仁一錢　遠志一錢　柏子一錢　山藥一錢　麥冬一錢　細辛四分　南星麯八分　石菖蒲一錢。右研爲細末，煉蜜爲丸，如桐子大，硃砂爲衣，清湯下六十丸。

十三、類痙

產後汗多卽變爲痙項强，身反氣息如絕，宜急服加減生化湯。

加減生化湯：專治有汗變痙者。川芎一錢　麻黃根一錢　當歸四錢　桂枝五分　人參一錢　炙草五分　羌活五分　附子一片　天麻八分　羚羊角八分　生薑一片　棗一枚。水煎服。

如無汗類痙，用當歸三錢、川芎二錢、防風一錢，本方減桂枝、麻黃根。

十四、出汗

凡分娩時汗出多，由勞傷脾，驚傷心，恐傷肝也。產婦多兼三者而出汗，不可卽用斂汗之劑，神安而汗自止。若血塊作疼，宜先服生化湯二三帖，以消塊疼，隨服加參生化湯以止虛汗。若分娩後倦甚，濈濈然汗出形色又脫，乃亡陽之危症。汗本亡陽，陽亡則陰隨之。故又當從權速服加參生化湯，倍參以救危急，勿拘塊疼，婦人產多汗，當健脾而斂水液之精，益營衛以噓血歸元。灌溉四肢不使妄行內外之汗也，雜症雖有盜汗、自汗之分，其當歸六黃湯不可施於產後之盜汗也，並宜服加參生化湯，及加味補中益氣湯。若服參多而汗不止，及頭出汗而不至腰足，乃危惡之症，必難治矣。如汗出而手拭不及者不治，產後汗出氣喘等症，虛之極也，不受補者不治。

麻黃根湯：治產後虛汗不止。人參二錢　當歸二錢　黃芪錢半，炙　白朮一錢，炒　桂枝五分　麻黃根一錢　粉草五分，炙　牡礪粉少許，研　浮小麥一錢　棗一枚。水煎服。

虚脱汗多，手足冷，加黑薑四分，熟附子一片；渴加麥冬一錢、五味十粒；肥人痰多，加竹瀝、薑汁各半匙；惡風寒，加防風、桂枝各五分；血塊不落，加熟地三錢。

晚服八味丸。

八味丸：茱萸八錢　山藥八錢　丹皮八錢　茯苓八錢　澤瀉五錢　熟地八錢　五味五錢　黄芪一兩。煉蜜爲丸，服六十丸，清湯送下。陽加于陰則汗，因疑作應同而遇風，變爲痓瘲者有之尤難治，故多汗宜緊避風寒。汗多小便不通，乃亡津液故也。毋用利水葯。

十五、盜汗

産後睡中汗出醒來即止，猶盜瞰人睡，故謂之盜汗。雜症論云：自汗陽虧，盜汗陰虚。兼血氣而調治之，乃得耳。

止汗散：治産後盜汗。人參二錢　當歸二錢　熟地錢半　麻黄根五分　黄連五分，酒炒　浮小麥一大撮　棗一枚。水煎服。

又方：牡礪五分，煆細末　小麥炒黄，五分，研末。二味空心，水調下。

十六、口渴又兼小便不利

産後煩燥咽乾而渴，兼小便不利，由失血汗多所致，治當助脾益肺，升舉氣血，則陽升陰降。水入經而爲血爲液，穀入胃而氣長脈行，自然津液生，而便利矣。若以口渴爲火，而用連、芩、梔、柏以降之；認小便不利爲水滯，而用五苓散以通之，皆失治也。必因其勞損而溫之、益之；因其留滯而濡之、〔二〕行之，則庶幾矣。

生津止渴益水飲：人參三錢　麥冬二錢　當歸三錢　生地三錢　黃芪一錢　葛根一錢　升麻四分　炙草四分　茯苓一錢　五味十五粒　棗一枚。水煎服。

汗多加浮小麥一大撮；大便燥加肉蓯蓉錢半；渴其加生脈散，不可疑而不用。

十七、遺尿

氣血太虛，不能約束，宜八珍湯加升麻、柴胡。甚者加熟附子一片。

十八、誤破尿胞

產婦生理不順，穩婆不精，誤破尿胞，用參、芪爲君，歸、芎爲臣，桃仁、陳皮、茯苓爲佐，以猪尿胞煎藥，服至百服乃安。

又方：用生黃絲絹一尺，白牡丹皮根、白芨各二錢，水二碗。先煮絹爛如飴，再將上二藥，研末調服。服後宜靜臥，不可作聲，名補脬飲，神效。

十九、淋症

由產後虛弱，熱客於脬中，内虛便頻數，熱則淋澁作疼。

〔二〕「留」，原書作「勞」，據臨產須知全集改。

茅根湯：產後冷熱淋並治。症由内虚，方用石膏一兩，無此治法，不可拘執陳方，以致誤人。一本石膏一錢，較輕　石膏一兩　白茅根一兩　瞿麥五錢　白苓五錢　葵子一錢　人參一錢　石首魚頭四個　桃膠一錢　燈心廿寸。水煎，入齒末，空心服。

又方：治小便痛淋血。白茅根　瞿麥　車前子　葵子　通草各等分　鯉魚齒一百個。水煎服。亦入齒末。

二十、便數

由脬内宿有冷氣，因產發動，冷氣入脬故也。用赤石脂二兩爲末，空心清飲調下數分，或錢半。

又方：治小便數及遺尿，用益智仁廿八枚爲末。米飲下二錢。

桑螵蛸散：桑螵蛸三十個　人參三錢　黄芪三錢　鹿茸三錢　牡礪三錢　赤石脂三錢。右爲末，空心米飲，送下二錢。

二十一、瀉

產後泄瀉非雜，有食泄、濕泄、濡泄、水穀注下之論。大率氣虚食積與濕也，氣虚宜補，食積宜消，濕則宜燥，然惡露未淨，遽難驟消驟燥，當先服生化湯二三帖，内加茯苓以利水，候血生然後補氣、消食、燥濕，以分利水道，使無滯澁虚虚之失。若產旬日外，方論雜症，尤當量虚實而治也。如腹疼下清水腸鳴，米飲不化，以寒泄治之。如糞水黄赤，肛門作疼，以熱泄治之。有因飲食過多，傷脾成泄，氣臭如敗卵，以食積治之。又有脾氣久虚少食，食後即鳴覺盡下所食之物方覺快者，以虛寒泄瀉治之。產後虛泄昏眠不省人事，形脫脈危必用人參、白朮、茯苓各二錢，附子一錢，方能回生。若脈浮弦，按之不鼓，即爲中寒，此蓋陰先亡而陽欲去，速宜大補氣血，加附子、黑薑以回元陽，萬勿輕視。

加減生化湯：產後塊未消，患泄者宜此。川芎二錢　茯苓二錢　當歸三錢　黑薑四分　炙草四分　桃仁十粒　蓮子〔一〕八枚　棗一枚。水煎服。

健脾利水湯：產後塊除，患泄者宜此。川芎一錢　茯苓錢半　歸身二錢　黑薑四分　澤瀉八分　炙草五分　人參三錢　肉果一個，製　白朮一錢，土炒。〔二〕

寒瀉加乾薑八分，疼加砂仁、炮薑各八分；熱瀉加炒黃連八分；酸噯加神麯、砂仁各八分；水瀉加蒼朮一錢；元氣虛必須大補，佐消食清熱卻寒之藥；弱甚形色脫，必須參朮苓附，〔三〕必用之葯，諸瀉俱加升麻五七分，酒炒、蓮子十粒。

二十二、完穀不化

因產後勞倦傷脾，而運轉稽遲也，名飧瀉。又飲食太過，脾胃受傷亦然，俗呼水穀利是也。然三日內，塊未消，參、朮未可用，且服生化湯加益智、香砂，少溫胃氣，候塊消即加參、朮以補氣，肉菓、木香、砂仁、益智以溫胃，升麻、柴胡以升胃，澤瀉、茯苓、陳皮以利水，爲上策焉。

〔一〕「蓮」，原書作「連」，據臨產須知全集改。
〔二〕臨產須知全集本方中尚有「陳皮五分」。
〔三〕「苓」，原書作「芩」，據臨產須知全集改。

加味生化湯：治三日内，血塊未消，完穀不化者宜此。川芎一錢　益智一錢　當歸三錢　黑薑四分　炙草四分　桃仁十粒　茯苓錢半　棗一枚。水煎服。

參苓生化湯：治三日内血塊已消，完穀不化，胎前素弱者宜此。白朮二錢，土炒　蓮子八枚，去心　肉菓一個，製　川芎二錢　當歸二錢　黑薑四分　人參二錢　白芍一錢，炒　炙草五分　茯苓一錢　益智一錢，炒　棗一枚。水煎服。

水瀉加澤瀉、木通各八分；腹疼加砂仁八分；渴加麥冬、五味；寒加黑薑、木香甚加附子；食積飯加神麯、麥芽；肉加山楂、砂仁。

二十三、痢

產後七日内外，赤白痢，裏急後重，最爲難治。欲調氣行血而推蕩痢邪，患產後元氣虚弱；欲滋營益氣而大補虚弱，又助痢之邪。惟生化湯減乾薑而代以木香加茯苓，則善消惡露，而兼治痢疾，斯並行不悖矣。再服香連丸，以俟一二日後，病勢如減，可保無虞。若七日外，患褐花色，後重頻併卽當加補無疑。若產婦禀厚，產期已十數日，宜服生化湯加連、芩、厚朴、芍藥行積之劑。

加減生化湯：治產後七日内痢。川芎二錢　當歸五錢　炙草五分　桃仁十二粒　茯苓一錢　陳皮四分　木香三分，磨用。紅痢腹痛加砂仁八分。

青血丸：治禁口痢。香連爲末，加蓮肉粉各一兩半，和勻爲丸，酒送下四錢。

凡產後三四日間塊散痢疾少減，共十症開後依治。

一、產後久瀉元氣下陷，大便不禁，肛門如脫，宜六君子湯加木香四分、肉菓一個、薑汁五分。

二、產後瀉痢色黃，乃脾土眞氣虛損，宜補中益氣湯加肉菓、木香。

三、產後傷麪食瀉痢，宜生化湯加神麯一錢，麥芽一錢。

四、產後傷肉食瀉痢，宜前方加山楂、砂仁。

五、產後胃虛弱瀉痢，完穀不化，當溫助胃氣，宜六君子湯加木香四分、肉菓製一個。

六、產後脾胃虛弱，四肢浮腫，宜六君子湯加五皮散。方見後水腫條內。

七、產後瀉痢無後重，但久不止，宜六君子湯加木香、肉菓。

八、產後赤白痢，臍下疼，用歸、芎、厚朴、黃連、肉菓、甘草、桃仁之類。此條疑均有闕誤。

九、產後痢久色白係血虛，宜四物湯加荊芥、人參。

十、產後痢久色赤屬氣虛，宜六君子湯加木香、肉菓。

二十四、霍亂

由產後勞傷氣血，臟腑虛損，不能運化食物，及感風寒所致，陰陽升降不順，清濁亂于腸胃，冷熱不和，邪氣相搏，上下爲霍亂，治宜和解則安。

生化六和湯：治血塊未消患霍亂者宜此。川芎二錢　當歸四錢　黑薑四分　炙草四分　陳皮四分　藿香〔一〕四分　砂仁六分　茯苓一錢　薑三片。水煎服。

附子散：治產後霍亂，吐瀉，手足逆冷。血塊不疼者，方宜服此。白术一錢　當歸二錢　陳皮四分　黑薑四分　丁香四分　甘草四分，炙　附子五分。共研細末，米飲調下二錢。

〔一〕「藿」，原書作「霍」，臨產須知全集同，據藥名改。

溫中湯：　治同上。人參一錢　白朮錢半　當歸二錢　厚朴八分　黑薑四分　茯苓一錢　草蔻六分　薑三片。水煎服。

二十五、嘔逆不食

產後勞傷脾胃，寒邪易乘，則氣逆而食不下也，有瘀血未浮而嘔者，亦有痰氣入胃，胃口不清而嘔者，當因症治之。

加減生化湯：　治嘔逆不食。川芎一錢　當歸三錢　黑薑八分　砂仁八分　藿香八分　甘草五分〔一〕　薑汁三匙。水煎服。

溫胃丁香散：　治產後七日外，嘔逆不食。當歸三錢　白朮二錢　黑薑四分　丁香四分　人參一錢　陳皮五分　炙草五分　前胡五分　藿香五分　薑三片。水煎服。

石蓮散：　治嘔心忡悸，〔二〕目眩。石蓮兩半，去心　白朮一兩　丁香五錢。共爲細末，空心送下二錢，米飲調。

生津益液湯：　治產婦虛弱，口渴氣少，惡心等症。人參二錢　麥冬一錢　茯苓一錢　竹葉十片　浮小麥一撮　炙草五分　瓜蔞根八分　棗一枚。水煎服。

〔一〕《臨產須知》全集本方中尚有「淡竹葉七片」。

〔二〕「悸」，原書作「季」，據文意改。

二十六、咳嗽

產後七日内感風寒咳嗽，鼻塞聲重，惡寒勿用麻黄以動汗；嗽而脇疼，勿用柴胡湯；嗽而有聲痰少面赤，勿用涼藥。凡産有火嗽、有痰嗽，須調理半月後方用涼藥。

加味生化湯：治産後外感風寒，咳嗽鼻塞，聲重。川芎一錢　當歸二錢　杏仁十粒　桔梗四分　知母四分　炙草四分　棗一枚。水煎服。如有痰加半夏麯，虛弱有汗加人參。總之，不可發汗。

加參安肺生化湯：治産後咳嗽聲重有痰，或身熱頭痛，汗多。川芎二錢　人參二錢　知母二錢　桑白皮二錢　當歸二錢　杏仁十粒　甘草四分　桔梗四分　半夏七分　橘紅三錢。多痰加竹瀝、薑汁各半匙。

加味四物湯：治産後乾咳有聲，痰少者。川芎一錢　白芍一錢〔一〕　瓜蔞仁一錢　生地二錢　當歸二錢　訶子二錢　款冬花六分　桔梗四分　甘草四分　兜鈴四分　生薑一大片。水二盅，煎八分溫服。

二十七、水腫

産後水氣，手足浮腫，皮膚見光瑩色，乃脾虛不能制水，腎虛不能行水也。必以大補氣血爲先，佐以蒼朮、白朮、茯苓補脾，壅滿用半夏、陳皮、香附消之；虛人加人參、木通；有熱加黄芩、麥冬以潤肺。健脾利水補中益氣湯：七日外用人參、白朮各二錢，茯苓、白芍各一錢，陳皮五分，木瓜八分，紫蘇、木通、大腹皮、蒼朮、厚朴各四分。大便不通，加郁李仁、麻仁各一錢。如因寒邪濕氣傷

〔一〕臨産須知全集此下尚有「知母一錢」。

脾，無汗而腫，宜薑皮、半夏、紫蘇葉加於補氣方中以表汗。

五皮散：治產後風濕傷脾，氣血凝滯，以致面目浮腫，四肢虚脹氣喘，宜此。五加皮一錢　地骨皮一錢　大腹皮一錢　茯苓皮一錢　生薑皮一錢　棗一枚。水煎服。

又產後惡露不淨，停留胞絡，致令浮腫，若以水氣治之，投以甘遂等藥誤矣。但服調經散，則血行而腫消。

調經散：沒藥一錢，另研　琥珀〔一〕一錢，另研　肉桂一錢　赤芍一錢　當歸一錢。右爲末，每服五分，薑汁、黄酒各少許，調下。

二十八、流注

產後惡露流於腰臂足關節之處，或漫腫，或結塊，久則腫起作疼，肢體倦怠，急宜用葱熨法，以治外腫，内服歸參生化湯，以消血滯無緩也。未成者可消，已成者可潰。

葱熨法：用葱一握，炙熱搗爛作餅，敷疼處用厚布二三層，以斗熨之，則氣行而血活矣。

歸參生化湯：川芎錢半　當歸三錢　炙草五分　人參二錢　黄芪錢半　肉桂五分　馬蹄香二錢。

此症若不補氣血，節飲食，愼起居，未有得生者。如腫起作疼，起居飲食如常是病氣未深，形氣未損易治。若漫腫微疼，起居倦怠，飲食不足最難治。或未成膿，或成膿未潰，氣血虚也，宜八珍湯。如憎寒惡寒，陽氣虚也，宜十全大補湯。補後大熱，陰血虚也，宜四物湯加參、朮、丹皮；嘔逆胃氣虚也，宜六君子湯加炮薑；食少體倦，脾氣虚也，宜補中益氣湯；四肢冷逆，小便頻數，

〔一〕「琥」，原書作「虎」，據臨產須知全集改。

腎氣虛也，補中益氣湯加益智仁一錢。

神仙廻洞散：治產後惡露流注，日久成腫，宜用此以導其膿。若血氣旺，此方不宜用。

二十九、脹滿

婦人素弱，臨產又勞，中氣不足，胸膈不利，而轉運稽遲。若產後調理得宜，以健脾胃，自無中滿之症。其膨脹因傷食而誤消，因氣鬱而誤散，多食冷物而停留惡露。又因血虛大便燥結，誤下而愈脹。殊不知，氣血兩虛，血塊消後，當大補氣血以調中虛。治者若但知傷食宜消，氣鬱宜散，惡露宜攻，便結宜下，則胃氣反損，滿悶益增，氣不升降，濕熱積久，遂成膨脹，豈知消導坐於補中，胃氣強而食物消散，大便自通，惡露自行，如產後中風氣不足，微滿誤服耗氣藥而成脹者，宜服補中益氣湯。

補中益氣湯：人參一錢　白朮一錢　當歸二錢　茯苓一錢　川芎四分　白芍四分　蘿葡子四分　木香三分　薑一片。水煎服。

如傷食，誤服消導藥成脹，或脇下積塊宜服後方。

健脾湯：人參二錢　白朮二錢　當歸三錢　茯苓一錢　白芍一錢　神麯一錢　吳萸一錢　陳皮四分　大腹皮四分　砂仁五分　麥芽五分。水煎服。

如大便不通，誤服下藥成脹，及腹中作痛者，宜服後方。

養榮生化湯：當歸四錢　白芍一錢　白苓一錢　人參一錢　白朮二錢　陳皮五分　大腹皮五分　香附五分　蓯蓉肉一錢。

如塊疼，將藥送三消丸，屢屢誤下。須用參歸半斤，大便方通，膨脹方退。凡誤用消導藥，以致絕穀者，用活命飲最效，方見傷食條。

三十、怔忡驚悸

產後去血過多，憂驚勞倦，則中心跳動不安，謂之怔忡。若惕然而驚，如人將捕之狀，謂之驚悸。治此二症，惟調和脾胃，定志清神，而病自愈。如分娩後，血塊未消，宜生化湯補血行塊，血旺則怔定，驚平如塊消，宜服後方。

加減養榮湯：當歸二錢　川芎二錢　茯神一錢　棗仁一錢，炒　麥冬一錢　遠志八分　炙芪一錢　陳皮四分　炙草四分　人參一錢　白朮一錢　元眼肉八枚　棗一枚。水煎服。如虛煩加竹瀝、薑汁各半匙，去川芎、麥冬，加木香卽歸脾湯。

養心湯：治產後怔忡驚悸。黃芪一錢炙　茯神一錢　川芎八分　當歸二錢　麥冬一錢　遠志八分　柏子仁一錢　人參錢半　炙草四分　五味十粒　元眼肉六枚　棗一枚。水煎服。

三十一、骨蒸

產後血分受虧，邪熱乘之。因成骨蒸，宜先服清骨散，繼服保眞湯。

柴胡梅連丸：此方作湯劑卽爲清骨散，最效。柴胡二兩　前胡二兩　黃連二兩　烏連二兩，去核。右將藥爲末，再將猪脊髓一條，猪苦胆一個，韮菜白十根各寸許，同搗成泥，入童便一酒盞，攪如泥，入前藥末爲丸如菉豆大。每服三四十丸，清湯送下。凡男女骨蒸皆可用，不專產婦也。

保眞湯：黄芪六分，炙　人參二錢　白朮二錢，炒　炙草四分　川芎六分　天冬一錢　當歸二錢　白芍一錢　枸杞二錢　黄柏六分，炒　知母一錢　生地二錢　五味十粒　地骨皮六分　薑一片，或加童便半盅亦可。

加味大造丸：如服前方未效，此方主之。此方並治氣血兩虛，腰疼日久。人參一兩　當歸一兩　麥冬八錢　石斛八錢，蒸　柴胡五錢　生地二兩　胡連五錢　山藥一兩　黄柏四分，酒炒　枸杞一兩。先將生地、麥冬搗爛，後入諸藥同搗，加紫河車一副蒸。另搗焙乾爲末，蜜煉爲丸，如彈子大。每服一丸，或作小丸，如桐子大，空心開水下百丸。

三十二、心疼

此卽胃脘疼，〔二〕因勞傷風寒，及傷生冷食物而作。俗呼爲心疼，非也。心可疼乎，血不足則怔忡驚悸不寐耳。若眞心疼手足青，面色黑，旦夕死矣。治當散胃中之寒氣，消胃中之冷物，用生化湯佐消寒食之藥，無有不安。若綿綿而疼可按止之，問無血塊是屬虛當加補劑。勿謂疼無補法，産後心疼、腹疼，二症相似，均因寒食與氣上攻則心疼，下攻則腹疼耳，宜於生化湯中加肉桂、吳茱溫散之。

加味生化湯：川芎一錢　當歸三錢　黑薑五分　肉桂八分　吳茱八分　砂仁八分。水煎服。如傷麪食、肉食及便秘加詳前。

〔二〕「脘」，原書作「腕」，據文意改。

三十三、腹疼

先問有塊無塊，塊疼只用生化湯調，下失笑散二錢，加元胡一錢。無塊則是遇風冷作痛，宜服後方。

加減生化湯：川芎一錢　當歸四錢　黑薑四分　炙草四分　防風七分　吴萸六分　白蔻五分　桂枝七分　薑、棗。水煎服。　痛止去桂枝。隨傷食物，所加如前。

三十四、小腹痛

産後中虚，感寒則下攻小腹作疼，亦有血虚臍下疼者，有血塊疼者，並加減生化湯主之。

加減生化湯：川芎一錢　當歸三錢　黑薑四分　桃仁十粒　炙草四分。

有塊疼者，本方中送前胡散錢許；若無塊，按之疼少止屬血虚，前胡散内加熟地三錢。

前胡散：治寒疼。前胡　肉桂各等分，爲末。酒每調下二錢。

三十五、虚勞

産後指甲青冷，頭汗不止，急服後方。

救癆飲：人參三錢　黄芪二錢　生薑三片　淡豆豉十粒　韮白十寸　當歸三錢　猪腎二個，煮熟。以汁煎藥，温服。或用猪胃二個，先將胃略煮，後再煎湯煮藥亦可。

三十六、遍身疼

産後百節開張，血脈流散，氣弱則經絡間血多阻滯，累日不散，故筋脈牽引骨節不利，故腰背不能轉側，手足不能動履，身熱頭疼，若誤作傷寒發表出汗，則變症百出矣，宜趁疼散。

趁疼散：當歸一錢　甘草八分　生黄芪八分　白朮八分　肉桂八分　牛膝八分　獨活八分　韮白五寸　薑三片　棗一枚。水煎服。

三十七、腰疼

由女人腎位係胞，腰爲腎腑，産後勞傷腎氣，損動胞絡，或虚未復而風乘之，因有是病治宜調養營衛爲主。

養榮壯腎湯：治風寒外襲，腰疼難忍。當歸二錢　防風四分　獨活八分　桂心八分　杜仲八分　川芎八分　續斷八分　桑寄生八分　薑三片，棗一枚。水煎服二帖，後疼未止，屬腎虚，加熟地三錢。

加味大造丸：治氣血兩虚，腰疼日久，方見骨蒸條下。

青蛾丸：治腰疼諸藥不效。胡桃二十箇　破故紙八兩，炒　杜仲一觔，薑汁炒，去盡絲。右爲末，煉蜜爲丸，每服百丸醋下。

三十八、脇痛

此病乃肝經血虚氣滯之故，氣滯用四君子湯加青皮、柴胡；血虚用四物湯加柴胡、人參、白朮，若概用香燥之劑，反傷中和之氣，無生機矣。

補肺散：治脇痛。山萸二錢　當歸二錢　五味十粒　黄芪八分　川芎六分　熟地錢半　木瓜一錢　白朮一錢　獨活八分　棗仁一錢　薑一片　棗一枚。水煎服。

三十九、陰痛

產後起居太早，或產門感風寒作痛，宜活血疏風。

川芎一錢　當歸三錢　獨活五分　防風五分　肉桂五分　荊芥五分　茯苓一錢　地黄二錢　棗二枚。水煎服。加生薑三大片亦可。

又附陰疳：經云：「諸瘡痛癢，皆屬於心。」治當補心養腎，外以藥熏洗，宜：

十全陰疳散：川芎二錢　當歸三錢　白芍二錢　地榆二錢　甘草錢半。水五碗，煎二碗，乘熱薰洗，日三夜四。

四十、惡露

惡露日久不下，皆由分娩時腹欠溫煖，或傷冷物，以致惡露凝塊，日久不散，則虚症百出，或身熱骨蒸，食少羸瘦，五心煩熱，月水不行，其塊在兩脇下，動則雷鳴，嘈雜暈眩，發熱似瘧，時作時止，如此數症，欲泄其邪，先補其虚，必用補中益氣湯送三消丸，則元氣不損而惡露可消。

補中益氣湯：人參一錢　白朮二錢　當歸三錢　黄芪一錢，炙　白芍一錢　陳皮四分　炙草四分　棗一枚　薑三片。水煎服。

三消丸：治血積、食積、痰積。黃連一兩，半用吳萸煎汁浸，半用益智炒，去益智不用 萊菔子一兩五錢，炒 川芎五錢 桃仁五錢，炒 山梔五錢，醋炒 青皮五錢，醋炒 三稜五錢，醋炒 莪朮五錢，醋炒 香附一兩，童便炒 山楂一兩。右爲末，蒸餅作丸，食遠服，用前湯送下五六十丸，或用白朮三錢，陳皮二錢，送下亦佳。

四十一、乳瘋

乳頭屬足厥陰肝經，乳房屬足陽明胃經。若乳房臃腫結核色紅，數日外腫疼潰稠膿，膿盡而愈，此屬膽胃熱毒，氣血壅滯，名曰乳癰易治。若初起内結小核，不紅不腫不疼，積之歲月，巉巗山破難治。治法疼腫寒熱，宜發表散邪，疼甚宜疏肝清胃，膿成不潰用托裏，肌肉不生膿水清稀，宜補脾胃，膿出及潰，惡寒發熱，宜補氣血，飲食不進，或作嘔吐宜補胃氣。乳岩初起，宜用益氣養榮湯，或歸脾湯，間可内消，若用行氣之藥，速其危矣。

瓜蔞散：治一切癰疽並治乳癰。癰者六腑不和之氣，陽滯於陰故生之。瓜蔞一個，連皮搗爛 甘草五分 當歸二錢 乳香五分，燈心炒 没藥五分，燈心炒 金銀花三錢 青皮五分 白芷一錢。水二盅。煎服。

回脈散：乳癰未潰時服此，毒從大便出，虚人禁用。大黃三錢 白芷八分 乳香五分，另研 木香五分 穿山甲五分，蛤粉拌炒〔一〕 没藥五分。右爲末，用人參三錢，煎湯調服。

十全大補湯：人參二錢 白朮二錢 黃芪二錢 熟地二錢 茯苓八分 甘草五分 川芎八分 銀花三

〔一〕「拌」，原書作「伴」，據臨産須知全集改。

錢。水煎服。

泄加黄連、肉菓；渴加麥冬、五味；寒熱往來加馬蹄香，搗散調服；凡乳癰服薏苡仁粥最好。

又方：用烏蘞軟白香辣者五錢，研水一碗，牛皮膠一片，同煎七分，溫服。又有乳吹，小兒飲乳，口氣所吹。乳汁壅滯作痛，不急治則成癰矣。宜急服瓜蔞散，更以手揉散之。

四十二、風甚

用山羊血取包心者，新瓦上焙乾研末，老酒冲服五六分爲度。重者用至八分，其效若神。

又用抱不出雞子殼，瓦上焙乾，酒調服。

如治虛寒危症用藍鬚子根，刮皮，新瓦上焙乾，溫服一錢，雖危可生。

四十三、不語

此病乃惡血停蓄於心，故心氣閉塞，舌強不語。

七珍散：治產後不語。人參一兩　石菖蒲一兩　川芎一兩　生地一兩　辰砂五分研　防風五錢　細辛一錢。右爲末，薄荷湯調下一錢。因痰氣鬱結閉口不語，用好明礬，水飛過，沸湯送下。

又方：治產後不語。人參　石蓮子〔二〕去心　石菖蒲各等分。水煎服。

按婦人良方云：產後瘖是心腎虛不能發聲，七珍散主之。脾氣鬱結，歸脾湯主之。脾虛食少，

〔二〕「蓮」，原書作「連」，據文意改。

四君子湯主之。血氣皆虛，八珍湯主之。不應用獨參湯，更不應，宜急加附子，若用破血等藥，去生遠矣。